U0737903

商务谈判

（原书第6版）

Essentials of Negotiation

(6th Edition)

罗伊 J. 列维奇（Roy J. Lewicki）

俄亥俄州立大学

[美]　**布鲁斯·巴里**（Bruce Barry）　著

范德堡大学

戴维 M. 桑德斯（David M. Saunders）

加拿大皇后大学

程德俊　译

机械工业出版社

China Machine Press

图书在版编目（CIP）数据

商务谈判（原书第 6 版）/（美）罗伊 J. 列维奇（Roy J. Lewicki），（美）布鲁斯·巴里（Bruce Barry），（美）戴维 M. 桑德斯（David M. Saunders）著；程德俊译 . —北京：机械工业出版社，2016.10（2019.11 重印）

（管理教材译丛）

书名原文：Essentials of Negotiation

ISBN 978-7-111-55053-2

I. 商… II.①罗… ②布… ③戴… ④程… III. 商务谈判—教材 IV. F715.4

中国版本图书馆 CIP 数据核字（2016）第 235202 号

本书版权登记号：图字：01-2016-5144

现实生活中，谈判无处不在。谈判能力是一种可以横向和纵向发展自己的能力，这种能力可以通过漫长的社会经验来获得，而且必须有一定的理性认识做基础。本书采用循序渐进、图形和案例相结合的方法，对谈判的基本原理、过程、框架、谈判者的特征、跨文化的谈判过程以及冲突的解决等问题进行了透彻的阐述。

本书的适用人群很广泛，包括高等院校工商管理专业和贸易类专业的师生、企业中高层管理者、商业人士、政府官员和行政管理人员，以及希望提高自己谈判能力的各界人士。

出版发行：机械工业出版社（北京市西城区百万庄大街 22 号　邮政编码：100037）

责任编辑：冯小妹　　　　　　　　　　　　　　　责任校对：殷　虹

印　　刷：北京市荣盛彩色印刷有限公司　　　　　版　　次：2019 年 11 月第 1 版第 2 次印刷

开　　本：185mm × 260mm　1/16　　　　　　　　印　　张：14.25

书　　号：ISBN 978-7-111-55053-2　　　　　　　定　　价：45.00 元

凡购本书，如有缺页、倒页、脱页，由本社发行部调换

客服热线：（010）88379210　88361066　　　　　投稿热线：（010）88379007

购书热线：（010）68326294　88379649　68995259　　读者信箱：hzjg@hzbook.com

版权所有·侵权必究

封底无防伪标均为盗版

本书法律顾问：北京大成律师事务所　韩光 / 邹晓东

谨以此书献给所有在谈判、仲裁和冲突解决领域工作，
并致力于创造一个和谐世界的专家们

还要献给我的朋友、同事兼合作者
约翰 W. 明顿（John W. Minton，1946—2007）

译 者 序

    谈判是解决相互依赖的各方之间所具有的矛盾和冲突的一种方法。当然，解决冲突的方法还有武力、权威、调解和法律等其他方式。但无疑，谈判是一种能够达成双方利益要求、实现双赢的更有效的方法。在市场中处理企业之间的交易时，我们需要进行谈判，在组织中，依赖和矛盾也是无处不在的。时刻困扰着很多职业经理人的问题就是如何处理好相互依赖的同事之间的矛盾和冲突。作为一名有效的管理者，谈判和调解能力是领导能力的核心。正因为如此，谈判学是几乎所有美国著名大学 MBA 教育所开设的必修课程，也是最受学生欢迎的一门课。同时，法学院、政府管理学院、国际关系学院等其他一些院系也都开设了相关的谈判和冲突处理方面的课程。在美国康奈尔大学约翰逊商学院访问时，我发现 MBA 课程设置中组织行为学方向的必修课除了组织与领导以外，就是谈判学。当然，其著名的工业与劳动关系学院也开设了大量的谈判和处理管理方面的课程。除了一般意义上的谈判学，还开设了集体谈判、劳资冲突处理等方面的课程。我在参加哈佛商学院每年开设的"以参加者为中心的教学方法"培训项目时，也发现哈佛商学院 MBA 一年级的必修课程中包括了谈判学。二年级还有"决策""新企业谈判""权利与影响"以及"商谈复杂交易"等一系列以谈判为主题的课程。

    为什么谈判学在美国商学院如此重要，而且如此受欢迎？我觉得，首先是由这门课的性质决定的。谈判是融合了决策理论、博弈论、社会心理学、团队过程等相关重要理论的一门课程。在这门课程的学习过程中，学生会看到大量经典而有趣的研究。同时，在这门课程的学习过程中，学生会面临各种痛苦的抉择和道德的判断，例如，如何应对价值创造和价值分配之间的矛盾，如何面对感情和利益之间的冲突，是否应该说谎，如何面对说谎者等。这些非常重要而有趣的问题，可以说困扰着我们每一个人。除了从当事人的角度出发，课程同时还指导第三方如何帮助化解冲突、居中调停、进行调查、仲裁并协助系统从争辩转化为冲突双方的均衡态势。另外，根据我们的教学经验，学生喜欢这门课程的主要原因还在于这门课程通常采取角色扮演和谈判模拟的教学方法。谈判模拟就是让学生在课程中直接扮演谈判中的某一角色，体验角色所面临的各种决策和冲突。然后，通过谈判结果的分析，让学生体验到谈判过程中出现的各种认知偏差，从而提高谈判的技巧和处理冲突的能力。不仅如此，还有许多谈判涉及各方之间的联盟行为，或者一些比较极端的情绪以及文化因素。从某种意义上讲，谈判课是一个实验室，学生既是实验员，又是参与实验的对象。因此老师希望创造出一种课堂气氛，鼓励学生自我反省。在这个过程中，问与答同样重要。而这些模拟的谈判练习不仅为课堂讨论提供了丰富的讨论素材，而且也提供了大量的数据，可以进行有价值的研究。对这些数据的分析可以验证谈判理论的发展。在实际教学过程中，我们也努力将课程数据应用于研究，实现教学与研究的结合，教学相长。

从 20 世纪 60 年代开始，学术界出现了大量的针对谈判和冲突管理的研究。其中，托马斯·谢林（Thomas Schelling）所著的《冲突的战略》（*The Strategy of Conflict*）、罗杰·费希尔（Roger Fisher）所著的《达成一致：跳出立场之争》（*Getting to Yes：Negotiating Agreement Without Giving In*）、霍华德·雷法（Howard Raiffa）所著的《谈判的艺术与科学》（*Art and Science of Negotiation*）奠定了谈判科学的基础。最近十多年来，又出现了一些非常重要的谈判学研究成果，这些研究成果也是教师常常采用的教学辅导材料。例如，沃顿商学院理查德·谢尔（Richard Shell）所著的《优势谈判》（*Bargaining for Advantage*）、哈佛商学院麦克斯·贝瑟曼（Max Bazerman）所著的《理性谈判》（*Negotiating Rationally*）、西北大学凯洛格商学院利·汤普森（Leigh Thompson）所著的《谈判者心智》（*The Mind and Heart of the Negotiator*）等。当然，最经常被选的教材就是我们给大家推荐的罗伊 J. 列维奇等人所著的《谈判学》。列维奇教授是美国俄亥俄州立大学费雪商学院院长，管理学和人力资源教授，曾担任国际冲突管理协会主席。列维奇教授出版了其第 7 版《谈判学》教材，这套教材分为三个版本：完整本教材、简编本教材，以及既可单独使用又可配合使用的关于谈判学的论文、练习及案例合辑。相对于其他教材，列维奇教授的《谈判学》完整本教材体系更为完整、内容更加翔实、教学素材更为全面。但是由于篇幅过大，大部分老师常常只能选择这本教材中的主要章节进行讲授，然后再选择其他的基本教材作为辅导教材。相对于完整版本，简编本教材详略得当、重点突出。对于学生而言，价格也较为适中，因而本书得到越来越多的应用。

2009 年从美国康奈尔大学访问回国后，我就开始从事谈判和冲突管理方面的教学研究工作。随着研究的深入，我越来越发现这是一个挖掘不尽的迷人宝藏。2011 ~

2012 年，我在南京大学人文社会科学高级研究院从事跨学科研究，我欣喜地发现，在公共管理学院、心理系、历史系等其他院系也有一批与我抱有同样研究兴趣的老师。我们组织了冲突和危机研究小组，希望对该领域进行跨学科研究，以解决国内日益出现的各种人际冲突和群体冲突。希望本书的翻译和出版，能够促进谈判和冲突管理领域教学和研究的兴起与发展。

本书是在第 5 版的基础上翻译而成的。我要感谢南京大学商学院研究生刘静、颜文杰、杨静、喻婷、马丽丽在第 5 版的翻译过程中付出的劳动和汗水。同时，我还要感谢邓莉元、王艳、刘磊、李婷等参与了第 6 版的翻译。

程德俊

2016 年 1 月

罗伊 J. 列维奇（Roy J. Lewicki）

美国俄亥俄州立大学费雪商学院院长，管理学和人力资源教授。曾主持和编辑 36 部著作，并发表了大量的学术论文。列维奇教授曾担任国际冲突管理协会主席，并在 2013 年获得终身成就奖。他以其在谈判和冲突解决教学领域所做出的贡献，在 2005 年荣膺美国管理学会杰出教育奖，并被组织行为学教育学会接受为会员。

布鲁斯·巴里（Bruce Barry）

美国范德堡大学欧文管理研究生院教授，其关于谈判学、影响力、权力与公平的研究发表在大量的学术期刊和书籍上。巴里教授曾担任国际冲突管理协会主席和美国管理学会冲突管理分会主席。他还是《商务伦理》季刊的副主编和其他基本国际期刊的编委会成员。

戴维 M. 桑德斯（David M. Saunders）

从 2003 年 7 月开始担任加拿大皇后大学商学院院长。在桑德斯教授领导下，皇后大学商学院经历了快速的发展，开设了两项独立的 MBA 项目和一系列的硕士课程。为了支持皇后大学商学院作为国际领先商学院的愿景，他极力促进商学院的国际化，与全球 80 多家商学院建立了战略合作伙伴关系。与人合著了若干有关谈判、冲突解决以及反映雇员心声和组织公平方面的著作和文献。桑德斯教授目前是中欧国际商学院以及欧洲管理发展基金会的董事会成员。

译者简介

程德俊

南京大学人力资源管理系教授，1998 年获电子科技大学工学学士学位，2001 年和 2004 年于南京大学商学院分别获得企业管理硕士和博士学位。美国康奈尔大学工业与劳动关系学院访问学者（2008 年 9 月~2009 年 8 月），南京大学人文社会科学高级研究院驻院学者（2011 年 9 月~2012 年 8 月）。曾参加美国哈佛商学院以参与者为中心的教学方法师资培训项目。现为美国管理学学会会员，中国管理研究国际学会会员，《南开管理评论》《管理学报》《南方经济》等杂志匿名审稿人。曾在《管理世界》《中国工业经济》《南开管理评论》等权威期刊上发表 40 余篇论文。主要从事高绩效人力资源系统、谈判与冲突管理、组织中权力与影响等领域的研究和教学工作。目前正主持国家自然科学基金、教育部人文社会科学研究基金和南京大学人文社会科学重点研究基地课题各一项。

前　言

欢迎阅读《商务谈判》（原书第6版），本书是《谈判学》（原书第7版）的简略版本。出版本书的目的在于以一种简明扼要的形式给读者呈现谈判的核心概念。在一些短期学术课程、执行性教育计划中，或者作为其他资源材料的参考，教师们迫切需要这样一本简略版的书。本书适用于谈判、劳资关系、冲突管理和人力资源管理等课程。

本书概述

本书结构大体上跟随《谈判学》（原书第7版）。最本质的差别在于本书只包含12个章节，而完整版本包含了20个章节。简略过程中前4章基本完整保留，原因是我们相信这些内容是任何谈判课程的必备要素（简略过程包括删除一些偏向于研究性的参考和描述，删除了许多专栏和工具条，以及少量的二级章节）。最后一章被完整地保留下来。其他来自《谈判学》的7章平均缩减了25%～50%。

对《商务谈判》之前的版本不熟悉的教师，需要了解本书的基本结构。本书的前5章为读者介绍了谈判的基本要素。本书的第1章介绍了谈判的领域和冲突的管理，描述了与他人发生交互作用的情境，简单探索了管理这种交互关系的挑战。第2章和第3章给出了谈判中的两种核心战略：第2章讨论了竞争性（输赢）的谈判过程；第3章讨论了整合式（双赢）的谈判过程。第4章描述了谈判者在准备谈判的过程中要做的预备工作：选取战略、分析问题、定义谈判目标以及计划达成这些目标所需的步骤。第5章讨论谈判过程中的道德标准和准则。优秀的谈判者必须能够鉴别出什么时候会与道德相关，以及要积极处理道德因素时该考虑哪些因素。

接下来的3个章节描述了谈判过程中的基本心理过程：谈判中的感知、认同和情绪，沟通，谈判力和影响，以及道德判断。在第6章，我们回顾了谈判中感知、认同和情绪的基本过程；我们特别检验了谈判者做出的普遍认知和判断偏差，以及情绪如何影响谈判。在第7章，我们研究了沟通的动态过程。我们观察了谈判者沟通自身兴趣、地位和目标的方式，以及这些信息是如何被他人所理解的。第8章集中于研究权力。我们观察了谈判者集中力量施压于谈判对手的能力，从而改变自身的感知或屈从于我们的理论。

接下来的两个章节检验了这些谈判发生的社会背景以及谈判发生的其他影响因素。

在第 9 章，我们检验了当谈判双方建立其一定的关系之后会如何影响谈判过程，以及关系的类型对谈判的不同影响。我们同样检验了在塑造谈判过程中由信任、公正和谈判者信念带来的核心作用。在第 10 章，我们关注了多方谈判，当多个个体必须作为一个团队进行合作时，团队力量是如何解决一个复杂的问题或是做出一个决策的。

在第 11 章，我们试图弄清国际和跨文化差异在谈判过程中如何塑造了不同的谈判方式。

最后，在第 12 章，我们做了一个总结，概括了本书的内容，为所有谈判者提供了 10 条 "最佳实践" 原则。

本书与第 5 版的比较

- 全书已经被修订和更新。作者检查了每一个章节，将来自使用本书先前版本教师的意见汇聚起来。本书部分章节已经被重新组织成更有效率的结构。
- 道德规范部分被并入 "基本" 模块作为第 5 章。
- 我们进一步提升了图表形式和页面排版，使本书显得更有趣味性和可读性。
- 我们在每章开头增添了学习目标。

感谢

如果没有大家的帮助，这本书是不可能完成的。我们要特别感谢：

- 我们的许多同事在谈判和争端解决领域有所建树，其研究工作使得这个领域有所发展，他们对我们以前的版本给予了及时的反馈，丰富了现有版本的内容。
- 后面的人回顾了之前的文章并给予了宝贵的建议。
- John Minton 为本书的第 2 ~ 4 版进行了排版，他于 2007 年秋去世。
- 优秀的编辑助理 Steve Stenner，他专门帮助该本书的编辑、参考书目的设计等。
- 麦格劳 - 希尔的员工们，尤其是产品开发领导者 Laura Spell、高级产品开发人员和产品开发者 Laura Griffin、管理与组织行为部门主任 Michael Ablassmeir、营销人员 Elizabeth Trepkowski 和 Liz Steiner。
- 我们的家庭为了我们学习有效的谈判和维持项目的持续运行，继续向我们提供时间、激励和机会。

罗伊 J. 列维奇

布鲁斯·巴里

戴维 M. 桑德斯

目　录

第 1 章

谈判的本质

:: 学习目标

1. 理解谈判的定义、谈判过程中的核心要素和谈判的不同形式。
2. 探索人们是如何利用谈判来管理互赖关系情境的，即通过相互依靠来达到他们的目标。
3. 考虑如何将谈判与管理冲突的宏观感知过程相匹配。
4. 对本书及本章内容有一个概括性的认识。

"又来了！我又碰上了！这该死的车！"杨畅吼道，他在买了 10 年的大众汽车上敲打着方向盘，踢着车门。这辆车又无法发动了，而杨畅上课又要迟到了。他在这门管理课上的表现不好，因而他不能再缺席任何一次课了。这辆车在最近的 3 个月中已经遇到了无数的机械问题，意识到这是最后一次修理这辆车，杨畅决定卖了它再买一辆二手车，使得他有希望撑到毕业。那天下课后，他乘车来到附近的购物区，那边有几家汽车修理厂和二手车市场。杨畅根本不了解汽车，他觉得也没必要了解——他所需要的就是能支撑他度过接下来 18 个月的可靠的交通工具。

一家著名的国际航空公司濒临破产。对恐怖主义的担忧、一些新的"经济票价"航线的出现和燃油价格的上涨给这家航空公司带来了巨大的经济压力。这家公司试图从飞行员工会组织中削减 8 亿美元的薪资和奖金，这是公司在两年内做的第三轮成本削减，以期防止破产的发生。由于被来自飞行员工会的首席谈判者断然拒绝，公司试图直接找到航空飞行员联盟（国际组织）来讨论成本削减问题。如果飞行员不做出让步，其他的工会——飞行服务员工会、机修工工会等，不可能同意让步，那么破产将必然发生。

珍妮特和乔斯林是室友，她们在自己工作的大城市中合租一套一室一厅的公寓。珍妮特是一名会计，在一家不错的公司拥有一份稳定的工作，但是她已经决定回学校完成她的 MBA 学业。她已经参加了都市大学的 MBA 夜课，现在开始上课了。乔斯林在一家广告公司工作，过着快节奏的生活，她的工作不仅要求频繁出差，还需要花大量的时间与客户接触。问题在于当珍妮特不需要上夜课的时候，她需要在公寓中阅读和学习，并且在安静的环境下完成她的工作。而当乔斯林在公寓的时候，她经常打电话、邀请朋友来聚餐，要不就是准备出去应酬或回来得很晚（带来吵闹）。珍妮特已经受够了这些令人崩溃的事，准备和乔斯林解决这个问题。

数千名示威游行者试图在全国政治大会期间进行抗议，反对一项关于指定政府领导者实施改选的国家政策规定。城市警察禁止反对者在会场附近游行，但批准他们可以在一个破旧的城市高速公路下进行反对游行，距离会议点 500 米处。作为回应，游行的组织者要求获得在一个城市主要中心公园中举办集会的批准。政府想要阻止这个集会，因为这个公园最近作为城市的一个重要景点进行了建设，政府担心大量的游行者会毁了这个工程。双方都试图进行谈判，并且寻找着复杂又合法的策略来为自己增加谈判筹码。

阿什利·约翰逊是来自前 25 名商学院中最优秀的人才之一。她很高兴获得了一家著名消费品公司的第 2 轮面试机会。这次面试，公司邀请她到总部所在的城市进行，把她安顿在一家以设施和服务质量闻名全球的四星级酒店。面试前一晚，阿什利由于航班的延误很晚才到酒店，第 2 天她 6：45 醒来，准备在 7：30 和公司的高层招聘者共进早餐。她走进沐浴间，拧开淋浴开关准备洗澡，淋浴头竟然直接掉到了她的头上。淋浴器里根本没有水。很显然是维修工在维修时把出水阀门关了，然后没有完工就离开了。阿什利很担忧，不知这个危急时刻该如何处理，使她在 45 分钟后的早餐上有个良好的外在形象。

这些小事看上去或听起来很熟悉吗？这些都是关于谈判的事例——包括将要发生的谈判、发生中的谈判和已经发生并且创造了效用的谈判。它们将作为我们讨论的问题、论点和过程的例子贯穿于本书。

谈判无处不在：朋友间商量去哪里聚餐；孩子为了看哪个电视节目而进行谈判；商人为了采购原料和销售产品进行谈判；律师在上法庭前为了庭外和解进行谈判；警察和恐怖分子就释放人质进行谈判；国家间针对开放边境自由贸易进行谈判。谈判不仅专门服务于有技巧的外交官、顶级的销售员或是一个有组织的游说议员团体的热心倡导者，它是我们几乎每天要做的事情。尽管其中的利害关系不及和平协议或大型公司合并那么大，但每个人都在进行谈判。有时人们为了比较重要的事情，比如一份新工作而进行谈判，其他的时候则可能为了相对细小的事情，比如谁洗碗而进行谈判。

谈判的发生有如下原因：①为了对如何分享或分配一项有限的资源达成一致性，比如土地、财产或时间；②为了创造谈判各方都无法独立完成的新事物；③为了解决各方的问题或争论。有时，人们无法进行谈判是因为没有意识到他们已经处于需要谈判的情境下了。通过做选择而不是谈判的方式，人们也许无法达到目的、得到他们所需要的，或是像他们希望的那样顺利解决问题。人们也许也会意识到谈判的必要性，但是由于对谈判的误解或没有较好的谈判技巧，他们可能表现得很差。在阅读完本书后，我们希望你可以充分地认识谈判情境，理解谈判是如何运作的，掌握如何计划、实施和完成成功的谈判，并且最重要的是，能使你的成果最大化。

1.1　关于本书的阐述形式和方法

在我们分析谈判这一复杂的社会过程之前，我们有必要对如何阐述这个主题说明几点。第一，我们对谈判做一个简单的定义。谈判是"双方或多方相互讨论，以决策的方式来解决冲突的利益关系"。我们对本书中术语的运用十分谨慎。对于大多数人来说，讨价还价和谈判是一回事，然而在本书中这两个词之间存在着区别。我们将用讨价还价来形容竞争的、有输赢的情境，例如，在跳蚤市场或二手车市场上的讨价还价。而"谈判"

一词指代双赢的情境，比如在一个复杂的冲突环境中双方试图寻找一个令各方都满意的解决方案。

第二，许多人认为"谈判的核心"是运用给予和获取的过程来达成协议。虽然这种互让的过程极其重要，但是谈判是一个复杂的社会过程，很多决定谈判结果的重要因素不是在谈判过程中出现的，这些因素通常出现在谈判之前，或者决定了谈判的环境。在本书的前几章，我们将分析人们为什么进行谈判、谈判作为管理冲突的核心工具其本质是什么，以及人们为了达成一致协议而进行的主要互让过程。在其余章节中，我们分析了在实质问题中的谈判差异、涉及的人员、遵守的谈判过程以及增加谈判过程复杂性的谈判环境。在本章的最后，我们将对本书做一个更加详细的论述。

第三，我们对谈判的研究来源于三个资源：第一个来源是，我们本身作为谈判者积累的经验和发生在我们身边和世界每个角落的频繁而大量的谈判。第二个来源是媒体，包括电视、广播、报纸、杂志和互联网，每天给我们带来无数的真实谈判报道。全书中我们将引用来自媒体的谈判实例来突出关键因素。第三个来源是对谈判各个方面进行的大量的社会科学研究。这些研究已经在经济学、政治学、心理学、沟通、劳资关系、法学、社会学、人类学等领域开展了 50 多年。每个学科都对谈判做出了不同的阐述。如同盲人摸象的典故一般，各个学科对谈判要素的研究都有自己的理论和研究方法，因此相同的谈判事件可能会被不同的方式重复研究。当单独观察时，各个观点都存在局限性且又相互关联，我们在研究的时候要取各个研究的精华部分。

我们用几个谈判的例子作为本章的开端，这些例子包括将来的、当下的以及过去的谈判。为了加强读者对谈判基础的理解，我们将围绕乔·卡特和苏·卡特夫妇在一天中遇到的大大小小的谈判挑战的故事展开。我们将通过这个故事来强调三个主题：

（1）谈判的定义和谈判情境的基本特点。

（2）对相互依赖关系的理解，即人和群组之间经常会导致谈判发生的一种关系。

（3）对冲突过程和冲突管理的定义和探讨，这是人们开展和管理谈判的一个背景。

1.2　卡特夫妇

新的一天如同往常一样来到了。早餐后，苏·卡特提出了和丈夫在哪里过夏季假期的问题。她想报名去大学校友会组织的远东旅行。然而乔不愿意，因为他不想用两周的时间跟一群不相熟的游客在一起游玩。他希望能远离人群、吵闹和行程表，租一艘游艇在新泽西海岸漫游。卡特夫妇没有争吵，但显然他们之间出现了矛盾。他们的一些朋友在遇到此类问题时通常会采取各自旅行的方式。由于乔和苏平时工作繁忙，他们希望能一起度假。

而且他们还不确定他们的儿女特蕾西和泰德是否愿意同他们一起去。特蕾西很想参加学校的体操夏令营，泰德更喜欢待在家帮助邻居收拾院子，这样既为参加橄榄球队锻炼了身体，又可以自己挣钱买一辆摩托。乔和苏无法同时承担夏令营和度假的费用，更别说他们离开后谁来照顾孩子的问题了。

当乔驾车上班时，他依然在思考着度假的问题。困扰他的地方在于，似乎没有一个有效解决冲突的办法。有些家庭冲突可以通过妥协来解决，但是鉴于现在每位家庭成员的不同意愿，一个简单的妥协显然无法解决。其他的时候，他们也许会采取掷硬币或是轮流的方式，比如决定去哪家餐馆吃饭的问题，但是对于度假问题，由于花费大并且机会难得，采取这种方式显得很不明智。另外，掷硬币会使输者觉得不快而引发争吵，最后大家都不能真正感到满意。

走过停车场的时候，乔遇见了公司采购经理艾德·雷恩先生。乔是威瓦特公司（小型电子摩托公司）工程设计部的经理。艾德提醒乔必须解决一个由他们工程部的人员引起的问题：工程师不通过采购部直接与供应商联系。乔知道采购部希望所有部门通过他们与供货商联系，但是他也明白他的工程师为了设计需要第一手的信息，通过采购部获取信息的等待会大大影响工作效率。艾德对乔的想法很清楚，乔认为如果能坐下来好好商讨，也许能找到一个很好的解决方式。乔和艾德都明白上层管理者希望中层管理人员能自行解决他们之间的问题，如果这个问题暴露给上层，他们都会很尴尬。

乔刚到办公桌就接到了一位之前洽谈过的汽车推销员的电话，他询问苏是否需要试驾。乔已经选中了一辆进口豪华车，但是他不确定苏是否会同意他的选择，他认为苏可能会抱怨价格太贵或者耗油太多。乔对推销员最近一次的报价很满意，但还是希望对方能多做一些让步，所以他把苏的勉强态度告诉了推销员，希望这些阻力可以给推销员带来降低价格的压力。

乔刚放下电话，铃声又响了。这次是苏，她是当地银行的一位高级信贷员。电话中苏抱怨了对工作程序的不满。苏对于在这么一家自动化程度低、官僚主义严重和对顾客需求反应迟钝的家族式老银行工作感到沮丧。在竞争对手那里只需要 3 个小时就可以完成的审批证明，在苏的银行需要一周的时间。由于银行极低的效率和烦琐的程序，她刚刚失去了两笔大额贷款业务，并且这种事情正越来越频繁地出现。但无论何时，当她准备同高层管理者讨论这个问题时，总是遇到一致的反对和一番宣扬银行传统价值观的说教。

乔大部分的下午时间都要用来开威瓦特公司的年度预算会议，他讨厌这些会议。来自财务部的人专横地把每个人的预算削减了 30%，然后各个部门的经理不得不无休止地争论，来给他们的新项目争取资金的保留。乔已经学会如何与不同的人交往，其中包括他不喜欢的人，但是来自财务部的人简直是傲慢专横至极。他不明白为什么高层的领导者看不到财务部正在对工程部门的研发带来多少损害。乔自认为是一个通情达理的人，但这些人的表现使得他只能认清自己的底线，同他们斗争到底。

晚上，乔和苏参加了镇上的自然保护委员会的会议。这个委员会主要负责保护镇上的溪流、湿地和生态保护区。苏是委员会成员，她和乔都坚决支持环保事业。今晚讨论的主题是关于一家房地产公司申请将一块湿地和小溪开发成一个购物中心的问题。所有的计划都表明新的购物中心将给该地区带来就业机会和收益，同时可以增加镇上的税收收入。新的购物中心能带来更多的商机，人们再也不用驱车 15 千米去附近的购物城了，但是这个计划遭到了委员会的反对，因为它会对湿地和在上面生息的物种带来破坏。争论持续了 3 个小时，最后委员会同意在接下来的这周继续探讨此问题。

当乔和苏参加完会议开车回家时，他们对一天中遇到的各个事情进行了讨论。每件事情都反映出了生活的奇特，有时候事情看起来进行得很顺利，有时又显得过于复杂。晚上入睡前，他们都在回想着白天遇到的各个情境，并为他们能够进行坦率的交流感到庆幸。然而，他们还是不知道应该去哪里度假。

1.3　谈判情境的特征

　　卡特夫妇的故事说明了谈判可以解决不同情境下的冲突。我们平时都会遇到这样的谈判情境。正如我们之前定义的那样，谈判是双方及多方试图解决利益冲突的过程。因而，在本章的最后，我们会证明谈判是人们用来解决冲突的方式之一。谈判情境具有相同的基本特征，无论是战争国之间的和平协议，还是买卖双方或劳动者与管理者之间的商业谈判，或是在参加重要面试之前为了洗热水澡而与酒店发生争执的客人。对谈判进行过大量描述的人指出，所有的谈判情境都具有以下特征：

　　（1）涉及双方或者多方，即有两个或两个以上的个体、群体或组织参与。尽管人们也可以和自己进行谈判，比如某个人纠结周六下午是应该学习、打网球，还是踢足球，但是我们把谈判看作发生在不同个体、群体内部或群体之间的过程。在卡特夫妇的故事里，乔同他的妻子、采购部经理和汽车推销员进行谈判。苏和自己的丈夫、所在银行的高管以及自然保护委员会进行谈判。他们夫妇还面临着跟他们的儿女谈判度假的问题。

　　（2）双方或多方的需求和要求之间存在冲突，即一方所想不一定是另一方所愿的，各方必须寻求解决冲突的办法。卡特夫妇需要对度假、管理孩子、预算、买车、公司制度以及社区实践施工许可证发放和保护自然资源等问题进行谈判。

　　（3）各方自愿选择进行谈判，即各方认为相比于简单的妥协或是接受对方的提议而言，谈判能取得更好的结果。谈判在很大程度上是一个自愿的行为。我们选择谈判是因为我们觉得谈判可以比自愿接受或妥协对方的提议取得更好的结果。谈判是关于选择的策略，我们很少被命令去谈判。有些情境需要谈判，有些则不需要（见专栏1-1）。我们的经验是，在西方背景下大多数人的谈判不够充分，即我们假定一种价格或情境是不能进行谈判的，甚至认为讨价还价很麻烦。

专栏 1-1

・・

不应该进行谈判的情境

1. 当你将失去所有时

如果你处在可能失去全部的情形下，选择其他方式，不要谈判。

2. 当你很受欢迎时

当事业步步高升的时候，不要进行谈判，而是要提高价格。

3. 面对无理的要求时

对方的要求如果是你所不能支持的、非法的、无理或不道德的，不要谈判。比如行贿或者受贿，从长远角度看，必然会给你带来损失。

4. 无关于你时

如果谈判结果与你不存在利益关系，不要谈判。你可能失去所有，且一无所获。

5. 当你没时间时

当你的时间很紧时，你也许不会选择谈判。因为压力影响可能会导致犯错误，太快做出妥协，而忽略了让步背后可能存在的后果。在高压下，你可能比平时得到的更少。

6. 对方不守信用时

当对方表现出不诚信的迹象时，停止谈判。如果无法信任对方，就不能签订协议。这种情境下，谈判是没有价值的，坚持自己的想法，保留自己的立场，或者让对方自取其辱。

7. 当等待能提升你的谈判地位时

也许你很快能获得一项新的技术，或者你的财务状况很快能得到改善。新的机会即将出现，如果等待有助于谈判地位的提升，那么就等待。

8. 当你还没准备好时

如果还没准备好，回家的路上思考下最佳的问题、最好的回答和可能的让步。收集信息、进行谈判预演将带来可观的回报。如果还没准备好，就对谈判说"不"。

资料来源：J. Conrad Levinson，Mark S. A. Smith，Orvel Ray Wilson，*Guerrilla Negotiating：Unconventional Weapons and Tactics to Get What You Want*（New York：John Wiley，1999），pp. 22 – 23.

（4）当我们进行谈判的时候，我们希望谈判是基于自身定义的一个"互让"过程，我们期望双方都能对最初的陈述、要求或者需求进行修改或退让。尽管开始的时候双方会为了自己的利益激烈争论，促使对方率先做出让步，但是最后为了达成一致协议，双方都必须做出妥协。这就是向双方立场的中间点移动的折中过程。真正具有创造性的谈判也许不需要妥协，但谈判各方会寻找到一个使各方都满意的解决方案。当然，如果谈判各方不认为是一个谈判过程，那么他们也就不会期望修正立场和参与这种"互让过程"（见专栏 1-2）。

专栏 1-2

来自纽约熟食店

"对于那些喜欢对三明治讨价还价的顾客，我们将提高价格，然后给予一个折扣。"

（5）谈判各方宁愿通过谈判达成一致协议，也不愿意通过公开斗争，由一方主导使另一方屈服，永久的断绝来往或是将矛盾交给更高的权力机关去解决。当各方偏向于自己寻找解决冲突的方式时，当没有固定的或已有的规则或程序来解决冲突时，或者各方选择规避这些规则时，谈判就发生了。组织和系统为管理这些程序问题制定了政策和规定。音像出租店对逾期未还的情况有收费的规定。通常，人们只需要缴纳罚款。然而，如果对于为什么延期归还有一个好的理由，人们也许可以与店家进行谈判来免除罚款。同样，律师为他们不愿对簿公堂的委托人进行辩护和谈判。在卡特夫妇的故事中，乔选择通过谈判而不是让他的妻子来决定在哪里度假的问题；他还通过谈判迫使汽车销售员降低售价，而不是按报价购买；同财务小组就削减预算带来的影响进行谈判，而不是毫无顾虑地接受他们的方案。苏利用谈判试图改变银行贷款的审核程序，而不是安于现状；通过谈判希望改变购物城的选址，而不是袖手旁观或是交给法庭去解决。

（6）成功的谈判既包括有形因素的管理（比如协议的价格或者条款），也包括无形因素的处理。无形因素是潜在的心理驱动力，它可能会在谈判过程中对各方产生直接或间接的影响。无形因素的例子有：①必须胜利、打败对方或不能输给另外一方的需求；②在你所代表的人面前，必须看起来"状态良好""具有竞争力"或者"坚韧"；③要捍卫一个重要原则或是先例的意愿；④需要表现出"公平"或是"受人尊敬"，或者必须保护某人的名誉；⑤在谈判结束后需要同对方继续保持良好关系的意愿，主要通过维持信任和减少不确定性。无形因素通常植根于个人价值观和情绪，对谈判的过程和结果可能产生巨大的影响。想要忽视无形因素的存在几乎不可能，因为它影响着我们在解决有形问题的时候对什么是公平的、正确的或恰当的进行判断。比如，乔不希望在采购问题上激怒艾德·雷恩，因为在接下来的预算谈判中他需要艾德的支持，但是他也不想在希望得到他支持的工程师面前丢失颜面。所以，对于乔来说，重要的无形因素是既要维系他和艾德的关系，又要在他的工程师面前显得强势。

当谈判者不能理解无形因素是如何影响谈判的或者在他们基于有形因素来主导谈判时，无形因素就成为谈判中的一个主要问题。专栏 1-3 反映了求胜欲望为谈判带来的问题。

专栏 1-3

当求胜欲望大过理性决策时

有时求胜欲望会战胜逻辑思考。有这样一个事例，强生和波士顿科学竞争收购佳腾公司（一家药品设备制造商）。佳腾深陷困境，已经召回了 23 000 个起搏器产品，并且告知已植入此款产品的 27 000 名病患要向医生咨询。双方的竞争使得最后的标的价飙升至 272 亿美元，比强生的初始报价高出了 18 亿美元。召回事件后，佳腾公司的股票由每股 23 美元跌至 17 美元。《财富》杂志将此项收购列为史上第二差的收购，仅排在臭名昭著的美国在线服务公司对时代华纳的收购事件之后。

是什么导致了如此失败的决策？作者总结了以下几个关键因素。

（1）竞争对手：当各方面临激烈的竞争时，他们有可能停止理性决策。

（2）时间压力：人为的截止日期或者时间压力（如拍卖）会促使人们快速（甚至错误地）做决策。

（3）聚光灯作用：如果观众紧盯着表演者，他更有可能紧握枪支，升级承诺，以使自己在观众面前显得强硬和勇敢。

（4）律师的出现：律师在法律辩护中更倾向于输赢的结果，因此可能会向委托人施压以求胜利，尽管可行方案清晰可见。

作者就减少或消除竞争压力带来的负面作用提出了几条重要的建议，这些建议能帮助谈判者做出听起来更可行、更理性的决策。

资料来源：Deepak K. Malhotra, Gillian Ku, and J. Keith Murnighan, "When Winning is Everything," *Harvard Business Review* 86, no.5, May 2008, pp.78–86.

1.4　互赖关系

谈判情境的一个重要特征是：为了达到自己期望的目标或者结果，谈判各方需要彼此一起解决，即他们要么必须协调各方利益来实现自己的目标，要么共同努力，这样的话可能的结果会好于自己努力带来的结果。当各方通过共同努力来达到自己期望的目标时，他们之间就是相互依赖的关系。

各方之间的关系大多可以分为以下三类：相互独立的、单方面依赖的和相互依赖的。在相互独立的关系中，各方不需要对方的帮助就可以满足自己的需求，他们相对于对方来说是可有可无、独立的和不参与的。在单方面依赖的关系中，各方的需求必须依赖于对方才能得到满足。这是因为他们需要对方的帮助、施舍或者合作，依赖者必须接受和适应被依赖方的要求。例如，如果一位雇员的工作和报酬完全依赖于雇主，雇员必须按照指令完成工作，并且接受雇主提供的报酬，否则就会失去工作。在互赖关系（相互依赖的关系）中，各方的目标相互牵制，为了实现自己的目标就离不开对方。例如，在一个项目管理团队中，没有哪个个人可以单独完成一项复杂的工程，时间限制很短，每个人也不可能具备完成项目所需要的所有技能和知识。对于这个团队来说，要想完成目标，每个人都会依赖于其他成员投入的时间、知识、资源和全体成员的共同努力。需要注意的是，各方在目标实现上的互赖关系并不意味着每个人有相同的需求。项目团队中不同的成员有不一样的需求，但是他们必须共同努力才能实现目标。目标上的对立统一形成了互赖关系的典型特征（见专栏1-4）。

专栏1-4

愿　　景

我已经当了近1/4个世纪的运动员代表了，比他们其中一些人的寿命还长。在那段时间，我与一些生意人建立了良好的友谊或是合作关系。我们几年来完成了许多交易，遇到过争执和挫折，有时也会有误解。但是到最后，就像婚姻，我们一直在一起不断前进和成长。那种基于长期的分享式的关系带来了无价的信任和相互尊重。

但是，这种信任是不断积累的，这是我在23年前完成第1笔交易时领悟到的。我的整个职业生涯的基本前提是我将与相同的人一次次地共事。这意味着我要时刻想着我正在做的交易，以及选手们的未来。这意味着我要将谈判方看作我潜在的搭档，而不是要征服的敌人。

如果没有团队拥有者，我就没有这个职业。如果他们无法相信能够营运获利，我们就不会形成一个行业。我相信选手们值得支付给他们每一个便士，那是等式的一半，等式的另一半取决于雇主是否相信在这个支付水平上他们能够获利。

没有一决胜负的情况，到最后他们之间都是合作的状态。我们都需要对方的成功和健康。我需要并且期望运动员们生存下来并且强大起来。各种联赛都需要我们不断提供高质量的选手。我们和选手之间各取所需，相互依靠。

在任何与相同对手不断重复交易的行业内，在逼近谈判底线和维持双方的关系之间都存在一个平衡，这并不是要把自己的利益屈服于对方。但从长远来看，留一些余地是非常重要的，尤其是当对方犯了一个触犯你利益的错误时。

没有人喜欢被占便宜，我们都是人，我们都有可能会犯错。不管各方如何做准备，都不可能考虑到谈判中的每个要素。有时在谈判过程中，一方可能会意识到自己在先前的计算或是表述中犯了一个错误，要求得到修正。有时也许协议已经达成，但是另一方看到了一个错误并要求解除协议。你完全可以不理会，坚持让他执行，但你需要问问自己，这样做值得吗？我在这个时点上所获取的是否与未来我可能失去该选手的工作热情相当？在多数情况下，长期关系的维护往往比短期的获利更有价值。有时对方也许会犯错，并且并没有意识到犯了错。有时雇主会在计算时犯一个大的错误，我可以轻易地获得优势并且敲定对方。

但是我不会这么做，我看到了对方的软肋，我不会袭击，而是提醒对方，甚至直接指出来。因为如果我占了便宜，他最终总会意识到。尽管在单次交易上我可能大获全胜，但同时也会扼杀我们的长期合作关系，包括未来可能的合约。或者如果由于对方的错误使他离职，那么将会有人替代他的职位，这个人也许会更难相处，并有可能针对他的前辈被贬为清洁工的事情对我施以报复。

资料来源：Leigh Steinberg, *Winning with Integrity* (New York：Random House, 1998), pp. 217 – 218.

1.4.1　互赖关系的类型影响谈判结果

人们目标的相互依赖和谈判的情境结构，在很大程度上影响着谈判的过程和结果。当双方或多方的目标相互制约、只有一方可以实现其目标时，例如，赛跑中只能有一位获胜者，这就是一种竞争性的情境，也被称为零和式或分配式情境，"个体们联系在一起，所要实现的目标之间呈负相关的关系"。零和式或分配式情境经常出现在各方试图分配一种有限的或稀有的资源时，比如一笔钱、一段有限的时间等。一方目标的实现程度会阻碍到另外一方。与此相反，当各方的目标之间相互联系，一方目标的实现有利于其他方的实现时，这就是一个互利的情境，也被称为非零和式或整合式情境，其中各方目标的实现之间呈正相关的关系。如果一个人是优秀的作曲者，另外一位是杰出的作词者，那么两人的合作就能创造出动听的百老汇音乐剧。单独看音乐和歌词都很好，但是合在一起会令人惊叹。一方目标的实现程度，不一定会阻碍另一方目标的实现，事实上另一方的目标还可能得到极大的提高。在第2章和第3章中，将对不同情境下的战略战术进行讨论。

1.4.2　替代选择影响互赖关系

我们在本节开头就指出，各方选择合作是因为合作的可能结果好过不合作的结果。因此，对互赖程度的评估在很大程度上取决于各方合作意愿的强烈程度。罗杰·费希尔（Roger Fisher）、威廉·尤里（William Ury）和布鲁斯·巴顿（Bruce Patton）在他们的畅销书《达成一致：跳出立场之争》中强调："应不应该在谈判中达成协议完全取决于最佳的替代方案对你的吸引力。"他们将这种替代方案称为最佳替代方案（best alternative to a negotiated agreement, BATNA），并且指出谈判者应该识别自身和其他方的最佳替代方案。一方的最佳替代方案的价值永远是相对于在目前谈判中可能的解决方式而言的。一个最佳替代方案也许决定了是相互独立的、单方面依赖的还是相互依赖的关系。一位还有一个月就要毕业的学生，如果只获得了一个工作机会并且薪水远低于期望值，他只有选择接受这份工作或者是失业。对他来说，很难说服公司给他提供更高的薪水。而一位同时拿到两个工作机会的学生，就可以在两种可能的互赖关系中进行选择，他不仅可以进行选择，也许还可以利用这两个机会使两方的雇主进行竞争（比如，要求雇主 A 提供超过雇主 B 的待遇）。要记住的是，任何一种可能的互赖关系都有一个替代方案。即使替代方案不理想，谈判者还是可以拒绝和走开。我们将在第 2、3、4、7 章中进一步讨论最佳替代方案的角色和应用。

1.5　相互调整

当各方之间是互赖关系时，他们不得不找到解决分歧的方法。双方都能影响对方的结果和决策，同时他们自身的结果和决策也受到对方的影响。当双方都在影响对方时，这种相互调整在谈判中就会持续出现。意识到谈判是一个随时间动态变化的过程很重要，而相互调整是谈判中发生变化的重要因素之一。

让我们回到故事中苏·卡特在小社区银行的工作上面。贷款一直得不到批准，意味着苏将失去贷款客户，这样她就拿不到奖金。苏不想这样继续下去，正在考虑离开这家银行去邻近城市的银河银行工作。苏的未来经理马克斯认为她是一个理想的人选，并且准备给她一个工作机会。马克斯和苏正在对薪酬进行协商。职位描述显示这个薪酬很具"竞争力"。在和丈夫乔商议并且浏览了该州银行信贷员的薪酬数据之后，苏确定了这个职位的最低薪酬标准（50 000 美元），并且希望她能得到更高的薪酬。但是由于银河银行有众多的工作申请者，在当地是一家非常热门的公司，苏决定不表明自己可以接受的最低薪酬标准，她猜测银行不会提供很高的报酬，她提的最低标准也将很快被接受。而且，如果她提出的 50 000 美元的标准比马克斯准备提供的低很多的话，提高薪酬会变得很困难。苏想过自己的理想薪酬是 65 000 美元，可是她担心马克斯会把她看成贪婪自大或者鲁莽的人。马克斯可能会因此拒绝雇用她，或者即便达成了一致薪酬意见，她也会给马克斯留下对自己的能力和价值过高估计的印象。

让我们对这个情况做一个分析。苏基于当地银行信贷员的薪酬水平做出了对薪酬要求的决策，但是很多也是基于她对马克斯可能有的反应的预测。苏意识到她的行为将会影响马克斯。她也意识到她的行为对马克斯的影响会改变马克斯未来对她的态度。因此，苏正在评估自己的行为将会对自己带来的间接影响。更进一步，她知道马克斯可能会对她的行为很敏感，会将她的任何提议看作最初的而不是最后的报价。考虑到这些情况，苏试图提出一个高于她的最低接受标准，但是低于理想标准的薪酬报价。苏在进行选择时，不仅要考虑她的行为给马克斯带来的影响，还要考虑这些行为将如何引导马克斯偏向于她。另外，她也确信马克斯知道她会如此行事并且基于这样的信念做出决策。

读者也许会疑惑，人们在谈判中是否会真的注意到这些复杂的关系或对他们的谈判计划得如此详尽。大多数时候人们当然不会如此，否则在考虑所有可能性的时候他们会停滞不前。然而，在各方谈判的过程中，这个层面的考虑有利于各方做出某种形式的相互调整，使得谈判向达成一致的方向发展。基于自身和对方的反应，高效率的谈判者需要明白人们如何进行调整和再调整，判断谈判的局势变化。

根据对方行动进行成功调整的最佳战略看起来基于这样的假设：了解对方的信息越多就越有利。但也存在一种可能，即太多的信息会使人迷茫。例如，假设苏知道她所在州和地区银行职员、主管和管理层职位的平均薪资。这些信息真的能帮助她做出决策，还是只是使她感到迷茫？事实上，即便掌握了这些额外信息，她还是不知道应该如何报价，除了明白自己的薪酬底线之外。这样的例子在谈判中非常典型。谈判双方都确定了自己的接受范围，但是在这个范围之内，谁也不能确定哪个值能同时让双方满意。谈判各方需要交换信息，试图互相影响，最后解决问题。他们必须想出一个能够考虑到各方需求和最好使双方结果最优化的解决方案。

1.5.1　相互调整和做出妥协

谈判通常以陈述观点开始。各方提出自己最理想的解决方案，希望对方能直接接受，但不是真的期望对方会无条件接受（要记住我们对谈判定义提出的关键要素之一是互让过程）。如果自己的提议不能被对方所接受，谈判者会开始为自己最初的提议进行辩护，并且驳斥对方的观点。各方的驳斥中通常包含着希望对方改变提议或者是自身立场的改变。当一方同意做出改变时，即做出了妥协。妥协限制了解决问题和达成一致的空间，当一方做出妥协时，谈判区域（双方理想方案之间的差距）进一步减小。例如，苏想要的起薪是 65 000 美元，但是她把要求降到 60 000 美元，因而除去了所有高于 60 000 美元的解决方案。在进一步让步到 60 000 美元之前，苏想要看看银行方面提升薪酬的意愿有多少。

1.5.2　相互调整中的两种困境

判断如何以妥协作为暗示对方的信息或是试图读懂对方妥协背后的含义不是件容易的事，特别是当谈判各方之间几乎不存在信任时。哈罗德·凯利（Harold Kelley）对谈判者面临的两种困境的定义，帮助解释了其中的困难。第一种困境是诚信的困境，即应该告诉对方多少实话（这些困境的道德考虑将在第 8 章进行讨论）。一方面，将自己的一切信息告知对方会给对方可乘之机；另一方面，不告诉对方自己任何的需求和渴望有可能使谈判陷入僵局。那么，你该将多少事情透露给对方？如果苏告诉马克斯她能接受的最低薪资是 50 000 美元，但是希望起薪是 60 000 美元，那么马克斯很有可能花 50 000 美元雇用苏，而把本用来支付给苏的钱用到其他预算上去。但是苏如果完全不透露自己的薪酬愿望，马克斯就不知道她的需求以及她对有吸引力薪酬的定义。他可能会根据上一位雇员的薪资水平来报价，然后根据她的反应再决定下一步怎么做。

凯利定义的第二种困境是信任选择困境，即谈判者对对方的话应该相信多少。如果你相信了对方所有的话，对方也许会利用你。如果你完全不相信对方的话，那么你在达成一致的过程中会遇到很多困难。你可以相信的程度取决于以下因素：对方的声誉、对方过去对待你的态度，以及目前情况下你对对方压力的清醒认识。如果马克斯告诉苏他所能提供的最高薪水是 52 000 美元，再往上就要向上级领导请示了，那么苏应不应该相信呢？正如你所看到的，共享信息和辨别事实并不像看起来那么简单。

在提供信息和做出妥协的过程中，信任和相信你被公平公正对待的信念有助于寻找到一个最佳的解决方案。谈判中有两种方法可以帮助建立这种信任和信念：一种是基于结果的认识，另一种是基于对过程的感知。基于结果的方法可通过设法改变对对方所提建议的认识而达到。如果马克斯使苏相信虽然薪资较低，但是这个职位有很大的升迁空间，那么苏可能愿意接受这样的薪资水平。在提议和让步的过程中，公平互惠的姿态可以提高对谈判过程中的可信度和诚信度的感知（见专栏1-5）。当一方提出的一些建议遭到对方的反对，并且针对此对方没有提出建议的时候，这一方会觉得自己没有得到重视，可能会提出终止谈判。而当一方做出妥协，另一方也相应做出妥协时，他们将对彼此更加信任。事实上，几乎全球都相信妥协在谈判中必然会发生。在培训课上，我们曾询问来自50多个国家的谈判者，是否同意谈判是一个互让的过程，所有人都表示同意。这个互让过程不仅是谈判的一个重要特征，在互赖关系中共同解决问题时，它也同样重要。谈判满意度不仅取决于最后的谈判结果，也取决于达成一致的过程。消除或者减弱这样的互让过程——正如一些法律和劳资谈判中所尝试的一样，会缩短谈判过程，可能破坏双方的互信基础，不能获得使双方都满意的结果。

专栏 1-5

感知的重要性

了解对方的看法是谈判成功的重要因素。当你对谈判结果的期望建立在错误的信息上时，对方可能不会把你当回事。举一个作者听说的例子：

在一场工作面试的最后，招聘人员问满腔热情的 MBA 学生："你希望的起薪是多少？"

这位学生回答道："我想要 15 万美元左右的年薪，这取决于你们的福利待遇情况。"

招聘者说："那么，1 年 5 周的假期，14 天带薪休假，全部的医疗和牙医保险，与职务相应的退休金可以达到薪水的 50%，并且公司每两年为你租用 1 辆新车，比如红色雪佛兰，你看如何？"

MBA 学生径直站起来，说："哇！你不是在开玩笑吧？"

"当然！"招聘人员说道，"不过是你先开玩笑的。"

1.6　价值索取和价值创造

在前面我们介绍了两种互赖关系的情境——零和情境与非零和情境。零和情境，即分配式情境，是只能有一个胜利者或各方试图在有限资源中获得更大份额的情境，比如稀有资源、时间、金钱等的分配。相反，非零和情境，即整合式情境中，各方都能实现他们的目标或目的。

互赖关系的结构决定了谈判者采用的战略、战术。在分配式情境下，谈判者尽力在竞争中战胜对方或者是尽可能在有限的资源中获取最大的份额。为了达到这些目的，谈判者经常采用非赢即输的战略、战术。这种被称为分配式竞争的谈判方式承认了在现有形势下只能有一个获胜者的事实。谈判的目的就是获取价值，即采取一切必要手段来获得奖励、获取最大份额或是尽可能争取最大利益。在集市上的二手车或二手冰箱买卖的过程中就存在这种谈判的例子。在第 2 章中，我们将详细地探讨分配式谈判或价值索取的过程中采取的战略战术；对一些不道德战略的讨论将在第 8 章中进行。

相反，在整合式情境下谈判者应该采取双赢的战略战术。这种谈判方式试图寻找双方都满意和实现目标的解决方案。谈判的目的在于创造价值，发现一个满足各方需求的方案，通过发掘更多资源或是发现共享和协调现有资源的独特方式。此类型谈判的一个例子是筹办婚礼时，如何使新郎新娘、双方家庭感到满意，使亲戚朋友们都度过一段愉快的时光。在第 3 章中，我们将详细讨论整合式谈判所要采取的战略战术。

如果我们能够将所有的谈判问题归为上述两种类型之一，并且针对每个类型都提出相应的战略和战术，那么问题将很容易解决。不幸的是，大多数谈判是价值索取和价值创造相互交织在一起的过程。明确认识这一点的意义在于：

（1）谈判者必须能够分辨出情境以哪个类型为主，是更多的需要分配式谈判策略的情境，还是需要整合式策略的情境。一般来说，当时间和资源受限的时候、当另一方很有竞争特点的时候或者双方未来没有交集的时候，适合通过分配式谈判的策略解决问题。

（2）谈判者必须善于熟练运用这两种谈判策略。谈判者不仅要能意识到哪种策略更为适用，还要能同时熟练运用这两种策略。谈判中没有最好的、最适合的或最理想的单一方式，谈判策略的选择需要对谈判形势的适应。这一点我们将在下一节关于冲突的分析中进行解释。而且，如果大多数谈判问题都包含了价值索取和价值创造的要求，谈判者必须同时熟练运用这两种谈判策略。

（3）谈判者对谈判情境的感知往往带有违背事实的倾向于分配式谈判的偏见。正确感知双方互赖关系的本质是谈判成功的重要因素。不幸的是，大多数谈判者不能准确感知谈判情境。人们带着包袱过来谈判，如过去的经验、性格特征、情绪、习惯和关于如何谈判的信条。这些包袱极大地影响了人们对互赖情境的感知，对后续谈判产生了巨大的影响。而且，研究表明人们对互赖情境的感知和判断存在系统偏差。尽管在第 5 章中我们将进一步讨论这些偏差，但是这里的重点是系统偏差使得互赖关系看起来比实际上更具竞争性。因此，谈判者往往趋向于将问题看作是零和情境，过多使用零和式谈判的策略来解决问题。结果，因为没有抓住价值创造的机会，谈判者经常将未能索取的价值遗忘在谈判桌上。

谈判者过分夸大地把这个世界看作是竞争型的，未能充分发挥价值创造的过程。这一点表明许多谈判结果都不是最理想的。从最基本的层面来看，互赖关系的有效协调能带来各方的协作，即"整体大于局部之和"的观念。协作的例子有很多，比如在商业中，许多研发型合资企业将不同领域的专家汇集起来，将他们的潜能最大限度地发挥出来，这在一家企业是无法完成的。在医药、通信、计算机等领域的技术开发中有很多这样的例子。在这些情境中，互赖关系由双方或多方建立起来，这些企业创造者增加了价值创造的潜能，这些成功运用谈判策略的例子贯穿于本书。

价值可以通过多种方法进行创造，其核心在于探索谈判者之间存在的分歧。谈判者之间存在的主要分歧有以下几点：

（1）利益分歧。谈判者几乎不会同等对待所有的谈判条目。例如，在讨论薪酬方案时，公司偏好于在签约奖金而不是在薪水上做出让步，因为签约奖金可以只发生在第 1 年，而薪水是一项长期固定的支付。一家广告公司可能愿意在创造性项目的控制上妥协，但在广告投放上可能比较保守。找到不同利益之间的可调和因素是打开价值困境的关键点。

（2）对未来判断的分歧。人们对谈判条目现有价值和未来价值的评估存在分歧。例如，把辛苦挣来的钱投资到那片沼泽地是不是好的选择，有些人可以想象出未来的住宅区和游泳池，但是有些人想到的是蚊虫泛滥的问题。真正的房地产开发商需要努力认清现在的拥有者无法预料到的未来场景。

（3）风险承受的分歧。人们对风险的承受能力存在差异。一个年轻的、单收入的、有三个子女的家庭，比一个成熟的、夫妻双方有收入、无子女的家庭所能承受的风险要小。一家现金流紧张的公司比现金流充裕的公司所能承受的风险要小。

（4）时间偏好的分歧。时间对谈判者的影响是不同的。有的谈判者偏好于现有收益，而有的喜欢未来收益；有人需要一个快速的解决方案，而有些人不需要改变现状。谈判中时间偏好的不同带来了价值创造的可能性。例如，一位汽车销售员想要在1周之内完成交易以达到公司奖金的评定标准，而潜在购买方可能想要在6个月之后才买。

总之，尽管价值创造经常由探索共同利益完成，但分歧同样可以作为价值创造的基础。谈判的核心在于探索创造价值的共同利益和利益分歧，并且以此为基础建立起长期牢固的协议。分歧是不可消除的，这种情况下分歧被视为达成协议的障碍。因此，在寻找最佳解决方案的过程中，为了协调分歧，谈判者必须学会有效地管理冲突。冲突管理是下一节的核心内容。

1.7　冲突

互相依赖关系的另一个潜在结果是冲突。冲突可能由双方截然不同的需求、双方人员的误解而产生。当双方向着共同目标努力并想要达到一致的结果，或者双方追求完全不同的目标时，冲突就可能产生。无论冲突的原因是什么，谈判都是有效解决冲突的重要方法。在本节中，我们将对冲突进行定义，讨论不同层面的冲突和有效管理冲突的战略。

1.7.1　定义

冲突可以这样定义，"意见截然不同或对立，如利益、观点等方面"，包括"认识到当前利益的分歧，或意识到双方当前愿望无法同时满足"。冲突产生于"相互依赖但是目标不同的群体间的相互影响和实现目标过程中的相互干涉"。

1.7.2　冲突的层次

理解冲突的一个方法是区分冲突的层次。通常把冲突划分为以下四个层次：

（1）内心的冲突。第一个层面的冲突发生在个人心里。冲突来源包括想法、思想、情绪、价值观、倾向或相互矛盾的趋势。我们很想要一个圆筒冰淇淋，但又怕发胖。我们对上司很生气，但是我们不敢表现出来，害怕因此被炒鱿鱼。长期以来产生内心冲突的动因由不同分支领域的心理学家所研究，如认知心理学家、性格理论家、临床心理学家和精神病学家。尽管我们偶尔会提及内心冲突的产生动因（第 5 章有涉及），但总体而言本书不会阐述内心冲突问题。

（2）人际冲突。第二个层面的冲突是人与人之间的冲突。人际冲突通常发生在同事、夫妻、兄弟姐妹、室友或邻里之间。本书中大多数的谈判理论来源于人际谈判的研究，直接阐述人际冲突的管理和解决的问题。

（3）群体内冲突。第三个层面的冲突是组内冲突，比如工作团队、家庭、社区组织和部落内的冲突。在群体内冲突层面上，我们将冲突看作是对影响小组决策力、工作效率、解决问题的能力和继续有效实现目标的因素进行的分析（参见第 10 章）。

（4）群体间冲突。最后一个层面是群体间的冲突，比如在组织间、种族间、接壤国之间、世仇家族间或分崩离析的团体之间。在这个层面上，由于涉及的人员众多，冲突变得错综复杂，相互影响的方式很多。这个层面的冲突是最复杂的。

1.7.3　冲突的正面作用和负面作用

许多人最初认为冲突是有害的或者负面的，这个想法包含了两方面：第一，冲突暗示着有些事情出错了或起反作用了；第二，冲突主要带来的是破坏性的结果。多伊奇（Deutsch）和其他学者研究了导致冲突具有破坏性的众多因素：

（1）竞争性的输赢目标。谈判各方相互竞争是因为他们确信他们之间的互赖关系是各方目标相互对立，不能同时实现。竞争性的目标导致了实现目标的竞争性过程。

（2）误解与偏见。随着冲突的加剧，观念开始扭曲。人们开始用自己对冲突的感知来看待事物。因此，他们倾向于将人和事分为自己一方的和对立方的。另外，思考过程会变得僵化和带有偏见，人们会认可那些支持他们的人和事，否定反对他们的人和事。

（3）过于情绪化。当谈判各方变得焦虑、易怒、烦恼、生气或沮丧的时候，冲突就会变得情绪化。情绪阻碍了清晰地思考，随着冲突的升级，各方会越来越失去理智。

（4）沟通减少。有效的沟通会随着冲突而减少。谈判方与自己的反对者沟通很少，与支持方沟通增加。沟通的目的在于试图故意打击、诋毁或揭穿他方的观点，或加强自己先前的观点。

（5）模糊问题。争论的核心问题变得模糊和难以界定，概括性的东西过多。冲突变成了一个漩涡，牵扯进了不相干的问题和无辜的旁观者。各方开始弄不清楚争论的初衷、内容和解决方法。

（6）刻板的承诺。各方坚持自身的立场，当另一方挑战他们的时候，他们更倾向于坚持自己的观点而不想做出退让，害怕有失颜面或看起来很愚蠢。思维变得刻板僵化，各方容易将问题简单地看作非此即彼，而不是把问题看成是错综复杂的。

（7）夸大分歧，缩小共同点。当各方固执己见，问题变得模糊不清的时候，他们通常把对方和对方的立场看作是和自己完全对立的。双方一味强调彼此差异的产生因素，而将彼此的共同点简单看待。这样的曲解使各方相信彼此之间存在遥远的距离，因此更不重视寻找彼此的共同点。

（8）冲突的升级。随着冲突的进行，各方更加坚持己见，不能容忍和接受对方，注重维护自己的利益而不注重沟通，更为情绪化。最终的结果是双方都试图通过坚持立场、投入可投的资源来获胜，在重压下坚定立场。双方都相信通过施加更多的压力（在资源、承诺、热情、精力等上）可以迫使对方做出让步和承认失败。但是，没有比这更错误的想法了。冲突的不断升级和对胜利的执念只会进一步加剧冲突，各方最后没有能力解决分歧，甚至无法继续谈判。

　　这些通常都是与不断升级、极端化和"难对付"的冲突相联系的过程。然而，冲突也可以有许多带来效率的方面。表1-1列举了冲突的一些建设性作用。从这个角度来看，冲突不是单一地具有破坏性或建设性，而是两者兼备。我们学习的目的不是要消除冲突，而是要学会如何管理冲突，达到控制破坏性要素，发挥建设性作用的目的。谈判是有效管理冲突的策略。

表1-1　冲突的功能和好处

- 对冲突的讨论可以使组织成员对问题更了解，并更有能力解决问题。知道他人的不满并且想要改变能够激发人们解决潜在的问题
- 冲突带来组织的变更和适应。程序、任务、预算分配和其他的组织工作面临挑战。冲突把人们的注意力集中到可能涉及的或挫伤员工的问题上来
- 冲突加强关系，提高士气。员工意识到他们之间有足够牢固的关系来经受住冲突的考验，他们不需要逃避挫折，他们可以通过讨论和解决问题来缓解压力
- 冲突加深对自己和他人的认识。通过冲突，人们可以学会是什么使他们感到愤怒、沮丧和恐惧，以及对他们来说什么是最重要的。知道自己的奋斗目标可以使我们更好地认识自己。知道什么会导致同事的不满可以帮助我们更好地了解他们
- 冲突促进个人发展。管理者通过冲突可以知道他们的管理风格是如何影响下属的。工人们可以提升他们的技术和人际交往技能
- 冲突鼓励心理发展。它有助于人们对自己有一个更准确和现实的自我评价。通过冲突，人们学会换位思考，不再以自我为中心。冲突可以使人们相信他们有能力控制自己的命运。他们不再需要一味忍受敌意和沮丧，而是能主动行动来改变生活
- 冲突是刺激而有趣的。在冲突中人们感受到了兴奋、投入和存在感，打破了缓慢的生活节奏，它使得员工可以换一个角度审视他们之间错综复杂的关系

　　资料来源：Dean Tjosvold，*Working Together to Get Things Done：Managing for Organizational Productivity*，Lanham，MD：Lexington Books（1986）.

1.7.4　导致冲突管理难易程度的因素

　　表1-2呈现了一个冲突诊断模型，这个模型提供了分析矛盾和判定解决冲突难易程度的一些重要标准。归入"难以解决"一栏的冲突较难解决，而归入"易于解决"一栏的冲突比较容易解决。

表1-2　冲突诊断模型

范围	观点集合	
	难以解决	易于解决
问题	原则性问题——价值问题、道德问题或核心问题的先例	可分解问题——可以简单分为小问题
利益的大小——输赢的量	大——很大的结果	小——很小或无意义的结果
双方的相互依赖性——一方取得成果对另一方的影响程度	零和——一方赢一方输	正和——双方都相信可以创造更好的结果，而不是简单的分配

（续）

范围	观点集合	
	难以解决	易于解决
相互作用的连续性——未来是否还会一起合作	一次性交易——没有过去和未来	长期合作——对未来合作的期望
各方关系结构——作为一个团队，他们是如何组织和联系在一起的	无组织——无凝聚力、领导力薄弱	有组织——有凝聚力、领导力强
第三方的介入程度——是否有其他方参与进来帮助解决问题	没有中立的第三方	可信任、有力量、享有盛誉的第三方
对冲突过程的感知——平衡（损益相抵）或不平衡（损益不等）	不平衡——一方感觉损失较大，想要修正和补偿，另一强势方希望维持控制权	平衡——双方感觉损益相当，都认为打了个"平局"

资料来源：Leonard Greenhalgh, Managing Conflict, *Sloan Management Review* 27, no. 6 （1986）, pp. 45 – 51.

1.8　有效的冲突管理

研究者提出了许多管理冲突的方法，而且设计了许多衡量谈判者使用这些方法倾向的模型。每一种方法都以简单的二维模型作为分析的开始，应用于五个核心的标签和描述。我们将用迪安·普鲁伊特（Dean Pruitt）、杰弗里·鲁宾（Jeffrey Rubin）和 S. H. 金（S. H. Kim）提出的模型来描述这五个关键点。

图 1-1 被称为双重关注模型。这个模型假定冲突中的人有两个独立的关注点：对自身利益的关注（如图中横轴所示）和对他人利益的关注（如图中纵轴所示）。这些关注可以从零点（漠不关心）到最高点（密切关注）中的任意点体现出来。纵轴经常被称为合作轴，横轴通常代表个人武断的程度。越是关注自己成果的一方，就越有可能采取图中右侧的谈判策略。越是不关注自己利益的一方，就越可能会采取图中左侧的策略。同样，越是允许、鼓励甚至帮助其他方获得收益的一方，越可能会采取图中上方的策略，而越是不关注其他方的收益，则越有可能采取图中下方的策略。

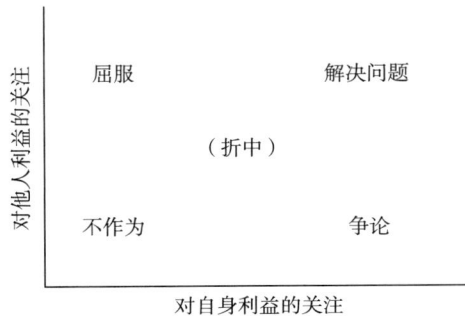

图 1-1　双重关注模型

资料来源：Dean G. Pruitt, Jeffrey Z. Rubin, and Sung H. Kim, *Social Conflict：Escalation, Stalemate, and Settlement*, 2nd ed., （New York：The McGraw-Hill Companies, 1994）.

尽管我们可以在理论上从二维空间里划分出无数个点，但是在双重关注模型中，冲突管理策略一般被分为以下五种：

（1）争论（也称为竞争或专断）是模型中位于右下角的策略。采取争论策略的人有达成自身目标的强烈意愿，但是并不关注对方的收益。正如普鲁伊特和鲁宾所指出的："采取此策略的谈判方会坚持自己的立场，并试图说服对方屈从于他们。"采取争论策略常用的手段有威胁、惩罚、恐吓和单方面行动。

（2）屈服（也称为顺从或助长）是位于模型中左上角的策略。采取此策略的人很少关心自身的收益，但是对对方获得的收益非常感兴趣。屈服策略包括降低自身的目的来使别人获胜或达到期望值。屈服在一些人看来也许是非常奇怪的策略，但是在一些情境下有它独特的好处。

（3）不作为（也称为逃避）是位于模型中左下角的谈判策略。采取这一策略的人对于自己的收益和他人的收益都毫无兴趣。不作为策略通常代表着撤退或是被动，采取这一策略的一方倾向于退出、沉默或是不采取行动。

（4）解决问题（也称为合作或协作）位于模型中的右上角。选择这一策略的人往往同时对自己的收益和对方的收益都表现出极高的关注程度。在解决问题的策略中，双方积极从冲突中寻求能使联合收益最大化的解决方法。

（5）折中是位于模型中间的策略。作为一种冲突管理策略，它代表了寻求自身利益和考虑他人收益的中庸之道。普鲁特伊和鲁宾认为这种策略是不可行的，并认为这种策略来源于两种态度之一：一是懒于解决满足双方利益的问题；二是双方都有屈服的想法。尽管如此，其他使用这个模型的学者认为折中是一种有效管理冲突的策略，所以我们将它加入到了图1-1的模型图中。

在早期的许多研究冲突管理的文献，特别是20世纪六七十年代的文献中都有强烈的反对冲突、赞成合作的价值观倾向。尽管模型中提出了五种策略，但是解决问题的策略通常被认为是优于其他四种的。这些文章强调了解决问题策略的优势，倡导采取这个策略，并且分析了几乎所有冲突情境下应该如何运用这一策略。然而，在最近的文献中，尽管依然强调使用解决问题的策略，但都谨慎地评价了每一种冲突策略的优缺点，并或多或少地说明了它们在一定的互赖类型和冲突背景下的适用性（见表1-3）。

表1-3　人际冲突处理方式及其适用与否的情境

冲突处理方式	适用的情境	不适用的情境
合作	1. 问题复杂 2. 需要共同的智慧找到更好的解决方案 3. 成功的实施需要对方的配合 4. 时间充裕 5. 单方面无法解决 6. 解决共同问题需要双方提供各自的资源	1. 任务或问题简单 2. 需要马上做出决定 3. 结果与对方无关 4. 对方不具备解决问题的技能
屈服	1. 认为自己可能有错 2. 问题对对方来说更重要 3. 愿意做出妥协从对方处换取未来收益 4. 处于劣势 5. 维护关系很重要	1. 问题对自己更重要 2. 相信自己是对的 3. 对方有错或不道德

（续）

冲突处理方式	适用的情境	不适用的情境
专断	1. 问题很小 2. 需要快速决策 3. 采取了不受欢迎的措施 4. 需要战胜过于自信的下属 5. 对方做出的不利于己方的决策，可能造成己方的损失 6. 下属缺乏做出决策的专业技能 7. 问题对自己很重要	1. 问题复杂 2. 问题对自己不重要 3. 双方实力相当 4. 不需要快速决策 5. 下属有很强的能力
逃避	1. 问题很小 2. 与对方抗衡，潜在的副作用大于解决问题带来的收益 3. 需要时间冷静 4. 事情需要当机立断	1. 问题对自己很重要 2. 负有做决策的责任 3. 各方不愿意拖延，问题必须解决
折中	1. 各方目标相互排斥 2. 各方实力相当 3. 不能达成一致 4. 合作或专断方式均无效 5. 需要针对复杂的问题提出一个临时解决方案	1. 一方更加强势 2. 问题相当复杂，需要解决问题的策略

资料来源：M. Afzalur Rahim, *Rahim Organizational Conflict Inventories*: *Professional Manual*, （Palo Alto, CA: Consulting Press Psychologists, 1990）.

1.9 本书各章概要

本书由 12 章组成。前 4 章阐述了谈判的基本原理。除本章介绍外，第 2 章和第 3 章分别探讨了分配式谈判和整合式谈判下的战略和战术。第 4 章探讨了谈判各方如何计划和准备一项谈判策略，并能有效预测其他谈判者的行为。

接下来的 4 章探讨了谈判过程中的关键进程。在第 5 章中，我们讨论了一位谈判者的认识、感知和情绪是如何影响谈判者对谈判过程的态度的。第 6 章阐述了谈判者与对方有效沟通其利益、立场、目标的过程。第 7 章集中于谈判中的杠杆作用，本章以杠杆的核心为开端，讨论了在谈判过程中的动态使用，继而是对大多数谈判杠杆中的主要因素的探究。最后，在第 8 章中，我们讨论了是否应该由道德标准来引导谈判的进行。我们确认了谈判中的主要道德标准，描述了谈判者对这些选择的看法，并且为做出合理的道德决策提供了框架。

我们的很多讨论都假设谈判方之间不存在长期合作关系。第 9 章关注了已有的关系对当下谈判的影响，考虑到了三个方面——声誉、信任和公平，在一段固有关系中这些因素对有效谈判发挥着重要的影响。在第 10 章中，我们研究了当有多方参与时谈判会发生怎样的变化，比如在小组或团队内的谈判——研究哪些人会试图达成一致意见。第 11 章研究不同的语言和异国文化如何改变谈判准则，这一章阐述了导致国际谈判很难进行的因素，以及文化差异是如何影响谈判的。

最后，第 12 章从一个更广的层面来研究谈判。我们将回顾先前提出的观点，为想要继续提高谈判技能的读者提出了 10 条"最佳实践"原则。

第 2 章

分配式谈判的战略和战术

:: 学习目标

1. 理解分配式谈判情境的基本要素以及对应的战略和战术。
2. 考虑所站立场的战略影响和妥协的作用。
3. 鉴别在分配式商业谈判中的让步角色。
4. 鉴别手球策略以及学习如何反击。

18 个月以前，杰克森决定搬到工作地附近居住。做出决定之后，他将他的寓所在市场上出售，并开始寻找新的住所，但是一直没有结果。14 个月之后，终于有人要买杰克森的房子了，在一场简短的谈判之后，双方确定了房屋售价。由于他还没找到新的住所，杰克森把房屋交易推迟到了 6 个月之后，以便他有足够的时间继续寻找。但是买家芭芭拉对这样长时间的等待感到不满，因为想要提前这长时间获得银行贷款有诸多不便和困难。于是，杰克森调整了交易价格使得芭芭拉能够接受延迟交易，但很显然，如果杰克森可以早日交房，芭芭拉会更加满意。

杰克森想要搬去的地方房屋市场供给较少且没有能让他感到满意的。他开玩笑说，除非市场上有新的房源供应，不然到了秋天他只能在镇上的公共场所搭帐篷睡觉了。2 个月之后，有一套满足杰克森要求的房屋上市出售了。卖家索菲亚要价 145 000 美元，比杰克森的期望底线高 10 000 美元，但比他的承受上限低了 5 000 美元。杰克森知道用于购买房子花的钱越多，可以用来花在其他地方的钱就越少，比如购买窗帘、一些新家具和雇用搬家公司。

这个事例反映了分配式谈判情境的基本要素。分配式谈判也称为竞争型谈判或输赢谈判。在分配式谈判中，一方的目标通常与对方的目标有根本和直接的冲突。资源是固定且有限的，各方都想要使自己的份额最大化。结果，各方都采取一系列能使自己所得最大化的战略。其中一个重要战略是谨慎地对信息保密，只有当存在战略优势时一方才会给另一方提供信息。同时，各方又十分想要获取对方的信息来增强谈判力。分配式谈判本质上是一场试图在有限资源（通常是钱）中得到最多的竞赛，一方或双方能否达到目标取决于他们采用的战略和战术。

每位谈判者都应该熟悉分配式谈判，因为：①谈判者面临一些互赖型的分配式谈判，要想表现良好，他们需要理解谈判的运作方式。②几乎所有人都会使用到分配式谈判的战略和战术，谈判者需要学会如何对抗其影响。③在价值索取的阶段，每个谈判情境可能都会需要分配式谈判的技巧。整合式谈判关注创造价值的过程，但同样也包括分配这种创造出来的价值的阶段。整合式谈判将在第 3 章进行讨论。理解分配式谈判的战略和战术至关重要，但是谈判者同样需要认清这些谈判技巧可能有反作用，是高成本的或者无效的。通常这些战略和战术使得谈判各方过分关注他们之间的差异，而忽视了他们的共同点。尽管存在这些负面影响，但是当谈判者想要在一段关系并不重要的一次性交易或是在价值索取的谈判阶段中使得收益最大化时，这些战略和战术是非常有用的。

本章中对战略战术的讨论旨在帮助谈判者理解谈判的动态过程，由此获得一个更佳的结果。对谈判概念的全面了解能帮助天生不擅长分配式谈判的谈判者主动应付谈判情境。最后，对这些战略战术的理解能给所有处在谈判价值索取阶段的谈判者提供帮助。

2.1　分配式谈判情境

为了描述分配式谈判的运行过程，我们回到本章开头杰克森买房的例子。其中提到了以下价格：①索菲亚的要价；②杰克森愿意支付的价格；③杰克森可以承受的最高价格。这些价格在分配式谈判中代表了关键要素。杰克森愿意支付的价格叫作目标点，即谈判者希望结束谈判时达到的点，也称为他们的理想目标。这个目标有时也称为谈判者的期望值。杰克森承受范围的最高限称为谈判者的底线，即买方愿意支付的最高价格（对卖方来讲，是其所能接受的最低卖价），有时也被称为保留价格。最后，要价是卖方最初报出的价格，杰克森也许决定用他的初始报价来应对索菲亚的要价。以买房为例，我们可以将价格范围看作一个连续统一体（见表 2-1）。

表 2-1　买方视角下的房屋谈判　　　　　　　　　　（单位：美元）

杰克森的目标点		索菲亚的要价	杰克森的底线

130 000	135 000	140 000	145 000	150 000

杰克森是如何决定他的初始要价的呢？有许多方式来回答这个问题。从本质上来讲，要想做一个好的初始报价决策，杰克森必须理解谈判过程。在第 1 章中，我们讨论了在谈判的互让过程中人们的期望，杰克森在决定初始报价时需要考虑这些因素。如果他以目标点（135 000 美元）作为初始报价，之后他又会做出一些让步，第 1 次让步就使得他从目标点向底线靠近了一步。如果他真的想要达到目标点，他应该报一个更低的价格来给之后的让步留出空间。同时，初始价格又不能离目标点太远。如果杰克森的报价过低（比如是 100 000 美元），索菲亚可能结束谈判，认为他不切实际或是很愚蠢。尽管关于初始报价的决策看起来很复杂，并且可能会对谈判过程产生巨大影响，但是我们还是停留在这个简单的案例上，假设杰克森把初始报价定位于合理的 133 000 美元，稍稍低于目标点，远低于他的接受底线。同时，要记住尽管这里只提到了价格，但是所有的其他问题或是谈判的项目都包含初始点、目标点和底线。

在开始谈判之前谈判各方都必须建立自己的初始点、目标点和谈判底线。初始点通常在各方的开场陈述中提出来（比如卖家的价格单和买家的初始报价）。目标点通常是在谈判过程中被了解或推断出来。人们在做出让步的过程中通常会放弃报价和目标点之间的差额。底线，作为是否终止谈判的界限，应该对其保密。在一场成功的谈判中，一方可能到最后都不知道对方的谈判底线，并且经常会低估另一方本应该付出或接受的量。在一场不成功的谈判之后，一方可以推断另一方的底线应该接近于其在谈判结束之前的最后一次报价。

谈判者的起始点和底线通常是反向的，对于买者来说一个高的底价，对卖者来讲就是低的底价。所以，根据前面的事例，对于索菲亚145 000美元的要价，杰克森能够接受的最高价格是150 000美元。杰克森可以推断出索菲亚也许会接受低于145 000美元的报价，或许140 000美元是她的期望值。杰克森所不知道（但是很想知道）的是索菲亚所能接受的最低价格。是140 000美元还是135 000美元？杰克森假设索菲亚可以接受的最低价是130 000美元。对索菲亚来说，一开始她不知道杰克森的立场，但是当听到他说133 000美元时，她就知道了杰克森的初始报价。索菲亚可以推断他的目标点离初始价格不远（事实上是135 000美元，但索菲亚不知道），但是不知道他的底线（150 000美元）是多少。这些关于杰克森对索菲亚推断的信息在表2-2中反映出来。

表2-2　买方视角下的房屋谈判（扩展后）　　　　　　（单位：美元）

索菲亚的底线 （推断）	杰克森的初始报价 （公开）	杰克森的目标点 （保密）	索菲亚的目标点 （推断）	索菲亚的要价 （公开）	杰克森的底线 （保密）
130 000	133 000	135 000	140 000	145 000	150 000

在双方底线之间的空间非常重要，称为谈判区域、协议空间或潜在协议区域。只有在这个区域中才会发生实质性的谈判，因为超出这个区域的谈判都会被一方断然拒绝。当买方的底价高于卖方的底价时，即事例中杰克森愿意支付的最高价格高于索菲亚愿意接受的最低价格时，存在一个正的谈判区域。反之，若卖方的底价高于买方的底价，即买方不愿支付卖方的最低要价，此时谈判区域为负值。在房屋买卖的事例中，如果索菲亚所能接受的最低价格是145 000美元，而杰克森愿意支付的最高价格是140 000美元，那么就存在一个负的谈判区域。以负的谈判区域开始的谈判往往会陷入僵局。只有当一方或双方被说服改变他们的底线或者有第三方强迫双方接受他们所不情愿接受的解决方案时，问题才能得到解决。然而，由于谈判者不会在一开始就谈论他们的底线（他们会先谈初始报价和需求），所以在谈判进行到一个深入的阶段之前，很难判断是否存在正的谈判区域。只有在双方被长时间的谈判折磨得精疲力尽时，才可能意识到他们底线之间的交集。到那时，他们不得不选择是应该终止谈判还是重新评估自己的底线，后面将对这个过程进行详细的描述。

目标点、保留点和初始报价在分配式谈判中都起着非常重要的作用。目标点影响谈判的结果和谈判者满意的结果，开价对谈判结果也起了非常重要的作用（后面会详细讨论），保留点作为提醒手球策略的可能出现也起着重要作用（稍后讨论），一个好的策略能够增加成交的可能性。

2.1.1 替代方案在谈判协议中的角色

除了初始报价、目标点和底线，谈判者要考虑如果达不成协议，他们该做什么，对于谈判协议什么才是最好的替代方案，什么是最差的替代方案。

在一些谈判中，谈判者只有两个基本选择：①和另一方达成协议；②完全达不成协议。但是在其他谈判中，一方或双方都具有和第三方达成协议的可能性。因此，在杰克森和索菲亚的案例中，也许会有另一套符合杰克森需求的公寓上市。同样，如果索菲亚等待的时间足够长（或把售价降到足够低），她可能会找到其他感兴趣的买家。如果杰克森买了另外一套住房，并且和房主商定了价格，这个价格就代表了他的替代方案。为便于讨论，我们假设杰克森的替代方案是 142 000 美元，索菲亚的替代买主愿意支付134 000 美元。

如果杰克森的替代价格是 142 000 美元，（不考虑其他因素）他会拒绝索菲亚提出的任何高于该价格的提议。但是由于价格之外的其他因素，杰克森可能对替代方案没那么渴求，比如不喜欢邻居、上班需要多走 10 分钟或者喜欢索菲亚对房屋的装修等。替代方案是谈判者成交的最好的选择，有很强的替代方案的谈判者，将会在谈判中有更好的谈判力，相应地能实现更多的谈判目标（替代方案的谈判力将在第 8 章讨论）。在我们的例子中，杰克森要考虑的是接受他的替代方案还是给索菲亚比目标点而不是保留点更多的钱（见表 2-3）。

表 2-3　买方视角下的房屋谈判（经过替代方案的扩展）　　（单位：美元）

索菲亚的底线（推断）	杰克森的初始报价（公开）	索菲亚的可替代买家（保密）	杰克森的目标点（保密）	索菲亚的目标点（推断）	杰克森的可替代房屋（保密）	索菲亚的要价（公开）	杰克森的底线（保密）
130 000	133 000	134 000	135 000	140 000	142 000	145 000	150 000

替代方案具有非常重要的作用，可以在当下交易不理想的时候给谈判者中止谈判的力量。不同的谈判情境下有不同数目的替代方案，如果谈判中具有吸引力的替代方案较多，谈判者会制定更高的谈判目标，做出更少的妥协。在没有理想替代方案的谈判中，例如，在只有一位供应商的情况下，谈判者的议价能力较弱。好的谈判者在开始谈判前就会确定可行的替代方案，这样可以在谈判中掌控自己的态度。好的谈判者在谈判时同样会试图提高替代方案。如果杰克森和索菲亚的谈判持续了一段时间，他应该密切关注替代方案的出现，他也可以和其他房主进行谈判，以得到更好的结果。这些行为都可以帮助杰克森通过提高替代方案的质量来保持和增强他的议价能力。我们将在第 7 章详细讨论谈判中的权利和杠杆作用。

好的替代方案能够影响一个谈判如何展开。有替代方案的谈判者在谈判中能首先获得利益，并获得更好的谈判结果。当议价的范围很小时，从谈判的替代方案中获得的收益更多，因为越小的议价范围，竞争就会越大，越不可能让步达成共识。

2.1.2　成交点

分配式谈判的基本过程是在正的谈判区域中达成协议。双方的目标都是在这个区域中获得尽可能多的利益，即让结果尽可能地接近对方的底线。

在分配式谈判中，双方都知道谈判结果可能比期望的目标点要差，但是他们希望结果能比他们的底线要好。对即将达成的协议，谈判各方必须相信这个结果尽管比他们的预期要差，但已经是他们所能达到的最好结果了。这个信念很重要，不管是对达成协议还是达成协议之后的继续支持。认为自己没有取得最好的结果，或是认为在协议中吃亏的谈判者，也许会在今后试图毁约或是找到弥补损失的办法。如果杰克森认为自己在交易中吃亏了，他可能会在日后提出其他的抱怨，比如房屋存在潜在危险或是配套设备不完善等。另一个影响交易双方满意度的因素是双方今后是否还会见面。如果索菲亚将要搬离这个地区，那么杰克森今后就无法找到她对协议进行调整，因此他需要对现行交易谨慎评估（这条建议在任何情境下都适用，此类情况尤其要注意）。

2.1.3　发现对方的底线

信息是谈判力的活力所在。你对对方的目标、底线、动机、信心等掌握得越多，你就越有可能获得对你有利的协议（见专栏 2-1）。同时，你不希望对方知道你的具体信息。你的底线、一些目标和弱势的战略地位或一个情感弱点最好都要隐藏起来。作为一种选择，你可能希望对方掌握特定的信息，这些信息有一些是真实的，另外一些是为了使得对方相信谈判形势对你有利。每一方都试图掌握一些信息，掩盖另外一些，并且知道对方也是如此。结果就是使沟通变得十分复杂。谈判中传递的信息通常被加密。人们回答问题时用问题来答或者回答得不全面，但是必然都会建立强有力的观点，从而影响对方的看法。

专栏 2-1

··

钢　　琴

当想要买一架二手钢琴时，奥弗雷看到了一则报纸广告。上面的钢琴是一架立式胡桃木钢琴，卖家要价 1 000 美元，并且有议价的余地。但是奥弗雷刚收到 700 美元的退税，决定将这笔意外之财作为购买钢琴的最高价格，于是他开始寻找谈判的优势。

钢琴所处的环境可以给出一点信息。钢琴被放置在一间有家具的地下室里，其中还有一套架子鼓和一个贝斯。很明显，卖家是受过良好教育的音乐人，也许是演奏爵士乐的。卖掉这架钢琴一定有无奈的理由。

奥弗雷首先问了一个显而易见的问题："你要买一架新钢琴吗？"

卖家犹豫道："呃，我还不确定。我们要搬到北卡罗来纳州去，运输这架钢琴要花好多钱。"

"他们说要花多少钱了吗？"奥弗雷问道。

"大概要 300 美元吧。"

"你什么时候定下来运还是不运？"

"搬运工下午过来。"

现在奥弗雷知道卖家的弱点了，卖家运输这架钢琴和卖掉它的得失相同。他可以坚持自己的开价，把握住这个机会。"这是我现在我所能做的，给你 700 美元的现金。"说着奥弗雷从口袋里拿出了 700 美元放在琴键上，"我有一辆货车，今天中午之前我的三位朋友可以将它搬走。"

卖方犹豫了一下，拿起了钱。"我想这样不错，安定下来之后我可以随时再买一架新钢琴。"

奥弗雷不容卖方再次考虑就离开了。当他带着朋友开着货车回来时，这位卖家又收到了按他要价购买钢琴的电话，但是由于他已经拿了奥弗雷的现金，便只好说钢琴已经售出。

如果卖家没有透露搬运工下午要来的信息，奥弗雷也许就不能敲定那个价格了。

资料来源：J. Conrad Levinson, Mark S. A. Smith. and Orvel Ray Wilson, *Guerrilla Negotiating：Unconventional Weapons and Tactics to Get What You Want*.（New York：John Wiley & Sons, Inc. 1999），pp. 15－16.

2.1.4　影响对方的底线

计划分配式谈判的战略和战术时，核心点在于确定对方的底线以及和自己底线之间的关系。底线的确立来自对特定结果的期望值，这个期望值依次是结果的价值和成本的产物。杰克森确定底线的依据是他所能负担的价格（总数和按月抵押还款）、现有市场上房屋的价格，以及其他谈判组合中的要素（比如交付期）。底线的确定还受到谈判的延迟或谈判中的困难（无形因素），以及中止谈判所带来的成本的影响。如果杰克森把底线设为 150 000 美元，他面临的是支付 151 000 美元或是在公共场所住 1 个月，他也许就会重新评估自己的谈判底线。然而底线不应该随便被更改。它们在设定谈判界线的时候发挥了重要的作用，除非存在客观原因，否则不该随意被更改。

在影响对方对可能结果的判断和对特定结果的价值感知时，一个重要的因素是对方对你的处境的认识。所以在影响对方观点时，还要处理好对方对你的境地和特定结果的感知、对于谈判的延迟或困难和终止谈判所带来的代价的问题。

关于这些因素如何影响分配式谈判，我们将做如下四点说明：

（1）对方对你的延迟或者僵局的成本估计得越高，对方的保留点就会越高。如果对方发现你需要尽快达成协议并且不能拖延，他就会抓住这个优势，对你施压以达到一个更好的结果。期望会提高，而且对方会设置一个能满足更多需求的保留点。你能够说服对方越多，你拖延和流失的成本就会越低（你不着急，可以无限期地等下去），对方的保留点就会越合理。例如，索菲亚表现出她并不是很着急要卖房屋，她的价格是固定的。

（2）对方对自己的拖延或者僵局的成本估计得越高，对方的保留点将会越弱。一个人若想达成协议，他将会设定一个合理的保留点。因此，你能够说服对方其拖延造成的成本很大，他可能设定一个合理的保留点。相反，对方的替代方案对你的吸引力大，他就会设定一个更高的保留点。如果谈判不成功，对方可以转向他的替代方案。在之前的例子中，我们提到杰克森和索菲亚都有很好的替代方案。

（3）对方对一件事情的评价越低，她的保留点就会越低。你详细地评价一件事并说服对方，你就会给对方更多的压力并且设定一个更合理的保留点。如果你能够说服对方目前的谈判并不能得到一个很好的结果，或者目前的处境并不像别人认为的那样好，那么他就会调整自己的保留点。例如，杰克森认为房屋内的固定装置可以更好点，它们并不符合他的胃口。

（4）你能够使对方相信你对一件事的评价越多，你就会对对方设定合理的保留点施加越大的压力。但是，知道了自己的地位对对方很重要，你就会预期对方不会放弃这件事。那么，在这个领域就不能达成满意的协议。结果你可能会期望一个更合理的保留点。例如，杰克森喜欢家电并坚持买下它们。

2.2　战略性任务

分配式谈判的基本战略中有四个与目标、底线和中止谈判的代价相关的重要的战略性任务：①评估对方的目标、底线和中止谈判的代价；②掌控对方对于目标、底线和中止谈判代价的感知；③修正对方对于目标、底线和中止谈判的代价的认知；④控制延迟或中止谈判的实际代价。下面对这些任务进行详细讨论。

2.2.1　评估对方的目标、底线和中止谈判的代价

对一位谈判者来说第一个重要的步骤就是获取有关对方目标点和底线的信息。为了完成这个任务，谈判者可以采取以下两种常用方法：从问题背后的背景因素中间接获取信息（间接评估），以及直接获得关于对方目标点和底价的信息（直接评估）。

1. 间接评估

个体基于很多潜在因素来设置底线。比如你是如何确定你每月能够承受的租金或还贷额的？你如何确定一辆二手车或一处寓所的价格？有很多方法来确定。间接评估意味着要确定人们会依据哪些信息来设定目标点和底线，以及他们如何利用这些信息。例如，在劳资谈判中，管理者可以通过工会在谈判中的强硬程度和罢工基金的多少来推断工会是否会罢工。工会可以通过库存规模、公司产品的市场形势和工人中工会人员的比例来推断公司是否可以承受罢工。在一个真实的房地产谈判中，一处房产已经上市的时间、实际存在多少潜在买家、买家需要将房屋用于居住或办公的迫切程度，以及卖家的财务健康状况都将成为重要因素。一位汽车买家可能会查看经销商库存的新车数量、阅读报纸上关于汽车销售的报道或是参考消费者指南上特定汽车的受欢迎程度（比如，越受欢迎的车，议价的空间就越小），或是咨询相关指南来了解不同汽车的批发价格。

有许多评估对方底线的信息来源。一方可以做一些观察、咨询相关文件或公共机构，或是向专家咨询。意识到潜在的指示很重要。对于一组给定的数据，不同的人可能会得到不同的信息。拥有大规模库存的汽车也许会使经销商降低价格。但是，经销商或许在期望市场不久之后能逆转；或许正在酝酿着一场大促销；或许是估计即便降价也没有需求，正在等待市场复苏。间接评估为对方最终要面对的事实提供了有效的信息。重要的是要记住，一条相同的信息对不同的人有不同的意思，所以传递给你的信息也许并不是你所认为的含义。

2. 直接评估

在谈判中，对方一般不会透露关于目标点、底线和期望的真实信息。然而有些情况例外。当没有退路或是需要快速达成协议的时候，另一方也许会详尽地解释实际情况。

如果公司的执行者认为商议的工资高出某一标准会使公司陷入破产的境遇，他们可能会清楚表明这一极限，并且对这个极限的确定加以详细解释。同样，一位房屋买家也许会告诉卖家他所能承受的最高价格，并且用收入和其他证明作为支持。在这些事例中，披露信息的一方相信他们的提议在谈判区域内，并且对方会相信这些信息而不会将其看作一种谈判手段。一位行业销售员也许会告诉买家关于产品的性能和服务、其他想要购买产品的顾客以及完成定制所需的时间。

　　然而在大多数情况下，另一方不会这么直接，取得直接信息的方法较为复杂。在国家外交中，政府机构会培育信息源、拦截消息或是破译密码。在劳资谈判中，公司会贿赂告密者或是在谈判室窃听，工会也会派人在公司的废纸中收集信息。在房地产谈判中，卖方用酒精饮料招待买方以期获得酒后失言的信息。谈判者还会施加压力或故意激怒对方，来使得对方说漏嘴而泄露重要信息。谈判者还会假装生气中止谈判，使得对方为了防止谈判陷入僵局而泄露重要信息。

专栏 2-2

谈判信息的来源

　　谈判之前收集信息对于谈判的成功是至关重要的。许多谈判专家认为谈判信息的准备非常重要，在知道谈判将要发生和谈判实际发生之间的"领导时间"，应进行大量的信息搜集活动。那些冒险低价销售的谈判者坚持到最后一分钟是因为他们没有做好"家庭作业"。

　　一些最重要的信息都集中在谈判中的本质问题上。例如，你计划买一辆车，你应该找一些关于制造和模型方面的信息：标价、卖价、汽车质量的评估、它们卖得怎么样，等等。这类信息的来源包括：

- 评价一些车的品牌和型号的网站，还有提供有关产品价格和用户喜爱情况的实时信息。
- 测试和评估汽车的杂志（在书店和图书馆找）。
- 评估汽车开发商声誉的线上平台。
- 已经拥有这个型号车的朋友。

　　此外，你应多了解打交道的人的信息和他们代表的组织和公司的信息。了解对手——即使你从来没有见过他——能够帮助你制定自己的策略。资深谈判专家赫布·科恩（Herb Cohen）认为下面的问题会对你进行谈判有所帮助：

- 他们为什么跟你谈判？
- 他们的时间限制和截止日期是什么？
- 谁来做决定，如何做？
- 他们对冲突是如何反应的？
- 他们的谈判方式是什么？
- 他们的权威限制是什么？
- 他们汇报什么？
- 他们有预算吗？
- 他们如何补偿？
- 他们的谈判经验和背景如何？
- 他们有实际的替代方案吗？

- 他们的谈判动机是什么？
- 他们对什么感兴趣，关心什么？
- 他们的策略诚实吗？
- 对于结果，他们的期望是什么？

约翰·帕特里克·多兰（John Patrick Dolan）认为面对面的交流势在必行。你应该更多地去倾听而不是说。在开始的时候问如下问题——什么，为何，在哪儿，什么时候或者怎么样——能够鼓励对手自愿说出有价值的信息。你对对手的信息知道得越多，你就越能使用这些信息提升自己的能力，达成满意的目标。

资料来源：Herb Cohen, *Negotiate This*!（New York：Warner Books, 2003）; and John Patrick Dolan, *Negotiate Like the Pros*（New York：Putnam, 1992）.

2.2.2　掌控对方的感知

谈判者一项重要的战略任务是控制传递给对方关于自己目标点和底线的信息，同时引导对方对自己的目标和底线形成好的印象。谈判者需要隐藏关于自身立场的信息，呈现出希望对方感知到的立场。一般来说，隐藏行为在谈判之初尤为重要，而在谈判后期，披露真实信息显得更为有效。这样的顺序给搜集对方的信息带来了时间，这些信息有利于评估底线和决定向对方提供自身立场信息的最佳方式。

1. 隐藏行为

隐藏立场最简单的方式是少说少做，回答问题时沉默是金，话语都要用来向对方询问。沉默减少了说漏嘴或给对方提供线索的可能性。失望或厌烦的表情、焦躁不安或饶有兴趣都可能给对方提供所谈问题重要性的线索。隐瞒是最常用的隐藏手段。

还有一种可行方式是派代表进行的团队谈判，旨在控制权限。采取这种方式，委托人不告诉谈判机构所有的必要信息，使得谈判代表不可能泄露信息。取而代之，谈判代表需要收集所有信息带回团队。这种谈判策略使谈判变得复杂乏味，而且经常使对方因为谈判方没有能力提供重要信息或达成协议而提出抗议。律师、房产销售商和调查人员通常扮演这个角色。代表通常会受限制，或是限制自己。例如，一个男人在购买汽车时也许会声称要在咨询妻子后再做决定。

当谈判在团队之间进行时，如常见的外交往来、劳资关系谈判和许多商业谈判，由团队发言人发布信息减少了信息泄露的可能性。团队谈判将在第 10 章详细讨论。除了能减少会主动泄露信息的人员之外，这种方法还有助于团队成员仔细观察和倾听对方所说，以便发现能够反映对方立场的线索。还有一种隐藏方式是提供许多有待谈判的项目，其中只有几项是真正重要的。通过这种方式，另一方不得不收集大量关于这些问题的信息，要辨别哪些是重要问题变得困难起来。这种方式叫虚张声势，如果运用到极致被认为是硬式棒球法（本章后面将具体讨论）。

2. 直接改变印象

谈判者可以采取行动，通过呈现事实来提升自己的地位或使自己在对方面前显得更为强势。最显著的一个手段是选择性地呈现，即谈判者只表现出有助于支持他们观点的事实。谈判者也可以运用选择性呈现来使对方对自己的底线形成良好的印象，或创造比现有状况更好的可能协议。还有一种方法是对已有的事实进行解释或说明，有逻辑性地表示出如果采取对方的建议将会增加成本和风险。也就是说，"如果你站在我的角度，事实告诉你们，采取你们的建议会带来这样的结果"。

谈判者需要为他们的立场和期望的结果进行辩护来影响对方的印象。具有力量和影响力的战略将在第 7 章深入讨论。为了使对方同意自己所想，谈判者可以从公司利益角度出发，运用行业标准、基准数据、公平理念和论点来描绘一幅扣人心弦的蓝图。当事实是通过一个核心资源被收集过来时，这些论点变得最具说服力，不再带有个人偏好的色彩。然而，即使由你来提供事实，有选择性也可以帮助管理对方对你的偏好和优先权的印象。不一定要让对方同意，如果他是你他会采取同样的方式看待，也不需要别人同意由这些事实会得出和你相同的结论。只要另一方理解了你看待事物的方式，他的思维就很可能被影响。

对事实、建议和可能的结果表现出来的情绪上的反应，可以向对方传递什么是重要的信息。失望或激动表示问题对他们来说很重要，而厌烦或者冷漠暗示着不重要或很微小。大叫、怒吼或急切地回应表明谈论的问题很重要。显然，情绪的反应可能是真实的，也可能是伪装的。我们将在第 5 章对情绪深入讨论。对一个立场或论点阐述的时间长短和细节多少也反映出问题的重要程度。仔细地审查对方就一项问题提供的细节，或是坚持澄清和验证，也可以传递出所谈问题对自己十分重要的信息。随意接受对方的观点传递出对所讨论主题毫不关心的信息。

采取直接行动来改变对方的印象会带来一些潜在的危害。选择某些事实来呈现、强调或不强调它们的重要性是一回事，编造撒谎则是另一回事。前者在分配式谈判中被期望和理解，而后者，即使在硬式棒球谈判中，也是不受欢迎的，如果被发现就会受到愤怒的攻击。在两个极端之间，如果一方有技巧地吹捧，将被另一方看作不诚实。道德伦理问题将在第 8 章详细讨论。当小问题被看作消遣或小问题被夸大成很重要时，会出现一些其他问题。我们的目标是隐藏真正重要的信息，将对方的注意力从有意义的地方引开。但这也存在一个危险，即对方会认识到这是一种策略，从而故意在小问题上做出大的让步，以此要求在核心问题上获得同等程度的让步。这样的话，另一方反而可以获得胜利。

2.2.3　修正对方的感知

谈判者可以通过使结果显得不具吸引力或使成本显得很高来改变对方对自己目标的印象。谈判者也可以试图使自己的需求和立场显得更具吸引力或不那么没有吸引力。

改变对方感知的方法有几种。一种是向对方说明他的建议将会产生怎样的结果。一位谈判者可以逻辑性地解释如果对方坚持己见会带来如何令人不满的结果。这样做是为了提醒对方所忽视的东西。例如，在劳资谈判中，管理层会告诉工会，6 小时工作制的建议不能增加雇工数量，因为不值得雇人来弥补由 8 小时工作制变为 6 小时所减少的 2 个小时的工作量。另一方面，如果公司需要保持产量，就需要工人加班，这样就增加了总的劳务成本，最后增加了产品的价格。产品价格的增加减少了市场的需求，最终，会减少工作的小时数和工人的数量。

2.2.4　控制延迟或中止谈判的实际代价

　　谈判者受最后期限的约束。一份合同将要失效，协议必须在重要会议之前达成一致。超过最后期限的谈判可能带来高额成本，特别是对有时限的一方，因为那一方不得不在延长谈判或空手而归中做出选择。同时，研究和实践经验表明，当最后期限逼近时，大量的分配式谈判会达成一致。另外，在谈判中时间压力可以减少对方的要求，当一位谈判者作为一个选区的选民代表时，时间压力会减少达成一致的可能性。对没有谈判期限压力的谈判者，控制时限或在期限到达之日拒绝达成一致可以作为一种有力工具。在某些时候，谈判中的最终武器是威胁停止谈判，否定双方达成一致的可能性。总有一方会感受到比对方更大的压力，所以威胁是一种有效的武器。在谈判中有如下三种控制延迟成本的方法：①计划破坏性行为；②与外部人员合作；③掌控谈判时间表。

　　1.　计划破坏性行为

　　鼓励达成一致的一种方法是通过破坏性的行为增加不能达成一致所带来的成本。举个例子，一群由工会组织的食品服务业工人同一家餐馆进行谈判，他们聚集了一群支持者，在午间闯入餐厅，每人点了一杯咖啡悠闲地喝起来。当正常的顾客在午饭时刻进店时，他们发现座位都没有了。另一个例子是，一群从某一经销商处购买汽车的顾客，为了表示对经销商的不满，集体把汽车漆成柠檬黄，写上经销商的名字，并沿着小镇巡游。通过使经销商尴尬的方式来迫使他们接受协议。集体反对某项商业行为、抵制一种产品或一家公司以及将谈判者锁在屋内直至达成协议，这些都是对不能达成一致的谈判增加成本的行为，从而迫使谈判者回到谈判桌上。这些行为是有效的，但是也有可能激怒对方，并且使得冲突不断升级。

　　2.　与外部人员合作

　　另一种增加延迟或中止谈判成本的方式是让可以影响结果的第三方加入到谈判过程中来。在许多商业交易中，私人方可能会提出如果和供应商的谈判不成功，他将到商业仲裁局对供应商的行为提出抗议。对商家或政府机构的行为和政策不满的个体可以组成任务组、政治行动组和抗议组织来给目标带来更大的压力。例如，个人公益事业的消费者通常通过援引他们对公共事业委员会指导方针的遵守来证实自己的要求，以此来增强与公共服务提供商的谈判。

　　3.　掌控谈判时间表

　　谈判计划通常会使一方陷入不利形势，谈判时间表经常可以用来给谈判者施加压力。出国同客户或供应商进行谈判的商务人士发现，通常在他们到达之后就被安排进行谈判，即便他们正在遭受时差或晕机的困扰。还有一种做法是，东道主故意拖延谈判迫使来访者不得不在最后一刻，迫于离开的压力，做出妥协。汽车经销商喜欢在周六下班前一小时安排谈判，而不是周一刚开始上班时。当交货期很短时，产品采购员很难进行谈判，因为如果他们无法及时签订原材料合同，工厂也许就会停工。

增加或者改变谈判时间的机会在于改变整个谈判领域的范围。在一些工厂中能够以相对低的价格大批量地买入来储备原材料，而在另一些工厂中，原材料在常规时间内才能到达，因为它们的生命周期短（尤其当它们是及时盘存的材料时）。当谈判的是房屋购买时，要比谈判原材料预定更难让个人推迟。而且，通过截止日期和时间压力来增加成本的策略是一个能够提升自身地位和保护自己免受对方行动影响的选择。

2.3　谈判中所持立场

有效率的谈判者需要理解谈判中的立场变化过程，包括初始报价的重要性和在谈判中做出的让步。在谈判之初，各方都有一个鲜明的立场。很明显，随着谈判的进行，一方会因为对方提供的信息或做出的行为而改变自己的立场。另一方的立场也会随着谈判改变。立场的改变通常伴随着一些新的信息，包括对方的倾向、对结果的价值判断和可能的谈判空间等。谈判是一个反复的过程，给双方就可能导致改变立场的信息提供交流的机会。

普利图拉（Prietula）和魏恩格特（Weingart）认为，在达成协议时谈判者应该注意以下两个因素：①价值特性，不同的方案和选择对于谈判者的价值大小；②内容价值，涉及谈判的方式（方案的数量、可能的选择等）。谈判者需要意识到，各方不仅仅在不同的方案上价值会不同，而且如何实施谈判空间本身也存在差异。普利图拉和魏恩格特认为在一开始时，两个谈判者的协议空间几乎是随机的，但是后来的协议更具有综合性，而且细化了谈判空间。

2.3.1　初始报价

当谈判开始时，谈判者面临一个棘手的问题——初始报价如何确定？这个报价在对方看来会不会太低或太高，会不会马上被轻蔑地拒绝？一个在对方看来正合适的报价，可能本可以更高，不管是从增加谈判空间还是取得更高目标的角度。初始报价是否应该定在底线附近，来表明一种合作的态度？随着谈判者对对方所受的限制以及既定战略的深入了解，这些问题会逐步明朗化。尽管有关对方的信息有利于谈判者确定初始报价，但这不能告诉谈判者具体应该如何实施。

亚当·加林斯基（Adam Galinsky）和托马斯·穆斯威勒（Thomas Mussweiler）的研究表明，初始报价对谈判者达成协议是非常有帮助的。初始报价能够稳定谈判，尤其当还没有考虑替代方案时。丹·奥尔（Dan Orr）和克里斯·格恩里（Chris Guthrie）的元分析可以证实，一个更高的初始协议能够通过多种分配式谈判情形和多谈判结果造成重大影响。迈克尔·科特（Michael Cotter）和詹姆斯·亨利（James Henley）认为初始报价的稳固作用会在谈判者增加经验后失去。他们的研究把不同的谈判者与不同的买卖谈判进行10轮配对。科特和亨利发现初始报价的稳定作用仅在第一次谈判中显现，平均来看，那些回盘的谈判者在后面的9次谈判中能够达成更好的结果。这项研究有待验证，进一步的研究需要探索为什么初始报价对有经验和无经验的谈判者起着不同的作用。谈判者能够通过对方抑制"初始报价效应"。但是，要集中于他们自己的目标和关注对手的保留点。总之，有更好的替代方案的谈判者更可能在谈判中给出初始报价。当对方知道你的替代方案时就应该当心了，因为当别人知道了你的替代方案时，他们就偏向于制定一个保守的初始报价。

最基本的问题是初始报价应该被夸大还是适度就好？研究表明提出较高报价的谈判者，比那些提出适度或较低报价的谈判者，可以获得更好的收益。至少有两个理由表明夸大报价的优点。第一，它能增加谈判空间，使得谈判者可以了解对方的重点。第二，一个夸大的报价就像一个介入式信息，它在对方头脑中建立起这样的印象：①在合理的协议达成之前还有好长一段路要走；②也许不得不做更多的让步来弥补双方初始报价的差异；③对方或许错误地估计了自己的底线。夸大初始报价的两个缺点是：①也许会被对方断然拒绝，使谈判过早结束；②传达了强硬的态度，不利于长期关系的维持。初始报价越高，越有可能被对方直接拒绝。所以，提供较高初始报价的谈判者应该要有替代方案，以防被对方断然拒绝。

2.3.2　初始立场

在分配式谈判开始时，要确定谈判期间应该采取的态度或立场。你是充满竞争性的（想要在每个问题上得到最好）还是中庸的（能够做出妥协和退让）？有些谈判者采取进攻的姿态，攻击对方的立场、报价甚至是人格。作为回应，对方可能会采取相同的初始姿态，针锋相对。即使对方不直接采取相同的进攻姿态，他也不可能以温和开放的姿态作为回应。有些谈判者采取温和理解的态度，似乎是在表达"让我们成为能够令双方都满意的理性人吧"。即使对方没有做出相同的回应，其回应也会受到这种姿态的影响。

对谈判者来说，认真考虑通过初始态度和之后的让步所要传递的信号很重要。因为在分配式谈判中，谈判者通常对对方的策略采取相应的回应。那就是，谈判者倾向于将自己的谈判策略同对方的策略匹配起来。

为了进行有效的沟通，谈判应该试图使初始姿态和报价所传递的信息一致化。合理的谈判立场通常伴随着友好的态度，一个夸大的初始立场通常带有更为苛刻和竞争的态度。当初始报价与立场发生冲突时，另一方会对理解和回应产生迷惑。第8章将对道德问题进行详细讨论。

2.3.3　最初妥协

初始报价通常会遇到还价，这两者确定了最初的谈判区域。有时对方不会还价，而是指出初始报价不可接受，要求报价方重新提出合理的报价。在谈判中，第一轮报价结束后，接下来的问题是采取什么样的行动以及如何做出让步。谈判者可以选择按兵不动，坚持自己最初的立场，或者做出让步。要注意的是，不能提高初始报价，这样会使新的报价更加远离对方的目标点。这样做会直接遭到对方的拒绝。如果要做出让步，接下来的问题就是应该做出多大的退让。要注意，第一步退让通常传递的是你会如何将谈判进行下去的态势。

　　初始报价、初始态度和最初的妥协都是在谈判之初，被谈判者用来表达如何进行谈判的要素。假如初始要价很高、最初的态度很强硬、初始的妥协很少，则表明了一种坚定的态度。如果要价合理、以合作的态势开始谈判、最初的让步合理，则表明了想要灵活进行谈判的意愿。通过采取坚定的态度，谈判者试图把握最大的谈判区域以便在谈判结果中获得最大的收益或是在之后的谈判中保留最大的谈判区域。坚决的态度还可以创造这样一种氛围，对方感觉既然让步如此艰难，还不如一次退到底，快速解决问题。荒谬的是，坚定的态度确实可以缩短谈判进程。但也存在这样一种可能性，那就是对方同样会采取强硬的态度，一方或双方会变得不耐烦甚至退出谈判。

　　有一些很好的理由来支持应采取灵活的态度。第一，在谈判中采取不同的立场，可以通过观察对方对不同意见的不同回应来判断其目标和所认识到的解决问题的可能性。谈判者也许想要建立一种合作的而非竞争性的关系，希望获得一个友好的协议。第二，灵活性有助于推动谈判的进行，一方看起来越灵活，另一方越会相信存在一个解决途径。

专栏 2-3

最初妥协的力量

　　1997 年，密西西比州对烟草公司采取法律行动，以降低因吸烟而产生的医疗保健费用。同年 7 月，密西西比宣布与四大烟草公司达成协议，保证州政府 25 年能够得到 36 亿美元，以及每年 13 600 万美元。

　　从 1994 年开始，密西西比州代理律师迈克就与烟草公司就补偿烟草带来的损失进行了艰苦斗争。在接下来的三年中，他说服其他 39 个州和 Puerto Rico 加入密西西比案件中。他们的努力终于达成了一个国家层次的协议：禁止广告宣传，同时烟草公司必须在香烟上贴上警示标签。

　　迈克将他的所有努力押在了与烟草公司的最初协议上。甚至在联邦政府采取行动之前，他就保证能够获得应有的补偿。通过该行动，他使得密西西比州得到了足够的补偿。

　　资料来源：Milo Geyelin, "Mississippi Becomes First State to Settle Suit against Big Tobacco Companies," *The Wall Street Journal*, July 7, 1997, p. B, 8：4.

专栏 2-4

让步的 12 个指引

Donald Hendon、Matthew Roy 和 Zafar Ahmed（2003）提供了下面 12 个在谈判中妥协所用到的指引：

（1）给自己足够的妥协空间。

（2）试图让对方先暴露自己的需求和目标。

（3）在次要的事情上事先做出让步，但是不要在主要的事情上首先做出让步。

（4）做不重要的让步，并且把它描绘成更有价值的让步。

（5）你做出的每一次让步都要让对方做出努力。

（6）使用交易的形式来补偿你每一次的让步。

（7）缓慢地让步，每次妥协一点点。

（8）不要对对方敞开你的底线。

（9）偶尔对谈判者说"不"。

（10）即使在试探性的谈判中也要谨慎地收回妥协。

（11）记录谈判中所做出的让步，试图找到模型。

（12）不要妥协得"太经常、太快、太多"。

资料来源：Donald W. Hendon, Matthew H. Roy, and Zafar U. Ahmed. "Negotiation concession patterns: A multi-country, multiperiod study." *American Business Review*. 21（2003），pp. 75 – 83.

2.3.4 妥协的作用

妥协对于谈判至关重要。事实上，如果没有妥协就不存在谈判。如果一方不准备做出让步，另一方就必须妥协，否则谈判会陷入僵局。人们带着对方做出让步的期望进行谈判。如果谈判的结果是接受了对方的初始报价，那么谈判者将不会感到满意，因为他们会觉得自己本可以做得更好。立即让步比不上缓慢拖延地让步，后者会让对方感受到更有价值的退让。好的分配式谈判者不会以接近他们底线的初始报价开始谈判，而是会确保有一定的谈判空间留给进一步的退让。研究表明，人们通常会接受高于他们目标点的初始报价或二次报价，所以谈判者应该仔细确认对方的目标点，避免太快逼近。最近的研究认为，直接的谈判者和更关心对方的谈判者在谈判中会做出更大的让步。

大量数据表明，当谈判包含妥协过程时，谈判者普遍会感觉更好。鲁宾（Rubin）和布朗（Brown）的研究表明谈判者想要相信他们自己有能力影响对方的行为和促使对方做出选择。由于妥协暗示了对对方的认可和向对方立场的靠近，所以它暗含了对于对方立场以及其合理性的认同。谈判的立场以及对对方的认可等无形因素可能同有形问题本身同样重要。做出让步也给让步者带来了一定的风险。假如对方不做回应，让步方会显得弱势。所以，不对让步做出回应可以传递出强硬态度的信息，令让步方感到自尊心受挫。

不能轻易做出进一步的让步。如果一方在一个重要问题上做出了主要的让步，他期望对方做出与之相当的回应。如果对方没有做出回应（或回应不够）就进行进一步的让步，会显得让步方弱势，并且减少了宝贵的谈判区域。在收到不充分的让步回应后，让步者应该在进一步让步之前明确指出："这是不够的，在我们做出进一步退让之前，你们应该再做一些让步。"

为了鼓励对方做出进一步的妥协，谈判者有时会将他们的让步与对方先前的让步联系起来。他们也许会说："因为你们在那方面降低了要求，我愿意在这方面做出妥协。"做出退让的一种有效形式是打包让步。比如，"如果你在 A 和 B 方面做出妥协，我将在 C 和 D 上有所退让。"打包让步能够取得比单个问题——解决更好的结果。有效的让步打包可以带来非关键问题的大让步和关键问题的小让步。这是一种整合式谈判策略，将在第 3 章详细讨论。

2.3.5 让步方式

谈判者的让步方式包含了有效信息，但通常不易解读。当连续的退让变得越来越小，表明让步者的态度正在强硬起来，正在接近其底线。这个过程需要调节，需要注意的是谈判后期让步的余地会变得越来越小。当报价比较高时，谈判者有很大的谈判区域来提出新的报价，因此相对更容易做出实质的让步。当报价逼近目标点时，如果再做出像第一次那么大幅度的让步，可能会突破谈判者的底线。设想一位谈判者的初始报价低于对方目标点 100 美元，第 1 次 10 美元的妥协减少了 10% 的谈判区域。当谈判者的报价与对方的目标点相差 10 美元时，让步 1 美元就会减少 10% 的谈判区域。虽然谈判者不能总是使用机械的比率来做出或解读退让，但是这个例子解释了让步方如何理解对方让步的幅度，它取决于发生的让步在谈判中所处的阶段。

做出让步的方式同样重要。考虑两位谈判者，乔治和马里奥做出的让步（见图 2-1）。假设双方正在对计算机配件的单位运费进行谈判，每个人都有自己的客户。马里奥做出了 3 次退让，每次每单位价值 4 美元，总共是 12 美元。乔治做出了 4 次退让，每次分别是 4 美元、3 美元、2 美元和 1 美元每单位，总共是 10 美元。双方都告诉自己的客户他们已经最大程度地做出退让。乔治更容易得到客户的信任，原因是他做出退让的方式传递出已经没有很大让步空间的信号。当马里奥宣称自己已经没有让步空间时，不太可能被信任，因为他的让步（3 次数值相同）表明还有足够的让步空间，即使事实上他比乔治做出了更大的让步。请注意我们没有考虑双方让步过程中的言语。向对方辩护自己的让步行为很重要，尤其遇到还价时。当我们谈判时，言语和行为都将被对方解读，重要的是能否运用自己的语言和行为向对方传递出退让已经没什么余地的信号。

在多问题的谈判中，有技巧的谈判者能够意识到不是所有的问题都在双方心目中具有相同的重要性。比如，一个采购方可能仅仅关注一个物品带来的收益，而不关心是 1 个月内不带利息一次性付款，还是 6 个月后带息还款。然而付款期的长短可能对有现金流问题的另一方来说非常关键，他可能想要支付利息换取 6 个月后付款的权利。事实上，不同的原则、利率和付款期的组合，对一方来说可能没有差别，但是对另一方来说意义重大。

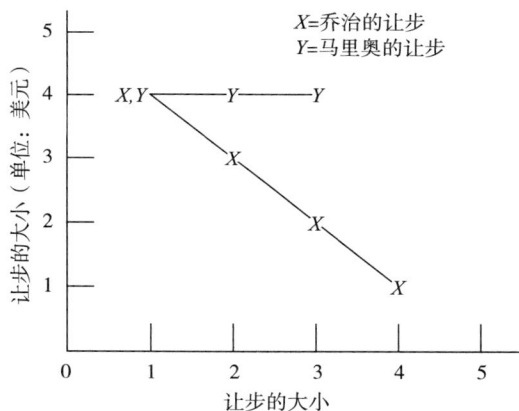

图 2-1　两位谈判者让步的方式

2.3.6　最终报价

最终谈判者想要传递已经没有退让空间的信息，即现在的报价就是最终报价了。一位优秀的谈判者会说，"这是我所能做的了"或者"我只能提供这么多了"。但是，很显然有时一个简单的陈述是不够的，还有一种选择是通过让步来传达。谈判者可以不管对方的催促坚持不做进一步退让来传达这样的信息。另一方最初可能无法意识到，并且通过进一步让步进行试探。当发现没有新的让步时，对方可能感到被背叛，以及让步的方式被打破，从而导致谈判进一步复杂起来。

一种谈判者用来传递最终报价的信息的方式是让最后的让步更大一些，这意味着谈判者更看重谈判范围的其余部分。最终报价应该要大到有戏剧性，但是不会大到被人怀疑，认为谈判者有所退缩，在谈判组合的其他问题上有讨价还价的空间。让步也可以是个性化的（"我询问了我的老板，为你做了特殊的处理"），这同样也传递了这样的信号：这将是谈判者所做的最后的妥协。

2.4　结束谈判

经过一段时间的谈判，了解了对方的需求、地位和可能的底线后，下一个挑战就是结束谈判。谈判者可以总结出几条结束谈判的战略，在既定的谈判条件下选择最佳战略是一门艺术。

2.4.1　提供替代方案

除了做出最后的报价，谈判者还可以给出两三项价值相当的备选方案。人们喜欢有所选择，给对方提供多个选择方案是结束谈判的有效方式。这种方法同样适用于无法确定向上层推荐哪个方案的时候。如果事实上存在两种不同的有说服力的解决方案，小组可以分别对这两种方案进行利弊分析。

2.4.2　假定结束

销售人员经常使用假定结束法。在对买家的需求和立场有了一个大致的了解后，销售员通常会拿出一个订单开始填写。在填到重要问题（如价格或型号）之前，通常会先询问买家的姓名和地址。当使用这项技能的时候，谈判者不会询问买家是否决定购买。相反，他们会问道："我能开始填表了吗？"表现得好像顾客已经决定要购买了。

2.4.3　折中法

结束谈判的战略中最受欢迎的可能就是折中法了。运用这个战略的谈判者可能会先对谈判进行一个简要的总结（"我们已经花了很长的时间，做了很多的让步"），然后建议既然谈判接近尾声，"我们干脆折中吧"。这可能是一种合理的结束方式，可以表明对方是否做出了一个合理的报价。如果谈判者的初始报价很高，那么提出折中法就是在使用硬式棒球法。

2.4.4　爆炸式报价

爆炸式报价的期限很多，给了对方需要快速同意的时间压力。例如，参加面试的应聘者被提供了诱人的薪水和待遇，但是被告知需要在 24 小时内决定。爆炸式报价的目的是说服对方接受提议，停止对备选方案的考虑。当接受方正在考虑多个待定的备选方案时，这种战略特别有效。然而人们对爆炸式报价常感到很不自在，因为会感觉自己处在不公平的压力下。爆炸式报价适用于在谈判早期就拥有资源做出极其诱人的报价，以防止对方继续寻找潜在替代方案的组织。

2.4.5　糖果法

另一种结束方式是为最后的结束特别保留一个让步空间。对方将被告知，"如果同意结束谈判，我就把 X 给你"。比如，在房屋买卖中，房主为了达成交易，同意将事先不包含的窗帘、电器或照明设施包括在内。为了有效使用这项策略，谈判者必须事先做好计划，避免做出过多的让步。

2.5　硬式棒球法

下面我们来讨论谈判中的硬式棒球法。许多有关谈判的畅销书都讨论了运用硬式棒球法击败对手的战略。这样的战略用来迫使对方做他们本不想做的事，而且从表象来看掩盖了谈判者一直在使用的分配式谈判战略。关于这些战略的效果持久度和效果大小尚不清楚，但是对于应付准备不足的谈判对手来说十分有效。这个方法也有副作用，有证据表明强进攻性的谈判者不一定是最有效率的谈判者。许多人发现硬式棒球法具有攻击性，当这些战略被用于他们身上时会采取报复行为。许多谈判者认为在任何谈判情境下都不应该出现这种战略。我们并不推荐下面介绍的任何一种技巧。事实上，经验告诉我们这些技巧在谈判中弊大于利。它们通常说起来容易做起来难，运用这些战略的人还要冒以下风险：损害名誉、失去交易机会、负面的公众影响和对方的报复等。对谈判者来说，理解硬式棒球法及其运作方式很重要，当被用到他们身上时，可以识别和理解它们。

2.5.1　处理典型的硬式棒球战略

当对方运用硬式棒球战略时，谈判者有几种选择来回应。要想做出好的回应战略要求谈判者快速辨别，并且理解其本质和运作方式。大多数战略都是为了增强战略使用者的谈判地位或减少对方的可选方案。如何正确应对取决于你的谈判目标和谈判的大背景（你在和谁谈判，你的替代方案是什么）。没有一种应对方式是万能的。下面我们讨论四种应对硬式棒球法的方式。

1. 讨论它们

费希尔、尤里和巴顿提出应对硬式棒球法的一种策略是讨论它们，也就是把对方正在使用的战略和想要的诡计都说出来。然后在继续实质的谈判前，就谈判过程进行谈判，比如对于对方行为的期望。建议采取攻击性较小的谈判方式。明确表示如果对方继续强硬，你也将采取强硬的态度。然后建议双方采用能够带来双赢的其他谈判方式。费雪、尤里和巴顿建议谈判者将人和事分开，对人温和，对事强硬。在谈判中经常提及这一点不会影响双方的感情。

2. 忽视它们

尽管忽视硬式棒球战略看起来是一种弱势的回应，但事实上很有效果。使用一些硬式棒球战略需要耗费很大的精力，当对方把精力用在如何运用这些战略上时，你可以把注意力集中在如何满足自己的需求上面。对威胁不做回应通常是最好的处理方式，假装你没听到。变换话题，把对方拉到另一个主题上来。叫停，回来后换一个新的话题。所有这些方式都可以使威胁失去效力，使你能在对方决定下一步用什么战略的时候按照你的行程继续谈判。

3. 以牙还牙

对于硬式棒球法总是可以采取以牙还牙的方式。尽管这种回应也许会带来一片混乱，给人以强硬的感觉，可能起到相反的作用，但是这是一个不容错过的选择。一旦迷雾散去，双方都意识到对方应用了硬式棒球法，也许会尝试其他的方式。当对方在考验你的决心或你对对方夸张的提议做出回应时，以牙还牙也许是最有效的方法。

4. 笼络对方

另一种处理硬式棒球法的方式是在对方运用之前尽量跟他们做朋友。这个方法建立在攻击朋友比攻击敌人困难的理论上。如果你能强调你跟对方的共同点，将问题归于其他原因（体制、国外竞争），你也许能牵制住对方，防止硬式棒球法用在自己身上。

2.5.2　典型的硬式棒球战略

下面我们将讨论一些常见的硬式棒球战略（见表2-4）及其弱点。

表 2-4　典型的硬式棒球战略

亲切的警察/苛刻的警察	在粗暴的谈判者和宽容的谈判者之间轮换
虚报低价/高价	使用极端的报价迫使谈判者改变初始报价
伪装	对不重要的条款假装很重要，以致对方做出让步达成交易
蚕食	谈判者在新的条款中做小幅度的让步来结束谈判
胆小鬼	采用虚张声势和威胁迫使对方做出让步
威胁	使用情绪策略，如生气和害怕迫使对方做出让步
进攻	不断地请求对方做出更大的让步，并且很好地处理进攻的语气
夸夸其谈	用对方不可能知道的信息压倒对方

1. 亲切的警察/苛刻的警察

"亲切的警察/苛刻的警察"战略以警察的审讯方式命名，两位警察（一位很和蔼，一位很严厉）轮流对犯罪嫌疑人进行审讯，这样的场景在流行的电视剧如《法律与秩序》和《犯罪与调查》中经常能看到。这种战略的使用经常遵循以下路线：第一位审讯者（苛刻的警察）首先以严厉的姿态开场，伴随着威胁、可憎的行为和不妥协。然后严厉的那位警察以假装有电话或需要冷静为由离开审讯室——这通常会是在同伴的建议下这么做。当离开之后，另一位审讯者（和蔼的那个）会试图与犯罪嫌疑人迅速在第1位警察回来之前解决问题。这个战略更为微妙的形式是让严厉的警察只在谈判朝团队所不希望的方向前进时才开口说话，如果进展顺利，就由和蔼的警察说话。尽管某种程度上这种战略的使用意图过于明显，但经常可以促使谈判达成一致。

这种战略有很多不足之处。就像之前所提过的，此战略过于明显，尤其是在重复使用时容易被看穿。可以通过直接说穿的方式进行反抗。一种幽默的说法："你们俩在使用好警察/坏警察的战略吧，难道不是吗？"可以在谈判中占据主动地位，即便对方坚决否认。这种战略说起来容易，做起来很困难。它通常会使双方疏远，并且通常情况下要使这种战略生效而付出的精力比实现目标付出的精力还要多。谈判者在使用这种战略时可能会过于集中在这个游戏中而忽略了谈判的目标。

2. 虚报低价/高价

使用虚报低价/高价战略的谈判者以一个不可能实现的极低（或极高）的报价开始谈判。这个理论的思想是极端报价将会使对方重新估计自己的初始报价并且使之朝接近底价的方向移动。例如，本书的作者之一曾参与一个劳资谈判，工会的报价是要求在未来3年内将工资上调45%。鉴于近年来普遍的协议是3~4个百分点，这个报价称得上是一个虚报的高价了。

使用这种战略的风险是让另一方觉得继续谈判只是浪费时间，于是会终止谈判。即使对方接受了虚报的初始低价/高价继续进行谈判，谈判者也需要很强的谈判技能来适应极端报价，使谈判重新回到对方愿意做出重大让步的谈判区域中去。

应对虚报低价/高价的最好策略不是讨价还价，而是要求对方重新提供一个合理的报价（前面的案例中，工会的回应是提出6%的上升百分比，高于行业平均水平但是也不至于是极端高价）。要求一个合理的初始报价非常重要，原因在于这个战略在听到对方报价和提出自己的初始报价瞬间就会起作用。如果因为对以如此大的分歧来开始谈判而感到尴尬，或是因为对方极端的报价使你开始重新思考谈判区域，那么你已经在战略上输给对方了。当这种情况出现时，你已经被对方牵制住了。

对谈判进行充分的准备是应对这个战略的有效方式（详见第4章）。适当的计划有助于你识别谈判项目的大致谈判区域，可以使你运用以下战略进行回应：①坚持对方以合理报价开始谈判，否则拒绝进一步谈判；②陈述你对谈判项目市场价值的理解，加以数据和事实的支持，通过这种方式告知对方你不会被蒙骗；③通过暂时或永久终止谈判来表达对对方使用这个战略的不满；④用一个同样极端的报价来表明自己不会被对方的极端报价所影响。

3. 伪装

运用伪装战略的谈判者对不重要的谈判项目假装很重视。在后来的谈判中，对这些问题进行大的让步，来换取对方在真正重要的问题上进行让步。这个战略在某个谈判项目对对方至关重要但是对自己无足轻重时非常管用。比如，一位卖家拥有可以立即交付的库存，但是在谈判时卖家可以提出交付期太短，之后的谈判中可以以缩短交付期为条件换取对方在其他问题，比如价格或订单量上的让步。另一个例子是，表面上争取某个任务或项目，来换取对方的让步，从而得到真正想要的任务或项目。

这个战略在本质上是欺骗，而且很难执行。典型地，当你在掩盖自己的真实意愿而对方却在真诚地与你谈判时，可能会导致一种非正常的情境出现，即双方都不按真实意图进行谈判。对方要求你在其他问题上做出让步，以满足你在假装重视问题上的要求；

而你需要花时间重新评估报价，并且对自己不重视的问题进行讨价还价。要完美地从不重视的谈判项目转移到真正重视的问题上是非常困难的。如果操作不成功，你也许将接受一个不好的结果，这既不是你所期盼的，也不是对方想要的。

尽管这个战略很难防御，但是良好的准备可以使你避免受骗。当对方选择跟你预料的完全相反的立场时，你可以怀疑对方是否在伪装。探究对方为何想要一个特定的结果可以帮助你降低对方伪装战略的效果。最后一点，你需要对对方立场的突然改变保持戒备心，特别是在谈判的后期。这也许是伪装战略正在使用的重要线索。再者，向对方提出为什么突然转变立场的疑问，同时在对方逆转后不做大幅度的让步，可以帮助减少伪装战略的作用力。

4. 蚕食

采用蚕食战略的谈判者在之前未被讨论的项目上做出小幅度的让步（例如，交易总利润让步 1～2 个百分点）来结束谈判。赫布·科恩（Herb Cohen）如此描述蚕食战略：在服装店试了很多衣服之后，告诉服务员如果再赠一条领带就购买一套西服，这就是蚕食战略。科恩声称他总是能获得这条领带。在商业背景下，这个战略被如此运用：在已经花了很多时间在谈判上之后，当达成协议时，一方提出一条先前未被讨论的条款，这个条款会给另一方带来小小的代价。虽然这个条款不足以使协议撕毁，但是足以使另一方感到不悦。这是蚕食战略的主要缺点，许多人觉得使用这个战略的谈判者不够真诚（对于一个公平的谈判过程，谈判者应该事先提出所有的待谈判项目）。即使战略使用方表示现在才想起这个谈判项目非常尴尬，但被蚕食方将对谈判过程留下不好的感知，在未来的谈判中会试图报复。

根据兰德（Landon）的观点，有两种应对蚕食战略的好办法：第一，对于每次蚕食行为都如此回应："你还想要什么？"一直问到对方表示所有问题都已经被探讨过了。第二，事先准备自己的蚕食项目作为交换。当对方要求在一个小问题上进行让步时，用你自己的问题作为交换。

5. 胆小鬼

胆小鬼战略以 20 世纪 50 年代詹姆斯·迪恩（James Dean）的电影《无因的反抗》里一场挑战戏命名，这场戏中两位司机迎头相撞或同时冲向悬崖，除非有个人突然转向。转向的人被称为胆小鬼，另一个人则被称为英雄。使用这个战略的谈判者通过虚张声势和威胁对方来迫使对方因害怕而做出退让。在劳资谈判中，管理层可能会告知工会代表如果他们不同意现有的协议，公司将关闭或停止运营（或者搬迁到其他地方）。很明显这是一场高风险的博弈，一方面，如果工会坚持自己的要求不被威胁到的话，管理层必须兑现自己的话语，否则就将不再被信任。另一方面，如果管理层陈述的是事实，公司就可能真的会关闭或迁往别处。

胆小鬼战略的缺点是它使谈判一方或各方陷入了难以辨别真伪的困境中。对方真的会实现威胁吗？我们经常不能确切掌握这一点。为了使战略变得可信，谈判环境都显得很严肃。正是在这种严肃的环境中才适合使用这种战略。例如，对比美国的克林顿和布什总统对于伊拉克蔑视联合国武器核查项目的反应。在伊拉克看来，可以忽视布什总统，因为在克林顿总统任职期间它曾成功躲避了冲突，但是，最后在伊拉克爆发的战争说明了这个判断的错误。

胆小鬼战略很难防御。如果对方轻视或忽略，威胁就会失去效力。也许最冒险的回应是采取同样的战略，那样的话双方都为了保留面子而不做退让。充足的准备以及对双方形势的正确理解，对于试图确认事实的终止和战略的开始使用是十分必要的。邀请外部专家确认信息或者帮助重新分析形势是另一个可以选择的方法。

6. 威胁

许多战略都可以归为威胁战略。这些战略的共同之处在于它们都是运用情绪的手段来迫使对方接受，通常是愤怒的情绪。例如，对方也许会故意通过愤怒来表达严肃的立场。本书的一位作者有如下经历：

有一次我同一位汽车销售员进行谈判，他情绪失控，撕毁了他记录的笔记，命令我坐下来听他讲，然后开始解释这是这个城市中最划算的交易，如果我不想接受就不该浪费他的时间。最后我没有买那辆车，也没再去过。我怀疑我跟每一年的学生都讲过这个故事。我猜想那位汽车销售员想试图威胁我进行交易，并且很清楚如果我去其他地方咨询的话就会发现这个交易并不是那么划算。他不知道的是我已经向会计人士咨询过这个交易，已经发现了他所撒的谎；当我戳穿他的时候，他真的愤怒了。

还有一种威胁的形式，即增加合法性。当合法程度高时，就有政策或程序来解决争端。对于没有可用政策的谈判者来说，可以试图制造出这样的政策或程序并强加给对方，使得整个过程显得更加合法化。例如，写在手册中或以办公文件或合约形式呈现的政策比口头传达显得更为合法化；银行给客户冗长而详细的合约很少有人会完整阅读。合法性看上去越高，另一方越不会质疑之后的谈判过程或是被提出的合约条目。

最后，内疚也可以当作一种威胁战略的形式。谈判者可以质疑对方的真诚或是认为对方缺乏对己方的信任。这个战略的使用目的是使对方处于防守地位，从而集中于处理愧疚或信任问题，而不是谈判的实质。

为了应对威胁战略，谈判者有几种选择。威胁战略的使用可以让使用者感到比对方更有力量，会使得人们因为情感而非客观原因来做出让步。当做出妥协时，谈判者需弄清楚为何做出让步。如果一方开始感到受威胁，认为对方更强势（而事实并非如此），或者轻易接受对方公司政策的合法性，那么就是战略开始发挥功效的时候。

如果对方正在威胁你，那么与他讨论谈判过程是一个好方法。你可以解释你的原则是以一种公平和互相尊重的方式进行谈判，你期望得到相同的对待。另一个方法是忽略对方想要威胁的企图，因为威胁战略只有在你在意时才生效。尽管这个听起来很简单，但是想想为什么有些人会受到权威人士的胁迫而另一些人不会，原因在于胁迫接受者而非威胁人。

另一个应对威胁战略的有效方法是以团队的形式与对方谈判。团队较个人至少存在两点优势。第一，人们不会总是被同一事物所威胁，你也许会被一个特定的谈判者所胁迫，但你团队的其他成员很有可能不会。第二，当对方的威胁战略开始让你变得不自在时，可以通过团队讨论对方的战略和相互支持来缓解。

7. 进攻

与之前讨论的胁迫战略类似，进攻行为包括各种攻击对方或袭击对方立场的侵略行为。进攻战略包括无情地迫使对方做进一步的让步（"你可以做得更好"），在谈判初期就要求对方给出最优报价（"我们别浪费时间了，你最多可以支付多少"），要求对方逐条或逐项解释其建议（"你每项的成本是多少"）。使用这些技巧的谈判者是在标示着自己坚定不移的立场，并且试图说服另一方做出多个让步来达成一致。

当面对对方的进攻战略时，一个很好的应对战略是暂停谈判来讨论谈判过程本身。谈判者可以解释说他们将基于需求和利益做出决定，而不是通过被进攻的方式。另外，正如之前对威胁战略所做的讨论，以团队形式进行谈判同样可以有效地避免进攻战略，原因与上述相同。充分的准备和对双方利益与需求的理解可以使应对变得容易，因为这样可以突出达成一致对双方的好处。

8. 夸夸其谈

当谈判者过分热情地提供给对方如此多的信息以至于对方不知道哪些是真实或重要的，哪些是用来分散注意力时，谈判者即在使用夸夸其谈战略。政府在发布消息时经常使用这个战略。他们通常不会简单地回答问题，而是公布上千页来自记录和手抄稿的文件，其中包不包括人们寻找的答案是未知的。另一个夸夸其谈的例子是使用高度专业的语言来回答非专家所提出的问题，从而掩盖简单的答案。任何专业小组，比如律师、工程师或电脑网络专家，都可以使用这个战略，通过大量的信息或者专业的语言来使非专业人士找不到答案。最频繁的情况是，为了不因提出特别浅显的问题而尴尬，这些大量信息的接收者可能会仅仅点头或是被动地对对方的分析或陈述表示同意。

谈判者可以试图通过以下方法来应对夸夸其谈战略。第一，在他们完全理解之前勇于不断提问。第二，如果正在讨论的问题具有高度专业性，谈判者可以召集一群专家进行技术分析。第三，谈判者应该仔细倾听，区分出对方前后一致和矛盾的信息。在确认了一条信息的前后不一致之后，进行进一步的信息探索，有助于减少夸夸其谈战略的效力。如果一条前后不一致和不正确的信息在大量信息中被发现，谈判者可以对整个陈述进行质疑（"由于这个点存在错误，要我怎么相信其他的信息都是准确的呢"）。同样，充足的谈判准备是有效应对夸夸其谈战略的方法。

● 本章小结

本章我们分析了分配式谈判的基本结构以及在此情境下的战术和战略的使用。分配式谈判以初始报价、目标点和底线开始。谈判者可以通过直接或间接干预来了解对方的起点和目标点。通常不到谈判后期一方不会知道对方的底线，因为这些都被掩藏起来了。这些都很重要，其中最重要的是底线。双方底线的差距决定了谈判区域。如果是正的，那么存在协议达成一致的可能；如果为负，基本不能实现成功的谈判。

很少有只包含一个项目的谈判，比较典型的是包含多个项目的谈判，称为谈判组合。组合中的每一项都有自己的起点、目标点和底线。谈判组合将问题捆绑在一起，为进行折中和互相退让提供了可能。

在分配式谈判结构下，谈判者对于成功的解决方案有多种选择，其中大都是通过以下两个途径达到的：一是影响对方对可能结果的信念以及尽可能了解对方的立场，尤其是他们的底线。谈判者的基本目标是尽可能达成一个接近对方底线的结果。为了实现这个目标，谈判者一起努力收集关于对手及其立场的信息。二是影响对方实现目标的信息，证明己方的目标是可以实现的、必须实现的，甚至是不可避免的。

分配式谈判本质上是一个冲突的过程。谈判各方寻找各自的优势，有时通过掩盖信息、试图误导或是使用操纵行为来达成协议。所有的战略都可以轻而易举地将平静的讨论上升为激烈的对峙。然而谈判是一种非暴力方式解决问题的手段。并且，为了取得成功，谈判双方在结束时必须感到自己取得了最优的结果，是可以接受和值得的。所以，有效的分配式谈判是一个要求周密计划、坚决执行和持续监督对方反应的过程。最后，分配式谈判的技巧在任何谈判的价值索取阶段都十分重要。这将在第 3 章对整合式谈判的分析中详细讨论。

第 3 章

整合式谈判的战略和战术

:: 学习目标

1. 理解整合式谈判的基本原理。
2. 探索整合式谈判的战略和策略。
3. 思考达成整合式谈判的主要因素。
4. 理解整合式谈判为什么往往难以实现。

与分配式谈判相比，整合式谈判（即合作型谈判）中各方的目标并不是相互排斥的。如果一方实现了他的目标，并不排斥另一方也实现他的目标；同样，一方目标的实现也不会损害另一方的利益。整合式谈判的基本理念就是允许谈判各方都实现自己的目标。尽管谈判一开始也许呈现的是一种非赢即输的局面，但是随着双方之间进一步的讨论和探究会发现其实他们可以实现双赢。本章的重点就是讨论谈判者努力寻求可以达成双赢策略的过程。

即使是非常老练的谈判者也可能会犯以下三种错误：第一，该谈判的时候没有谈判；第二，不该谈判的时候却进行谈判；第三，该谈判的时候进行谈判，但运用了错误的战略。谈判中同时关注己方和他方的利益是首选的战略原则。在很多谈判中，谈判者不一定非赢即输，其实双方可以共赢。相比非赢即输的谈判结局，谈判者可以寻求双赢的方式，而且他们一般都可以找到这种方式。本章重点讨论整合式谈判，所谓整合式谈判就意味着在谈判中双方相互合作、协作、双赢，共同得到利益，共同解决问题。

3.1 整合式谈判的重要性

在第 1 章中我们讨论了所有谈判具备的共同点，然而，对于整合式谈判，谈判者必须做到以下几点：

- 关注共同点而非差异性。
- 努力做到关注需要和利益而非立场。
- 努力做到实现谈判各方的需求。
- 交流信息和观点。
- 创造双赢的选择。
- 用客观的标准衡量谈判。

以上这些必需的行为和观点是整合式谈判过程中的重要构成部分（见专栏 3-1）。

专栏 3-1

以利益为基础的谈判者的特征

一位成功的以利益为基础的谈判者具有如下特征:

(1) 诚实和合作。以利益为基础的谈判要求双方之间有一定的信任。如果你可以做到在谈判中兼顾各方的利益,将有助于营造一种信任的氛围。

(2) 视野开阔。视野开阔的人不认为在金钱、声誉、控制等类似方面做出让步是一种损失,而仅仅是一种将蛋糕做大的方式。而视野不是很开阔或者零和视野的人认为,"你得到的一切都是从我这里拿走的"。视野开阔的人知道做出让步有助于建立长远的关系。

(3) 成熟。史蒂芬·柯维 (Stephen Covey) 在他的《高效能人士的七个习惯》(*Seven Habits of Highly Effective Leaders*) 一书中指出,成熟就是能在坚持自己的价值观和解决自己的问题的同时,兼顾他人的问题和价值观。

(4) 系统导向。系统思考问题的人总是寻求全局优化的方式,而不只是做到局部优化。

(5) 卓越的倾听技能。90%的交流并不是体现在一个人的言语中,而是包括交流的全部内容,比如表达的方式、肢体语言以及其他的线索。有效的倾听必须避免对方的一面之词。

资料来源: Chris Laubach, "Negotiating a Gain-Gain Agreement," *Healthcare Executive*, January/February 1997, p. 14.

3.2　整合式谈判过程概述

由于受过去经验、偏见以及谈判中冲突的影响,达成整合式协议(即合作型协议)显得异常艰难。但是最终还是能够达成,大部分是因为谈判者努力克服了其中的障碍,并寻找到了各方的共性。那些想达成整合式协议的谈判者发现想要同时实现各方的合作与承诺,他们必须掌控谈判的情境和过程。其中,主要的情境因素包括:创建一个畅通的信息交流渠道,努力理解对方的真实需要和目的,强调各方之间的共性并最小差异化,寻找能够实现各方目标和目的的方法。掌控整合式谈判包括以下几个方面:创造识别问题的过程,理解各方的需要和利益,提出备选方案以及选择最优方案。

3.2.1　创建一个畅通的信息交流渠道

有效的信息交流可以促进整合式协议的达成。研究表明,整合式协议不能达成通常与信息交流不畅导致双方对谈判关系认识不清有关。为了保证有效的信息交流,谈判者必须做到愿意披露自己真实的目的和认真倾听。简而言之,谈判者必须营造一个自由、开放地谈论所有问题和顾虑的氛围。相反,在分配式谈判中人们不愿意分享信息,而是相互不信任,从而隐瞒、编造信息,甚至千方百计地打探对方的信息以增强自己在谈判中的优势。

创建有效的信息交流渠道包括使各方都知道并分享他们的备选方案。平克利(Pinkley) 发现相对于不了解对方备选方案的谈判者而言,那些了解对方备选方案的谈判者更愿意不那么尖锐地表现出他们相反的观点,这样就促进了谈判交易的达成,并做大了蛋糕。平克利推断"有备选方案的谈判者负责做大蛋糕,但是却由双方来分享它。"那些表示没有备选的谈判者只能得到他们应得的利益，而那些分享了有关他们的备选方案信息的谈判者却可以得到额外的利益。

3.2.2 努力理解对方的真实需要和目的

不同的谈判者有不同的价值观和优先事项，也有不同的想法和行为。一方的需要和想法可能并不是另一方的所需所想。那么，当你想帮助满足别人的需要时首先要知道他到底需要什么。当谈判者意识到对方的优先事项和自己的不一样时，就应该加强双方之间的信息交流，加深对谈判本质的理解，从而达成最理想的双赢协议。类似地，双方交换有关优先事项或某一特殊问题的看法时，也可以促进合作协议的达成，但并一定要涉及对此问题的立场和原则。通过对偏好和优先事项的信息交流过程，谈判者应该努力理解对方到底想实现什么。这和分配式谈判截然不同。在分配式谈判中，谈判者不愿理解对方的需要和目的，即使是理解也是为了质疑、阻止，甚至破坏对方达成其需要和目的的机会。畅通的信息沟通渠道和相互之间的理解对于整合式谈判至关重要，这也很好地证实了凯利提出的关于信任和诚实的问题（见第 1 章）。此外，谈判者在理解需要、利益和立场的能力上可能存在差异，比如，一方熟悉且正在运用整合式谈判，而另一方对此并不熟悉甚至一无所知。在这种情况下，经验丰富的一方就得帮助经验欠缺的一方去挖掘其深层次的需要和利益。

3.2.3 强调各方之间的共性并最小化差异

为了确保畅通的信息交流和努力理解对方的需要和目的，谈判可能需要改变一下观点或参照物（见第 5 章）。为了双方共同努力实现一个目标，个人的目标可能需要改动一下。有时，双方的共同目标是很显而易见的。比如，同一政党内的政客意识到，他们必须将彼此之间的分歧暂且搁置一边以确保政党在选举中获胜；为自己部门的预算被削减而争吵的经理必须认识到，只有各部门的预算都得到适当削减，公司才能盈利。而有时，共同目标不是很明显或者很难发现。例如，一家公司正在关闭一家主要的制造厂，同时又在国内其他一些地方开办一些制造厂。本书的一名作者给这家公司当顾问，该公司非常愿意将员工转到新的工厂，并将员工的工龄也转过去，工会也同意了这种安排。但是在搬迁问题上却出现了冲突。有些员工可以即刻搬迁，而有些却不能，因为他们要留下关闭和拆除旧工厂。由于员工在新工厂中的工龄是根据他们到达工厂的日期定的，因此那些留下来关闭旧工厂的员工到达工厂时，工龄就相对短了。工会希望所有的员工都同时出发以避免这种不公平现象的发生，但是对于管理层来说这是不可能的。在这个争论中，双方都忽略了一个更大的目标，那就是在不改变工龄的情况下将员工迁入新厂。只有不断地强调这个更大的共同目标，双方才有可能始终将重点放在双方共有的这个更大的目标上，从而最终找到解决问题的办法：管理者让员工提前选择新的岗位，选定后即将工龄转到相应的岗位，而不是等到员工实际到达新厂后才算起。

3.2.4　寻找能够实现各方目标和目的的方法

整合式谈判能否达成依赖于寻找可以满足各方需要和目的的方案。在这个过程中，谈判者必须既坚定又灵活——坚定他们的利益和需要，但在实现方法上要灵活处理。当双方持着竞争性的态度和对方谈判时，他们一般只关心自己的目标能否达到。在这样的竞争型谈判中，较少地关注对方的目的可能会引起以下两种常见的行为：第一，谈判者可能努力确保对方利益的实现不能危害自己的利益；第二，由于强烈的获胜或打败对方的想法，谈判者可能会阻止对方实现其目的。相反，成功的整合式谈判要求谈判者不仅实现自己的目的，同时还要关注对方的目标，以寻求可以实现双方目标的方法。衡量谈判是否成功的标准是双方目标的实现程度，而不是哪一方获利更多。如果一方的目标只是比对方获利多，那么达成整合式谈判就很难了。如果双方都在努力争取比对方多获利，那么整合式谈判就是不可能的事了。

总之，整合式谈判的基本过程和分配式谈判截然不同。谈判者必须透过对方的表面立场去探析他的深层次的需要。还必须建立畅通的信息沟通渠道，必须以满足双方的共同愿望为宗旨来构建他们之间的关系。如果谈判者没有这种观念，而仍然坚持非赢即败的观念，那么整合式谈判是不可能进行的。

3.3　整合式谈判的主要步骤

整合式谈判有四个主要的步骤：①确定和阐述问题；②理解问题并明确需要与利益；③提出解决问题的备选方案；④备选方案的评估和优选（见图 3-1）。其中，前三个步骤对价值创造很重要。为了共同创造价值，谈判者必须理解问题、明确各方的利益和需要，并提出解决问题的备选方案。而第四个步骤，即备选方案的评估和优选涉及价值索取。价值索取包括很多在第 2 章中提到的分配式谈判的技巧。

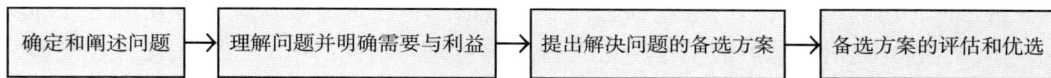

图 3-1　整合式谈判的主要步骤

价值创造和价值索取之间的关系如图 3-2 所示。创造价值的目的是为了将价值索取边界向右上方扩展（见图 3-2）。当价值索取边界拓展到最大可能时，就被称作帕累托效率边界（Pareto efficient frontier）。它包括这样一个点，"在这一个点上，任何一方要多获利就势必损害另一方的利益"。整合式谈判的一种解释就是认为整合式谈判的过程就是确定帕累托效率边界的过程。

图 3-1 表示在谈判中有很多种方案。前三个步骤说明了谈判者不会接受帕累托边界以下的方案，因为这些方案对双方都是不利的。第四个步骤，即选择方案或者价值索取，运用了一些分配式谈判中的技巧。在整合式谈判中引入索取价值和创造价值要慎之又慎，关于这一点将在本章的后面详细介绍。

价值创造的过程先于价值索取的过程非常重要，主要有两个原因：①在双方都不关注对方得到了什么的情况下创造价值更有效；②价值索取涉及分配式谈判，如果不谨慎对待，它会使人们不关注价值创造甚至损害双方的关系。

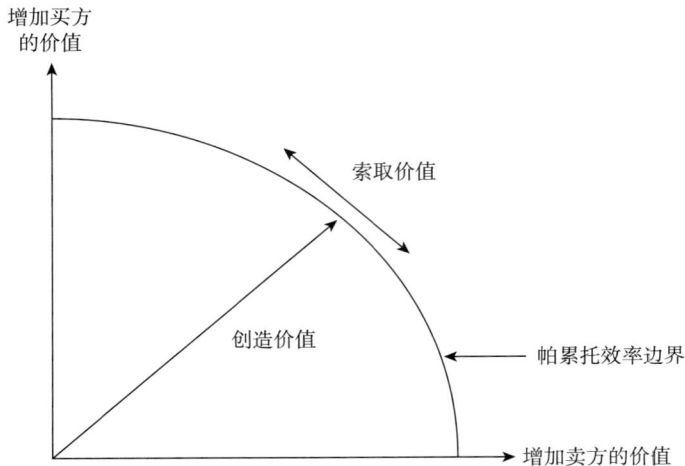

图 3-2　创造价值、索取价值和帕累托效率边界

3.3.1　确定和阐述问题

确定和阐述问题通常是最困难的一步，尤其是涉及多方的谈判时。我们来看一下下面这个例子：一家电子厂在从组件部门移向组装部门时面临很大的困难，许多产品中的零部件都弯曲变形了。在这种情况下，这些不合格产品就不能被接受了。到月底时，这些不合格品就会被返回到组件部门重新加工，而这时工人也正在为完成本月的任务忙得不可开交。那么，在接到这些不合格品后，工人只能延长工作时间来赶工了。而这部分因延长工作时间带来的费用是不在计划之内的，组件部门的经理不想这种额外的费用发生在自己的部门。组装部门的经理也坚持他不应该承担这部分费用，而应该由组件部门来承担，因为这是由于他们的工作不认真造成的后果。组件部门的经理又说，这些部件在离开他们部门时还是完好无损的，到了组装部门后由于组装部门不精湛的工作造成损坏。其实，一次造成的损失是比较小的，经理真正在乎的是哪个部门率先建立接受次品并支付这些额外费用的先例。

最终这件事情在整合式谈判中得到了解决。在一段给定的时间里，组件部门先暂时休息。经理安排组装部门去处理这些返工品。最终查清是许多安装部门的人不熟悉他们的操作环节而导致的。这些人就在安装部门休息时被派到组件部门学习更多的组件知识和紧急订单情况。

这个例子抓住了问题定义过程中的几个关键问题。问题定义过程是整合式谈判的关键，因为它集有关谈判的内容和广泛的参数提供了一个接近的初始框架的讨论。重要的是，这个框架足够全面捕捉固有的复杂性，而不是让局势显得比实际上更复杂。

1. 以双方都可以接受的方式阐述问题

在理想的情况下，谈判者都应该对解决方案不带有任何偏见地开始谈判，并且愿意披露自己的需要。因为问题是各方共同确定的，因此它应该反映出各方的需要和优先事项。可惜的是，这种情况通常不会发生。在整合式谈判的问题阐述阶段，谈判者都担心对方会为了自己的利益而编造信息，当然这种担心也是可以理解的。所以，为了使双方都能够以积极的态度去解决问题，谈判者应该以双方都可以接受的方式阐述问题。为了双方都能够接受问题阐述的方式，各方需要不断地修正自己的说辞直至各方都接受它。一定要明确问题是什么、应该是什么，并且和选择备选方案分开。在这个阶段，必须对问题做出清晰而明确的界定，即使只是需要双方对一个很简单的问题达成一个"同意或者不同意"的共识。

2. 实事求是地阐述问题

整合式协议的重点就是解决问题，任何妨碍解决问题的因素都应该被剔除。那么，有人可能会指出问题应该阐述得很清楚，如果问题错综复杂，而阐述问题时又没有将它的错综复杂性表现出来，那就无从下手了。事实上，如果问题真的很复杂，各方可能对问题的陈述方式都不统一。所以，阐述问题时应尽可能简明扼要，但一定要涵盖问题的主要方面和主要因素。这种阐述方式与分配式谈判的问题陈述方式不同（见第 2 章），在分配式谈判中，谈判者为了巩固自己的谈判立场而刻意在阐述问题时加入一些没必要的信息，以便在谈判阶段作为讨价还价的筹码。在整合式谈判中如果有很多问题，那么，谈判者可能希望确定它们之间的关系，以确定是否将可能合并在一起的问题合并起来解决，还是作为一个更大的问题待日后解决。

3. 阐述问题并确定解决问题面临的困难

谈判各方应该将阐述问题本身作为重点，而不是解决问题的方案。也就是说，他们应该明确他们想要得到什么而不是怎样得到它。然后，他们应该确定解决这些问题面临哪些困难。在上文提到的例子中，目标是"最小化次品数量"，所以，清楚的问题阐述方式应该是"将次品数量降至一半"。确定了这个目标之后，谈判双方应该详细说明他们必须掌握产品的制造过程、不合格产品的产生过程以及解决不合格产品应该采取的措施等。一个关键的问题是，所提出的问题是否可以通过各方共同努力解决，如果在有限的时间和有限资源下，问题不能解决，那么它将会影响整个谈判过程。明确哪些问题可以解决、哪些问题不可以解决，和明确哪些事项可以谈判、哪些事项不可以谈判同样重要。

4. 客观地对待问题

当谈判各方发生冲突时，他们总喜欢评头论足，以积极的态度看待自己的行为、战略和偏好，而以消极的态度看他方的行为、战略和偏好。这种判断方式会影响他们清晰、客观地思考问题。直接地告诉对方"你的观点是错误的，我的才是正确的"阻止了整合式谈判的达成，因为你不攻击对方就解决不了问题。相反，如果你换一种阐述问题的方式，比如"我们对这个问题有不同的观点"，这样可以使各方共同解决问题，而不是独自解决。还有一种阐述方式就是："我尊重你的观点，不过我的观点可能与你的有些差异，我能否占用一点时间阐述一下？"

5. 将阐述问题和解决问题区分开

最后，在问题没有界定清楚之前，不要急于寻求解决问题的方案。在分配式谈判中，谈判者以对自己有利的方式阐述问题并据此提出解决方案。而在整合式谈判中，在问题没有完全界定清楚之前或者没有对所有问题进行分析之前，谈判双方应该避免提出对单方有利的解决方案。

为了避免不恰当的解决方案，谈判者应该制定一些标准来衡量哪些方案才是合理的。通过问下面几个问题可以总结出一些标准：

- 我们怎样才能知道问题已经得到解决？
- 我们怎样才能确定我们的目标已经实现？
- 中立的第三方怎样才能知道我们之间的矛盾已经解决？
- 是否有合法权益或者立场没有得到满足？
- 是否有合法权益或者立场因为我们的谈判结果而受到损害？

以这种方式提升标准并以它们作为评估替代措施将有助于谈判者避免一条路走到死。在双方都接受的标准下，从可能不利于个体，但是有利于整体问题解决的方案中选择一个特别喜欢的，将变得容易。

3.3.2　理解问题并明确需要与利益

许多谈判学方面的学者，特别是罗杰·费希尔、威廉·尤里和布鲁斯·巴顿在他们合著的《达成一致：跳出立场之争》一书中，强调达成整合式协议的关键在于谈判双方理解和满足双方利益的能力。明确利益是整合式谈判过程中关键的一步。所谓利益，就是深入地考虑需要、期望和担心等驱使谈判者在谈判中持某种立场的事项。费希尔、尤里和巴顿解释说，谈判者虽然很难满足各方特殊的立场，但是深入地理解对方的利益可以帮助找到满足各方利益的方案。在本节中，我们首先给出利益更加完整的定义，然后讨论为什么理解利益对于有效地达成整合式谈判至关重要。

以下案例揭示了利益和立场之间的根本区别：

假定有两个人在图书馆发生了争执，其中一个人想打开窗户，一个人想关闭窗户。他们为窗户应该留多大缝而争吵不休：是开一个小缝，还是开一半，或是开3/4，没有一个方案能同时满足他们。这时管理员走了进来，他问其中的一个人为什么想打开窗户，这个人说"想透透气"。他又问另一个人为什么要关闭窗户，他回答说"避免空气对流"。管理员想了片刻，便将隔壁房间的窗户打开，这样既能让新鲜空气进来，又避免了空气对流。

这个例子说明了谈判中人们过分地关注立场而忽略了深层次的利益问题。他们的立场是"开窗户"和"关窗户"，如果他们继续围绕着这个立场谈判下去，那么，最终的结果要么是想开窗户的人获胜，要么是想关窗户的人获胜，又或者是谁也没有得到他们想要的结果。这里的谈判结果与其说是双赢还不如说是双输，因为一方认为窗户不完全打开他就呼吸不到新鲜空气，而另一方希望窗户完全关着。管理员的问题使谈判转向他们为什么想打开或关闭窗户：呼吸新鲜空气和避免空气对流。了解双方的利益使管理员提出了一个可以同时满足双方利益的方案，而这个方案是双方在争吵时很难意识到的。

在这个例子中，关键问题是为什么，即为什么他想得到那个结果。当双方开始谈判时，他们会表明自己的立场和要求。在分配式谈判中，谈判者围绕立场讨价还价，力图使结果尽量对自己有利。但在整合式谈判中，谈判者需要考虑到双方的利益因素。如果双方都能彼此理解哪些因素可以促进对方和自己共同利益的达成，那么他们就可以承认利益上的兼容性，从而提出双方都认可的解决方案。

1. 利益的种类

拉克斯（Lax）和西本尼厄斯（Sebenius）提出了一些在谈判中可能出现的利益类型，这些利益可以是本质性的（谈判者看重它本身的价值），也可以是工具性的（谈判者之所以重视它是因为它有助于谈判双方今后达成另一种结果）。

（1）实质性利益和谈判的核心问题有关，如价格、利率等经济或金融问题，也和资源分配有关（就像第 1 章中讨论过的有形问题）。这些利益或者是本质性的，或者是工具性的，或者是二者兼具。我们需要它或许是因为它本身可以满足我们一些需要，也可能是因为它可以帮助我们实现一个长远的目标。

（2）过程性利益与谈判如何展开有关。一方可能希望分配式谈判，因为他喜欢激烈的竞争带来的智力较量；而另一方喜欢谈判可能是因为过去没有人倾听他的意见，现在他想发表一点关键问题如何解决的意见。在后面的这种情况中，谈判者可能更在乎的是可以发表意见的机会而不是发现谈判问题。过程性利益也可以是本质性的或者工具性的。有发言权对一个部门在本质上来说是非常重要的，因为这是其合法性和重要性的体现，也凸显出其在组织中的重要作用。它也可以对部门重要性的提升起工具性作用，因为如果他们在这次的谈判中成功地获得了发言权，那么他们能够证明在今后其他相关问题的谈判中也应该请他们参加。

（3）关系性利益表明双方都非常看重他们之间的关系，不想做有害他们之间关系的事情。其中，本质性关系利益指的是双方都十分重视他们之间的关系和这种关系能够带来的成果。而工具性关系利益则是指双方能够从他们的关系中获得实质利益，并且不希望因为关系恶化而损害今后的利益。

（4）拉克斯和西本尼厄斯指出双方之间可能还存在原则性利益。一定的原则，如什么是公平的、什么是对的、什么是可以接受的、什么是道德的，以及过去做了什么和将来应该做什么，是谈判双方始终都要坚持的原则，并且是指导双方行动的主导性原则。这些原则通常涉及一些无形因素（见第 1 章）。原则性利益可以是本质性的（之所以有价值是因为它本身固有），也可以是工具性的（之所以有价值是因为它对今后的谈判有益）。

明确这些利益原则可以促进谈判者寻求使双方都获益的解决方案。

2. 对利益的一些总结

我们对谈判中的利益和利益类型做出如下总结：

（1）谈判中通常涉及多种类型的利益。谈判双方从所谈问题中希望获得的不只是实质性利益。他们同时也十分重视过程性利益、关系性利益和原则性利益。而原则性利益可以远远超过实质性利益、过程性利益和关系性利益，所以谈判中的各个利益不是排斥的。

（2）谈判方可以同时拥有很多类型的利益。一方可能关注的是谈判中某个特殊的问题，而另一方却可能更关注如何解决这个问题，即问题的原则或过程。明确了各自的利益后，谈判者可能会意识到他们关注的是不同的问题，从而促使他们寻求可以满足双方利益的解决方案。

（3）利益通常源自人们的需要和价值观。有学者指出，了解人类基本需求和价值观的框架有助于理解他们的利益需求。根据这些框架，人类的需求是一种层级结构，在谈判中满足人们的基本需求或者低层次需要比高层次需要更重要。

（4）利益是可以改变的。就像针对问题的立场一样，利益也会随着时间的迁移而改变。在一周前或者20分钟前还对一方很重要的利益可能现在就不重要了。谈判之间的相互作用可以使某些利益得到满足，但有可能产生新的利益要求。谈判者必须时刻注意自己的利益和对方利益的变化。当一方以另一种方式谈判时，比如言语或侧重点变了，那么，这时你就应该发现该方的利益可能有所变化。

（5）明确利益。明确利益的方法很多。有时人们并不清楚自己的利益是什么。谈判者不仅要问问自己"我要从谈判中得到什么"，也要问问自己"我为什么需要它""为什么它对我重要""得到它对我有何帮助"以及"得不到又会怎样"。听听你发自内心的声音（恐惧、渴望、希望、要求）对你明确自己的利益非常重要。

（6）明确利益并不是件容易的事，也并非总是对谈判方有利。反对"从利益入手展开谈判"的人指出，明确利益和考虑到方方面面的利益是十分困难的。普罗维斯（Provis）提出，明确利益是十分困难的，而且只关注利益通常会使冲突简单化，甚至发现不了导致冲突的真正原因。在有些情况下，谈判者可能并不关注他们客观的最大化利益，而是将重点放在一个或一些主观利益上，这样会误导对方。例如，一位购买汽车的人可能想要一辆速度快、外观华丽的车（他的主观利益），但是他的客观利益是买一辆安全、保守的车。

3.3.3　提出解决问题的备选方案

备选方案的提出阶段是谈判的创造性阶段。当双方对一个问题达成共识并明确各方利益时，他们就要寻求解决问题的一些方案。目标就是提出一些可供选择的备选方案，再从中选优。

这里提供了一些谈判者如何提出备选方案的方法，这些方法总的来说可以分为两类：第一类要求谈判者重新明确、重新思考、重新界定问题（或者一系列问题），以便能从之前的输赢问题中找到双赢的方案（详见专栏3-2）；第二类是从问题本身出发，提出一些备选方案。在整合式谈判中，面对一个复杂的问题时，这两类方法都可能会用到，甚至交互使用。

专栏 3-2

双赢谈判的艺术

大多数人认为谈判是一场零和游戏（一方的收获以另一方的成本为代价），"赢"意味着从 10 份派里得到 6 份，但是谈判有望通过双方合作创造更大、更美味的派来实现双赢。双赢谈判的基本原则是总存在一个更大更好的交易，只有在找到这样的交易后，他们才需要去考虑怎么分享这份交易。这些路径可以通过典型的买卖合同谈判来诠释。

赋税。为安全起见，首先假设谈判双方有不同的征税需求。会计人员很有可能指出隐藏的机会（尤其在境外交易中）。

付款条件。一些卖家需要快速收到货款，而另一些卖家则可能（由于税费或者其他原因）更偏爱延期支付。这样就存在很多双赢的空间。

规格。如果能做出一些调整来平衡买方的最终用途要求和卖方的特殊产品性能，就有可能达成更好的交易。

交通。运输费用经常可以在双方都没有花费的情况下得到削减。也许卖方的空货车刚好经过卖方的设备，或者卖方接触到了低散装率。

交货日期和性能规格。事实就是：买方的收货要求从来不代表卖方的最优生产经济。

质量。我所知的最好的双赢战略之一就是，通过改变质量来拉近价格的鸿沟。

过程。以我的经验，找到做任何事情更好的方式的确切途径就是，研究其具体的生产和手续流程。

风险和合约类型。所有商业都涉及风险，激励可以用来平衡卖方风险和获得更大收益的可能性。

正如随处可见的成功企业家一样，双赢谈判者们在一方能为另一方所做的事情中发现了潜在的机会，它提升了谈判者之间关系的层次和内容，也缓解了谈判固有的紧张性。没有什么比"让我们为彼此找到更好的交易吧"更能快速地吸引另一方的注意力了。

资料来源：Chester L. Karrass, "The Art of Win-Win Negotiations," *Purchasing*, May 6, 1999, p. 28.

1. 通过重新界定问题提出备选方案

这种提出备选方案的方法要求谈判者明确他们的需要并提出可以满足其需要的方案。我们提出了八种通过重新界定问题提出备选方案的方法，每一种方法都要求谈判者对讨论的问题重新界定，并尽可能地了解更多对方的真实需要。解决方案从简单、冲突逐渐变得复杂、全面以及相容，并发现有很多种实现共同增益的途径。

每种途径都将以一个例子来说明。这个例子是来自一个成功的叫高级管理咨询公司（Advanced Management Consulting）的两个合伙人的例子，他们是萨曼莎（Samantha）和艾玛（Emma）。他们雇用了八名咨询师。由于他们的客户一半来自城里，一半来自郊区，所以这两个人就在考虑将办公地点安置在哪里。他们有两种可供选择的方案。萨曼莎倾向于城里，那里的房间虽然小但是位置比较好，离两个人的住所都近。而艾玛倾向于郊区，那里房间面积大，办公室也比较新，而且离她的住所也更近，但离萨曼莎远一点。

（1）**相互捧场（立场调节）**。成功的相互捧场要求各方寻找多个问题并提出解决这些问题的多种方案。然后双方就可以围绕这些问题进行谈判，使一方在第一个问题上得到更满意的结果，另一方在第二个问题上得到更满意的结果。如果各方在不同的问题上确实存在不同的看法，而且他们也得到自己最看重的结果，那么，各方将获益最大，总的结果也会更好。例如，前文中的管理咨询公司可以在城里设立办公室给萨曼莎使用，而在郊区设立办公室给艾玛使用，这样他们都获得自己看重的事情，结果自然是比较好的。

　　相互妥协通常要经过反复修正才能达成，这也是各种满足双方要求的协议进行修正的一部分。各方首先必须明确哪些问题是比较重要的，并确定他们在这个问题上的优先事项。如果已经有两个问题了，那么这两个问题或者更多的问题都可以作为相互捧场所讨论的问题。研究表明，增加问题的数量有助于改善协议达成。当问题越来越多时，谈判者可能会不太满意，但他们相信他们有能力把一个或多个问题解决得更好（有关谈判者认识能力和满意度的内容将在第 6 章详细讨论）。如果只有一个问题出现，谈判者就需要准备"分类"或者"拆分"，即把这一个问题分解成两个或多个问题，以便应用于相互捧场的过程中。也可以利用下文将要讲到的头脑风暴法提出其他的问题。

　　（2）**扩大馅饼（立场实现）**。谈判通常都伴随着资源短缺，因此，各方不可能同时满足他们的利益或实现他们的目标。一个最简单的方法就是增加资源，即扩大馅饼，这样各方都可以实现他们的目的。例如，管理咨询公司可以在城里和郊区各设一个办公地点为不同客户提供服务，假设由于业务扩大带来的收益可以抵消租金。在扩大馅饼的过程中，一方只需要了解对方有关利益的信息，这是解决资源短缺最简单的方法。此外，这种方法假定单纯地扩大资源就可以解决问题。因此，萨曼莎和艾玛对要设立的两个地点都满意而且还想扩大业务的话，那么，设立两个办公地点就是一个很令人满意的解决方案。但是，如果冲突是由其他原因引起的，比如他们对公司的前景有不同的看法，或者公司需要经常开会，那么，扩大馅饼可能就不奏效了。除此之外，谈判增加了并没有直接参与谈判方的人或组织（如本例中的雇员）的成本，这样的话，上述解决方案对于整合式谈判比较有效，但是对于其他利益相关者就不一定了。

　　（3）**修正馅饼资源（立场实现）**。尽管把馅饼做大听起来很诱人，但是由于环境总是有很多限制因素，因此它并不总是奏效的。例如，前文中的管理咨询公司可能没有充足的资源设立两个办公室。那么，这时就需要修正一下馅饼资源了。例如，管理咨询公司可以开办一些新业务，如提供 IT 方面的信息，或互联网市场的信息等。在这个例子中，修正馅饼为的是可以支持在两地都设立办公室的想法。

　　（4）**寻找搭桥式方案（利益实现）**。当各方提出一个可以满足各方需要的方案的时候，他们就创造了搭桥式方案。例如，管理咨询公司决定扩大公司合伙人的数量，在城区租更大的办公地点，并为每个人提供新的办公用品。

　　成功的搭桥需要重新界定问题，这样可以使谈判各方不只是关注立场，而是去挖掘深层次的信息以便理解他们的利益和需要，从而寻找满足这些利益和需要的方案。搭桥式方案并不能解决所有问题。例如，艾玛可能不想每天都在路上奔波，萨曼莎可能不同意增加合伙人数量，但是双方都认为合作对他们很重要，并且两个人都在努力寻找一个能够满足双方主要需求的解决方案。如果双方都致力于一种双赢的结果，那么搭桥式的解决方法就很有可能使双方感到满意。

　　（5）**非特异性补偿（利益转变）**。另一种提出备选方案的方法就是让一方实现其目标，对另一方的利益进行补偿。补偿可能本身和谈判没有关系，但是接受补偿的一方会将它看作同意对方实现其偏好的理由。这样的补偿是非特异性的，因为它和谈判本身涉及的问题没有关系。例如，管理咨询公司可能决定租赁位于郊区的办公地点并给萨曼莎配备全新的办公设施。这样艾玛得到了理想的办公地点，而萨曼莎则获得了新的办公设施作为同意租赁郊区办公地点的非特异性补偿。

要想成功地实施非特异性补偿，做出补偿的一方必须了解对方真正需要的是什么，以及这样的结果给其带来了什么不便（比如，多少补偿才可以使其感到满意）。艾玛可能需要提出多种补偿措施（补偿的类型和数量），以确定满足萨曼莎。但是，如果萨曼莎提出非常高的要求作为选择在郊区办公的补偿，而艾玛则试图最小化补偿成本，那么这个过程可能会演变成一种分配式谈判。

（6）**削减承诺成本（利益实现）**。通过削减成本，一方可以实现其目标，而另一方如果同意这么做的话，他的成本可以降到最低。例如，管理咨询公司可以租用郊区的办公地点，并给萨曼莎提供交通补助，配备一辆车，提供停车位置。这样在艾玛得到了理想的办公地点的同时，萨曼莎也因为同意在郊区办公而使发生的成本降低了。

削减成本与非特异性补偿不同，在非特异性补偿中，获得补偿的一方只是因为他做出妥协，而削减成本则是降低了因为同意某种方案而发生的成本。削减妥协成本比相互捧场和非特异性补偿更复杂，因为它要求谈判者真正掌握对方的实际需要和偏好（对方的利益、什么对对方最重要、如何才能满足对方的需要）。

（7）**更高级的解决方案（利益转变）**。"当矛盾冲突中的利益不同点被取代或者替换时"，更高级的解决方案将出现。例如，在通过对选址问题的深层次谈判后，萨曼莎发现她应该追逐自己在艺术方面的梦想而非商业方面。这样的话，谈判就终止了，艾玛就可以根据自己的喜好设立办公地点了。

（8）**妥协（立场调节）**。其实，办公室就设在原来的位置也是可以的，这就是妥协的方案，它不会改变任何一方的利益。除了特殊情况（比如，双方非常固执不愿改变，不太可能达成综合性合约的情况下），妥协并不是一个好的合作型战略。

以上这八种战略的成功实施都需要各方之间有效的信息交流。为了实现双赢，各方需要主动提供信息，并通过相互提问来发现一些信息。我们在表3-1中呈现了一系列为了实现双赢需要问的问题。

表 3-1　为实现双赢需要问的问题

相互捧场

1. 什么问题对我是重要的，什么问题对我是次要的？
2. 什么问题对对方是重要的，什么问题对对方是次要的？
3. 有什么问题对我来说是重要的，而对对方是次要的？反之亦然。
4. 我可以"分解"问题吗，即可以把一个大的问题分解成两个或者多个小的问题用来相互捧场吗？
5. 有哪些问题对我来说不重要而对另一方则很重要，并且是可用于相互捧场的？

扩大或修正陷阱

1. 双方如何同时得到他们需要的东西？
2. 资源短缺吗？
3. 怎样增加资源可以满足各方的需要？

（续）

非特异性补偿

1. 对方的目标和价值是什么？
2. 我怎样做可以使对方满意，并同意在关键问题上按我自己的意愿来解决？
3. 有什么事情是对我来说不重要但对对方很重要，并且可以用来作为特异性补偿的？

削减成本

1. 我的提议会给对方带来哪些风险和成本？
2. 我怎样做可以使对方的风险和成本降到最低，从而同意达成协议？

搭桥和更高级的方案

1. 对方真正的潜在利益和需要是什么？
2. 我自己真正的潜在利益和需要是什么？
3. 我们的潜在利益和需要中，哪些是优先考虑的，哪些是次要考虑的？
4. 我们能不能找到一种方案可以同时满足我们的优先事项、潜在利益和需要？

注：妥协不是一种双赢方式。

2. 从问题本身出发提出备选方案

除了以上提出的一些提出备选方案的方法外，还有其他的一些方法。这些方法不仅适用于谈判，也适用于多种组织（如选民、观众、旁观者等）。其中有几种方法特别适合小团体。团体通常能够比个人更好地解决问题，主要是因为它可以集思广益。然而，团体解决问题也应遵循明确问题、明确利益和提出方案这样的程序，以避免陷入非赢即输的谈判或者发生争执。

（1）**头脑风暴法**。头脑风暴法就是小团体中人聚集在一起针对问题提出尽可能多的解决方案，并分配专门的人如实地记录这些方案。头脑风暴法鼓励人们各抒己见，即使这些想法可能是不实际的，但是不要审查任何人的想法（包括你自己的）。此外，为了大家可以畅所欲言，不要在提出方案的过程中评价任何方案。头脑风暴法能否取得成功，依赖于人们是否可以受到相互观点的启发从而想出更有创意的想法。运用头脑风暴法应遵循以下原则：

1）避免判定或评估方案。创造性的方案往往源自那些一开始看起来很荒谬、天马行空的想法。避免过早地评估方案很重要，所以，在方案未敲定之前，不要评价任何想法和观点。

2）对事不对人。由于提出理想解决方案的一方对此拥有占有权，这样就导致在小组讨论和头脑风暴法中，人们都不能畅所欲言。在竞争型谈判中，谈判者通常对对方怀有敌意，因此他不可能支持对方提出的方案，尤其是那些对对方立场有利的方案。当然也就不可能做到对事不对人了。为了有效地解决问题，谈判者应该避免个人情绪，客观地对待每个方案，忽视方案是由谁提出的。例如，共同列在黑板或活动挂图上的建议会帮助谈判双方减少一些特别想法的个人色彩，让参与者选择最能解决问题的方案而不去管是谁想出来的。确保匿名地提出备选方案的方法能够使"个体间冲突破坏想法的评估"这种可能性最小化。

3）在头脑风暴过程中要积极发言。好的观点通常在会议结束后或者问题解决后才产生。有时候发生这种情况是由于参与者没有积极发言。研究表明，当参与头脑风暴的人长时间工作时，好的观点往往在活动快结束时才产生。正如谢伊所说：

提出大量的想法很显然能够增加出现出色想法的可能性，一旦想法得到表达，往往会激发其他想法。由于想法可以一个接一个地提出，那么在后期形成的想法通常会比之前那些没有经过提炼或加工的想法要出色。如果记录了大量不切实际的想法会有什么影响？其在下一阶段的双赢过程中会被快速地评估并淘汰，其要点就是确保丢弃那些无用的想法。

4）询问局外人。通常，那些对谈判的历史或者谈论的问题一无所知的人却能提出好的想法。局外人可以提出更多的备选方案，并且有助于头脑风暴法顺畅地进行。

（2）**调查**。头脑风暴法的缺点是不能征集那些没有参与谈判的人的观点。为了得到尽可能全面的观点，可以给很多人发问卷，让他们列出全部他们能想到的答案。这个过程在短时间内就可以完成。但是，它的缺点是人们不能相互交流想法，而这正是头脑风暴法的优点所在。

（3）**电子头脑风暴法**。另外一种具有创新性的方法就是电子头脑风暴法，这种方法需要一名专业的助手。助手通过一系列问题来引导参与者发表意见，参与者将他们的回答以匿名的形式输入计算机，计算机再将人们的回答汇集在一起呈现给小组。接着，助手还可以提出一些额外的探索性的问题。电子头脑风暴法可能对涉及多方的谈判（见第10 章）或者在整合式谈判的准备阶段团队意见发生冲突（见第 4 章）时更有用。

3. 总结

我们之前讨论过的这两种提出备选方案的方法，即通过问题本身提出备选方案和通过修正问题提出备选方案，可能给人的印象是只要谈判者有足够多的选择，他们最终会很容易地找到解决问题的方案。尽管通过提出可能的方法有时能够得出最终的解决方案，但是解决方案的得出通常需要付出艰苦的努力和经过一些相互关联的过程：信息交流、关注利益而非立场、灵活处理问题。信息交流使各方可以最大限度地接触到很多信息；关注利益而非立场可以使谈判者明白各方真正需要的是什么，即哪些需要必须得到满足；最后，灵活地处理问题是指谈判必须毫不动摇地坚持自己想要什么（比如利益），但在得到的方式上可以灵活选择。尽管有各种各样的立场、可能的解决方案或者次要问题掺杂于谈判之中，但是谈判者都有一两个根本利益或者原则是必须坚持的。因此，在众多可以满足谈判者的方案中，那些可以满足优先事项的方案才是最重要的。谈判者必须透露哪些立场是他们必须坚持的，而哪些是可以有所商榷的。专栏 3-3 展示了一些能用来与对方交流坚定的或者可商榷立场的沟通策略。

专栏 3-3

沟通坚定或可商榷立场策略

1. 使用竞争性策略来创建或防御基本的利益，而不是要求某个特殊的立场或方案来解决争论，把你想得到的东西清楚地表达出来。

2. 发出灵活性的信号，表达出你有意愿解决对方的利益，公开地表达对对方福利的担忧，并且"承认他们的利益是问题的一部分"（Fisher, Ury, and Patton, 1991, p. 55）。通过这么做，你表达出了尽管自身的利益还没着落，但是愿意尝试解决对方的利益。

3. 表达出如果能找到满足双方利益的桥梁，愿意改变原有提议的意愿。

4. 展示出解决问题的能力。例如，利用谈判队伍的专家，或者基于专业知识把一些专家作为谈判顾问来生成新的想法。

5. 保持开放的沟通渠道，如果只能断续地告知对方你愿意与他们一起工作的话，那么不要错过任何一个一起沟通或工作的机会。

6. 通过清晰的渠道重申，什么才是对你们最重要的事情。例如，"我需要达成这样，这个是必需的，这个不允许改变。"这些陈述向对方传达了，某个特定利益对你而言是基本的，但它不一定意味着别的利益不能得到满足。

7. 重新检查你的利益里有哪些对另一方而言明确不可接受，并且决定它们是否仍然对你必不可少。很少出现谈判双方发现他们的基本利益真正不一致的情况。

8. 把有争议战略从问题解决型行为中分离和独立出来，转而用来管理有争议的行为，这可以通过清晰地指出谈判过程中的变化来完成。具体方式是，通过中场休息或者休会把两个过程分开，或者在团队谈判中，通过让一方表现出有争议的行为从而进入下一个议题来解决问题。[⊖]

资料来源：Pruitt，1983；and Fisher，Ury，and Patton，1991.

3.3.4　方案的评估与优选

整合式谈判者的第四步就是备选方案的评估和优选。当问题非常简单时，评估和优选完全可以合并成一步来完成。而对于那些不习惯于整合式谈判的谈判者而言，我们建议严格按照具体的步骤进行，即明确问题和制定标准、提出备选方案、评估和优选方案。当面对复杂的问题或者有很多备选方案时，也应严格遵守以上步骤。谈判者需要按照严格的标准来衡量和排序，如果没有发现合适的方案，那大部分是由于对问题界定不清楚（这时应返回去重新界定问题），或者是先前提出的标准不合理、不相关、不现实（这时应返回去重新制定标准）。最后，谈判方需要制定一个决策程序，依照这个决策程序对谈判者倾向于采用的每一个方案进行评定，从中选择出最佳方案。谈判者在这个阶段需要注意，确保从一起工作到定义事件、找到可能的解决方案到找到可替代方案的转变过程不至于伤害双方关系。当谈判者有较高的目标、积极的关系，并且这些因素也预示着成功的时候，整合式谈判就非常合适了。关注这些关系对于持续关系非常重要，这也是整合式谈判最合适的地方所在。在方案评估和优选过程中，应遵循如下原则。

1. 缩小方案的范围

仔细检查备选方案，把重点放在各方都强烈支持的那些方案上。这种方法比让人们将精力放在那些被否认的、不可接受的方案上更有意义。这时还应提出那些谈判者坚决不接受的方案。

2. 根据质量、标准和可接受性评估备选方案

有两个判定方案的标准：一是这些方案好在哪里；二是实施该方案的一方是否可以接受它。如果谈判者能够提供坚实的事实、逻辑性的推理和合理的观点，那么，他提出

⊖　最后的这个方法，又称"好警察/坏警察"或者"黑猫/白猫"，经常被用作我们在第 2 章里谈论的纯粹的谈判策略。在这个情况下，通过改变代表那些任务的个体，把竞争性的人群从谈判过程的合作型元素中分离了出来。

的方案就更有可能被别人接受。费希尔、尤里和巴顿提出,谈判方应该依据客观的标准做出决策。因此,谈判各方应寻找可作为基准的判例、裁决或者其他公平的结果和过程来证明现行的解决方案是公平的。这些标准可能与谈判者心中最合理的或者最佳的解决方案有出入,谈判者应做好权衡。

3. 方案评估前对某些标准的一致性

谈判者应该对方案评估前的一些标准达成一致。当需要缩小备选方案范围时,谈判者可以运用这些达成的一致标准。比如,新岗位只需要招聘一人,或者挑选出最可能成功的方案。如果各方之前就探讨过了一些标准,并确定了哪些标准是最重要的,那么,他们在做决定时就会依照这些标准而不考虑其他的一些标准或选择。然后,他们会考虑个人的标准或选择,依据那些已达成的标准而非各方偏好挑选出最好的标准。如果双方同意,还可以对评估标准进行修改以便使他们的选择更优化,但是这样做的前提是必须得到各方的同意。定期检查标准和确定每个谈判者是否依然重视这些标准是很有必要的。

4. 愿意表明个人偏好

人们发现通常很难解释自己为什么喜欢或者不喜欢某些事物。当被问及"你为什么喜欢那个"时,回答往往是"不知道,就是喜欢"。当强迫谈判者说明理由时,通常会适得其反,他们会生气甚至具有防御心理,他们可能会觉得自己的喜好没有被足够重视。例如,如果谈判的主题是晚餐吃什么,如果一方声明她不吃蛤蜊杂烩,那么一般情况下不会有人再试图去说服她吃蛤蜊杂烩。人的偏好是根深蒂固的,通常涉及利益、价值观以及立场和需要等方面。因此,探问对方的偏好可能也是一种获取对方立场、利益和需要的过程。当一方在回答一个为什么的问题时表现出防御心理,谈判者应该解释之所以问这个问题是为了达成整合式协议而了解下他的潜在利益,而不是为了质疑他。

5. 避免无形利益带来的影响

一方偏向一个方案可能是由于它带来的无形利益,比如得到认可、看起来更强大、获胜感等。无形利益或原则可以是谈判者强烈的利益需求。无形利益会促使谈判者寻求一个特别的方案,如果这个方案可以同时满足他的无形和有形需要。有些谈判者可能不善于谈论无形利益,甚至没有意识到它在谈判中的本质和作用。那么,帮助对方明确无形利益并且将其作为评估过程中的一项公开内容通常是一种很好的做法。对方可能更倾向于可满足其无形利益的解决方案,如果你帮助他实现的话,这将是非常重要的。

6. 分小组评估复杂的方案

当讨论复杂的方案或者人们的利益受到一些方案的影响时,小组讨论可能更有效。比如,近期一所学校成立了一个由管理者和全体教员组成的地下组织来调查许多下一次合同中会涉及的利益问题。一般,由6~8人组成的小组相比于大的团体更有效。

7. 保持冷静

尽管在备选方案提出后,各方可以说已经度过了谈判最艰难的部分,但是如果沟通不当,他们仍然会感到沮丧,因为他们觉得自己的偏好没有被足够重视,或者对方的态度总是很强势。如果有谈判方生气了,就应该暂停谈判。他们应该表明自己的不满并说明理由。在继续评估方案之前，各方都应该确保自己的情绪已经稳定了。最后，各方都应该努力做到客观地看待问题，对事不对人，关注方案本身，而不是谁提出的这个方案。

8. 探索相互捧场的不同方法

之前我们已经讨论了很多提出备选方案的方法，其中，相互捧场不仅是一种有效提出备选方案的方法，而且是一种很好的综合方案的机制。尼尔（Neale）和贝瑟曼（Bazerman）还提出了多种将若干问题合并的方法。其中有三种方法与问题的结果、可能性以及时间有关。换言之，就是会发生什么、发生的可能性有多大，以及什么时候发生。

（1）**探索风险偏好差异**。人们对风险有不同的承受度，据此可以提出辨别风险偏好的方法。例如，假设有两个企业家正在讨论未来的商业投资问题。其中一个企业家目前没有任何风险，他所有的收益都体现在未来；而另一个企业家目前有很好的收益，不想冒险失去这些收益。如果双方只是简单地分割未来的利润，那现在承受更大风险的企业家可能就不愿意了。因此，围绕这些利益问题可以提出一个既可以维持一个企业家当前的投资，又可以确保另一个企业家未来利益的方案。

（2）**探索期望差异**。和风险偏好一样，人们的期望也存在差异。谈判者可以利用这些差异寻求可以满足双方需要的方案。例如，目前承受更大风险的企业家对未来的投资可能更悲观，而目前承受较小风险的企业家可能对未来的投资充满了期望。因此，乐观的那个企业家可能会投资更多，期望获得更多的收益，而悲观的企业家则会少投资以确保当前稳妥的收益。也可以利用合同来管理对未来不同的期望。合同是随着情境的变化而变化的。例如，合同中说明了不断变化的油价，然后根据每个季节油价的不同调整运费。

（3）**探索时间偏好差异**。谈判者在时间偏好方面也可能存在差异，比如一方可能关注短期利益，而另一方却更看重他们之间的关系带来的长期利益。看重短期利益的一方希望立刻得到满足，而看重长期利益的一方可能会牺牲眼前利益以确保长期利益得以实现。不同的时间偏好差异可以促使双方寻求满足共同利益的方案。

9. 在最终协议没有达成之前，所有的决定都是试验性和有条件的

即使各方对某一方案已经很明确地达成共识，各方也应按照一定的条件对此方案进行讨论，这是一种软约束。在最终的协议没有达成之前，所有的决定都是试验性的、可以修改的。理想的情况下，整合式谈判应该是开放和灵活的。在最终的协议没有达成之前，早期达成的一些协议都不是固定不变的。谈判各方应该感觉到自己可以在环境发生变化的情况下改变早期的选择。谈判没有结束之前一切都不是固定不变的。

10. 最终协议未达成之前，尽量少去确定手续和记录

在最终的协议未达成之前，谈判者都不愿意被某个特定的言语或者文本协议所约束。他们要确保自己没有被这些记录或协议约束。一般，在方案的提出阶段，正式的记录越少越好。相反，在最终协议达成后，各方都应该记录下这些条款。这个记录下来的文件可能会被当作单一的文本在谈判各方之间传阅，直至各方都满意其中的措辞。

我们一直强调，谈判者应该避免用明显的权宜之计对最终协议进行表决，而鼓励谈判者继续讨论直至最终协议达成。然而，这种方法看起来似乎对表决中失败的一方是不

利的，这样就会使"失败者"不如"成功者"那么愿意实施最终达成的那个协议。

3.4　促成整合式谈判成功的因素

我们已经强调，如果谈判各方努力寻求满足各方利益的方案，整合式谈判就会达成。还有很多影响问题解决和谈判各方一起寻求最佳方案的因素。这些因素对于达成整合式谈判也是必不可少的。在这一部分，我们将重点讨论七个方面的因素：①共同的目标；②相信自己解决问题的能力；③相信自己的立场和对方观点的正确性；④合作的动机和承诺；⑤信任；⑥清楚、有效地交流；⑦理解整合式谈判的动态过程。

3.4.1　共同的目标

当谈判各方相信他们一起合作比竞争或者单干获益更大时，整合式谈判就更容易达成。有三种有利于达成整合式协议的目标：相同目标、共享目标、共同目标。

相同目标是指各方共同平等拥有的，不合作不能实现的目标。当地政府和工厂之间正在为工厂拖欠的税款进行争论，但是如果他们的共同目标是使工厂开工并雇用镇中一半的劳动力，那么他们就很有可能合作。

共享目标是指各方共同努力实现，但却从中获益不同的目标。例如，一起做生意的合作人对利润的分配是不一样的，一方可能分到更多的利润，因为他投入的经验和资金较多。共享目标的理念是各方共同努力实现它，再分享其中的利益。削减成本也可以起到相同的作用，但是这种情况下，谈判者在不合作之前就可以得到相同的结果，而且付出的努力更少、花销更少，风险也更小。这种方法通常叫作"可扩大的馅饼"，而非"固定的馅饼"（见第 6 章）。

共同目标是指目标不同的人一起努力实现的目标。例如，参加政治活动的人通常具有不同的目标，有些人是想实现自己的政治抱负，有些是想为群众服务，而有些则是想从新当选的政府即将实施的政策中获益。所有这些目标想要实现，都必须建立在新政府当选的基础上。

整合式谈判的关键因素是相信各方都可以从中获益。无论各方得到的结果是否相同，他们都应该相信一起合作获得的收益要比竞争或单干获得的收益大。

3.4.2　相信自己解决问题的能力

相信自己可以合作的谈判者通常也是这么做的。不相信自己能够与人合作的谈判者，愿意在整合式谈判中投入的时间和精力较少，而且他们更愿意用妥协或竞争的方式谈判。如果谈判者具有有关核心问题方面的专业知识，可以增强他对问题复杂性、细微差别和备选方案的理解。尼尔和诺思克罗夫特在一个真实的房产问题中已经证明，专家谈判者——房产经理，比外行人更容易达成整合式协议。专业知识不仅丰富了谈判者的知识，也增强了他们的自信，而这两者都是达成整合式谈判必不可少的。类似地，在谈判方面的直接经验使谈判更能理解谈判过程，也能创造性地达成谈判结果。最后，有证据表明具有谈判策略方面的知识可以促使整合式谈判行为。概括地说，就是相信一个人合作谈判的能力与整合式谈判的达成是正相关的。

3.4.3　相信自己的立场和对方观点的正确性

在分配式谈判中，谈判者投入大量的时间和精力去吹嘘和证明自己观点的价值，同时贬低对方观点的价值和重要性。相反，整合式谈判要求谈判者接受己方和他方的态度、利益和愿望。首先，谈判者应该相信自己观点的正确性，你要相信你的观点是值得努力实现的，而不应该妥协。肯普和史密斯发现，在整合式谈判中那些坚持自己观点的谈判者获益更大。但是，谈判者也应该接受对方观点的正确性。如果一方质疑另一方的观点，他就会生气、具备防御心，而且在问题解决过程中也表现得不积极。整合式谈判的目的不是为了质疑对方的观点，而是将其纳入明确的问题中，并在寻求共同可以接受的方案的过程中努力实现它。肯普和史密斯还发现，越是能够吸纳对方观点的谈判者越能够达成好的整合式协议。接受对方的观点并不等于叛变，相反，有研究表明双方越是能接受对方观点，越能取得更多的收益，但是从"大馅饼"中则会获益更少。

3.4.4　合作的动机和承诺

要想实现整合式谈判，谈判者就必须本着合作的动机而非竞争。他们达成的目标应该可以满足各方的利益而非只是迎合自己的需要。对此，谈判者应该遵从多温和少争强、多坦率少遮掩、多信任少猜疑、多灵活（但也要坚定）少固执（而非屈从）的人际风格。确切地说，就是他们应该乐于披露自己的需要，以便挖掘共同点，并辨别和接受差异性。也应接受不确定性因素的存在，并努力化解冲突。

有可能出现这样的情况，为了成功达成整合式谈判，每一方都应该抱着和对自身一方同样的兴趣来对待对方的目标和利益，也就是说，每个人要对对方的需求或成果表现出对自己一样的责任感。这是一种不正确的阐释，因为事实上，上述行为更可能是一种功能失调而非成功。深深致力于彼此和彼此福利的谈判方通常不会实现最好的方案。即便双方感觉彼此非常亲密，也不太可能完全理解彼此的需求、目标和担忧，因此他们会陷入一边想着实现对方的目标而一边又不能实现的困境中。尽管致力于对方的谈判方很有可能比不为对方考虑的谈判方收获得要多，但结果就是，他们可能达成的联合成果不如那些坚定地追求自己目标的谈判方的成果令人满意。

谈判方处在一个健康、活跃且致力于实现自身目标，同时又意识到他们处于合作型、问题解决型关系中的谈判中时，他们能够实现成果最大化。最大化成果也有可能和一方惩罚另一方的能力负相关，相比于他们没有这个能力，当他们可以惩罚对方的时候，甚至是合作型驱动的谈判者也会产生更少的信任，交换更少关于偏好和优先权的信息，达成实现更少联合利润的协议。

以下方法可以增强解决问题的动机和承诺：

（1）谈判者要认识到他们共命运，谈判者应该证明他们一起合作获得的收益（增加收益或减少成本）比自己单干获益更大。谈判各方可以强调，谈判结束后他们还会继续合作并会从他们建立的关系中获益。换句话说，谈判者应该讨论他们之间的关系，为他们提供更好在一起合作的机会而不是让他们单干。

（2）谈判者可以在谈判开始前就相互做出一些承诺，这样的承诺叫作"谈判前协议"。它主要有以下三个方面的特点：

1）谈判前协议是各方签订的稳固的、具有法律效力的协议（而不仅仅是一个表面协议）。

2）谈判前协议是在谈判展开前做出的，但是谈判各方都同意它可以被接下来在正式的谈判过程中达成的长期协议所取代。

3）谈判前协议解决了各方存在意见分歧的部分问题，可能仅仅是为了今后签订更加综合性的协议提供一个框架。

（3）谈判者应该创建一个总括协议以便为今后的讨论提供一个框架。斯特凡诺·莫扎斯（Stefanos Mouzas）指出，总括协议可以应对以下三个方面的问题：

1）谈判展开后，总括协议使得他们之间的关系具有一定的灵活性。

2）当未来的收益不明了时，总括协议也允许灵活地对待价值索取问题。

3）总括协议也适用于协议已经达成但双方清楚他们今后还会合作的情况。

专栏 3-4
....

总括协议的一个例子

焦 点 框 架	总 括 条 款
产品分类/服务	洗涤和清洁产品
排他性	双方有权随时获得有竞争力的报价
信息	双方定义三个绩效指标，相互告知有关未来的资本投资、研究和发展
通知	有关产品损坏的通知应在两周内发出
分包	分包只在同意时进行
分配	所有要求需书面做出，口头要求需以书面确认
数量/价格	一致的/连续的库存补充
	单方面的价格确定
发票	除非另一方同意，否则以月为基础
	60 天以内支付，快递费由供应商承担（完税后交货）
重新谈判	年度重新谈判/季度商务回顾
	有任何争议由仲裁解决（国际商会）
不可抗力	由战争、政治动荡、罢工、停工、政府干涉带来的损害，不承担责任
保障	零售商有权在购买 20 天之内要求退还产品，成本由供应商承担
责任	补救产品不足的义务同样适用于从分包商获得的服务
保密	所有交换的信息要保密，在未经另一方书面同意的情况下不得告知第三方
财产权	财产权不得交换，供应商需保证没有第三方获得财产权
保留条款	一条或者多条条款，除非非常重要，否则其无效性对总括条款的效力没有影响
法律会场	英国伦敦
修订	供应商有权撤销他不愿接受的订购
附加条款	应以书面形式做出
期限	无限期协议/年度重新谈判
终止	任何一方有权就某一类型的服务立即终止协议

资料来源：Stefanos Mouzas, "Negotiating Umbrella Agreements," *Negotiation Journal*, 22, no. 3, 2006, pp. 292 – 93.

3.4.5　信任

尽管没有确切的证据表明信任一定就会促成整合式谈判，但却有大量证据表明不信任对整合式谈判一定会有负面作用。相互依赖却又不信任的人们在交往的过程中会存有芥蒂心。芥蒂心就意味着人们会拒绝接受表面信息，会挖掘隐藏其背后的欺骗性含义。当人们存有芥蒂心时，他们就会拒绝接受或者提供信息，也会攻击对方的陈述和立场，而总是想方设法支持自己的立场。所有这些反应都可能使得谈判者犹豫不决、谨小慎微、疑心重重，从而破坏谈判过程。

迪帕克·马尔霍特拉（Deepak Malhotra）和麦克斯·贝瑟曼（Max Bazerman）提出三种当对方不信任你时获取信息的策略：

（1）共享信息和相互鼓励。一种有效的方法就是，你可以向对方表明你愿意披露你的需要和利益，如果对方也愿意这么做的话。但是迪帕克·马尔霍特拉和麦克斯·贝瑟曼并没有肯定在谈判开始前就会确定的规定。

（2）同时谈判多个问题。同时谈判多个问题有助于谈判者明确对方的优先事项，并从中发现有关对方利益的信息。迪帕克·马尔霍特拉和麦克斯·贝瑟曼指出，应该关注那些对方正在使用而且易激动的问题，并且努力做到控制谈判过程以发觉最重要的问题。

（3）同时提出多种方案。当对方不信任你时获取信息的第三种方法就是同时提供两个或三个方案。这些方案必须对你来说是同等重要的。那么，对方这些方案的态度就可以透露出一些有关他的利益的信息。

总的来说，当各方相互信任时，整合式谈判就会容易得多。当各方不信任时，情况就会变得复杂得多，但是以上提供的三种方法可以帮助你应对这些困难。

信任的产生是一个复杂、不确定的过程。它部分基于谈判方的行为，部分基于谈判者个人的性格特征。当人们之间相互信任时，他们就会更愿意分享信息，透露他们的立场和需要，并且如实阐述面临的实际情况。相反，当人们相互不信任时，他们就会关注立场，甚至运用攻击的方式坚守自己的立场。就像心存芥蒂一样，不信任是相互的，也会破坏谈判。为了有效地发展信任，每个谈判者都应该相信对方与自己在以合作的方式进行谈判，这种行为是对方真诚、开放地想致力于寻求共同解决方案的讯号。

3.4.6　清楚、有效地交流

高效率地达成整合式谈判的另一个前提是清楚、有效地交流。第一，谈判者必须乐于分享他们自己的信息。他们必须愿意披露自己需要什么、什么对他们更重要，并详细说明为什么需要这些，避免泛泛而谈和模棱两可。第二，谈判者应该理解交流。至少，他们应该明白对方在说什么，当然，最好是双方对一个事实的陈述是一致的，如果不是，他们应该意识到这一点。谈判中的其他成员应该经常明确这些模棱两可和分歧。如果谈判中一方的陈述不清楚，其他人可以指出来并修正它。如果有人没有理解其中的一个难点，那么团队中的其他成员可以找出这个难点的关键词或描述来帮助他理解。相互理解是双方共同的责任。交流中必须确保对方的确理解了你的意思，同样，倾听者也必须认真倾听以确保自己得到的信息的确是对方想传达的。

多样化的交流渠道，比如，谈判双方有机会在室外进行正式的谈判，可以在正式渠道出现故障时帮助谈判者澄清正式的交流或者交换信息。谈判者在咖啡休息时间的对话、主会议之外的发生在主要谈判者之间的另一次会议、关键下级之间的现成记录的合约，这些都是正式渠道的可替代方案。但是谈判者们要小心对待以确保多样化的信息和合约保持一致，在整合式谈判中发送冲突的信息，会使另一方感到困惑，可能威胁或者激怒他们。

当大家的情绪比较消极或者有很多方参与谈判时，谈判者应该建立正式、有效的交流方式。在这样的情况下，谈判者应该让每个人都有发言的机会。例如，很多辩论赛中都规定五分钟的陈述时间，这种方法同时也运用于开放式的会议或者公开演讲中。此外，谈判者希望按照先前规定好的程序进行，以使每个人都有机会发表意见。谈判中的有效沟通过程将在第 7 章展开叙述。

3.4.7　理解整合式谈判的动态过程

谈判者通常都认为分配式谈判过程是达成谈判的唯一渠道。研究表明，在整合式谈判方面的训练可以提升谈判者达成整合式谈判的能力。例如，魏恩格特（Weingart）、海德（Hyder）和普利图拉（Prietula）指出，对谈判者在整合式谈判策略方面进行训练，尤其是如何交流优先事项和最关注问题的信息，以及如何设立最高目标，明显地提升了谈判者整合式谈判的行为并可以取得更好的共同增益。这项研究也证明了，分配式谈判策略，比如强烈质疑对方观点的正确性，不利于实现共同增益。此外，洛温斯坦（Lowenstein）、汤普森（Thompson）、金特纳（Gentner）和他们的同事发现类似的培训对整合式谈判也是有利的。这些相似的培训包括通过比较不同谈判案例发现和理解潜在的原则以及谈判的结构。

3.4.8　总结

我们探讨了七种达成整合式谈判的条件：共同目标、相信自己解决问题的能力、相信对方立场的正确性和重要性、合作的动机和承诺、信任对手、在冲突的情况下获取信息的能力，以及理解整合式谈判的动态过程。如果谈判者不能满足这些条件，那么就需要在谈判开始前重新解决这些问题。

◼ **本章小结**

在这章，我们探讨了整合式谈判的战略和策略。整合式谈判的基本框架是明确各方的目标并努力使各方的目标都能实现。整合式谈判的过程就是明确这些目标并使这些目标最大化实现的过程。

本章一开始讨论了整合式谈判的过程。高度关注各方的目标促使整合式谈判和共同解决问题。谈判者经常不能成功地达成整合式谈判是因为他们没有发现隐藏在当前状况下的潜力。成功的整合式谈判需要遵循以下程序：第一，谈判者应该建立自由的交流渠道并且畅所欲言；第二，他们必须理解各方的真实需要和目的；第三，他们必须关注共同点，强调他们的共同性而非差异性；第四，他们必须致力于寻求可以满足各方利益的方案。这和第2章中讨论的分配式谈判的过程截然不同。整合式谈判中的四个关键步骤是：明确和阐述问题、明确利益和需求、提出备选方案、方案评估和优选。对于每一个步骤，我们都讨论了其促使成功谈判的战略和策略。

然后，我们探讨了促使达成整合式谈判的各种因素。第一，共同的目标或目的有助于达成整合式谈判。这个共同的目标可能是双方想共同实现的，或者想共享的，又或者是不通过合作实现不了的。第二，他们必须相信自己解决问题的能力。第三，各方必须愿意相信对方需要的合理性。第四，他们必须有合作的动机和承诺，使得他们之间的关系比较良好。第五，他们必须相互信任并努力维持他们之间的信任。第六，他们必须清楚、有效地交流对方到底想要什么，并努力理解对方的需要。第七，谈判者还应该理解整合式谈判的动态过程。

尽管本章提出了很多建议，但是达成整合式谈判不是件容易的事，尤其是当各方发生冲突，进而采用攻击性的态度、不择手段地坚持自己的立场时。那么，只有努力地创造各种必要的条件，整合式谈判才可以顺利展开。

第 4 章

谈判：战略和计划

:: 学习目标

1. 了解设立目标对即将到来的谈判的重要性。
2. 探讨谈判战略的主要组成元素，以及如何实施这个战略。
3. 学会为即将到来的谈判制订有效的计划。

在这一章中，我们对谈判者在开始谈判之前应当做什么进行了讨论。有效的谈判战略和计划对于实现谈判目标来说是至关重要的。有了有效的谈判计划和清晰的目标，大多数谈判者就能够达到自己的谈判目标；否则，谈判的结果会变得随机，而不是通过谈判者的努力能达到。

几乎所有广为人知的谈判书籍都会花至少一到两章在计划上，实际上，还有书籍会整本书都在讨论如何有效地计划和准备。但是，现在还很少有实证性的证据表明细致的计划对于谈判过程的作用。拉克姆（Rackham）的一个有关成功谈判者的研究表明，在计划的过程中，有技巧的谈判者（相比较于平均水平的谈判者）：①探究了对于行动更宽范围的选择；②会为了寻找同其他团体的共性而更加努力地工作；③花费了更多的时间思考问题的长期影响；④对于可接受的解决方案，非常有可能设置更高或者更低的限制或边界。

我们从探讨谈判战略制定的广义过程入手来讨论谈判战略和计划，首先是确定谈判者的目标。随后是制定谈判战略来解决问题和实现目标。最

```
┌──────┐     ┌──────┐     ┌──────┐
│ 目标 │ ──▶ │ 战略 │ ──▶ │ 计划 │
└──────┘     └──────┘     └──────┘
```

图 4-1 计划过程中关键步骤之间的关系（第 4 章概述）

后，讨论谈判展开的典型步骤和阶段以及不同的谈判议题和目标对计划制订过程的影响。图 4-1 表明了这些因素是如何相互联系的。虽然这个模型表明这些因素之间的关系是线性的——即目标导致了战略，战略导致了计划——但实际上，许多组成部分通常是从序列的中间开始，然后不停地"来回运动"，直到准备过程的这三个步骤都排成一条线为止。

4.1 目标：驱动谈判战略的核心

制定和实施谈判战略的第一步就是要确定目标。谈判者必须预先确定他们希望实现的谈判目标，并且将重点放在如何实现这些目标上。正如第 1 章中指出的，谈判者必须考虑实质性的目标（比如金钱或者某一特定的结果）、无形的目标（比如取胜、打败对方

或者不惜任何代价解决问题）以及过程性的目标（比如制定议事日程或者仅仅是在谈判桌上有发言权）。只有这些问题都得到完全彻底的解决，才能说准备工作做得很有效。谈判者必须清楚地说明他们的谈判目标。这包括列出所有希望在谈判中达到的目标的清单、确定这些目标的优先次序、明确潜在的可以一揽子解决的多个目标以及评估在多个目标之间可能做出的折中。

4.1.1　目标对战略选择的直接影响

目标影响谈判的四个方面：

（1）愿望不等于目标，特别是在谈判中。愿望可能与驱使人们产生目标的兴趣或者需要相关（见第 3 章），但是它们并不代表目标本身。愿望是一种想象，是对某件事情可能发生所抱有的希望，而目标是具体的，是可以通过制订一个计划来实现的。

（2）谈判一方的目标可能与对方的目标相关联。双方目标之间的相关性定义了要解决的问题（见本章后续的讨论问题），同时也经常是冲突的来源。我们的目标是以低廉的价格购买汽车，而销售商的目标则是以尽可能高的价格（和利润）将汽车销售给我们，因此，此处的“问题”是我们以什么样的价格购得汽车。如果我能不需要对方而单方面达到自己的目标，那么也许就没有谈判的必要了。

（3）目标是存在边界或者限制的。如果我们的需求超过了这些限制（例如，对方所能够或愿意给出的让步），我们就必须改变目标或者结束谈判。目标必须是可达到的。如果我的目标——“以低廉的价格购买汽车”——是不可实现的，因为销售商不会以低廉的价格出售汽车（注意这里的“低廉”是一个模糊的目标），那么我们将不得不改变目标或者购买另一辆汽车（也可能是从另一位销售商那里购买）。

（4）有效的目标必须是具体的、明确的和可衡量的。我们的目标越不具体、越不可衡量，就越难以让对方了解我们的要求，同时也越难以了解对方的要求，难以衡量谈判桌上的提议是否满足了我们的目标。“以低廉的价格购买汽车”或者“达到的购买价格不会使我的全部薪水都用于还贷”之类的目标就不是非常明确。“我的全部薪水”是什么意思？是指周薪还是月薪？我希望支付的贷款刚好是薪水的 100%、50% 还是仅仅 25%？是目前的薪水还是还贷期间的预期薪水？这是我可能提供的最大还贷能力吗？这样的还贷水平对我来说没有任何困难吗？还是阅读完购买汽车每月还贷额不能超过月薪 15% 这样的条款后计算得出的？谈判者必须确定在目前的利率水平下理想的还贷额，确定可用于首付的资金，然后才能就每月支付的具体还贷额进行谈判。但是正如我们所见，即使是这一数据也是不完全清楚的。

目标也可能是无形的或者过程性的。在汽车购买的例子中，无形的目标可能包含通过拥有和驾驶一辆靓丽的跑车而提高在朋友之间的知名度，维持自己作为一个精明谈判者的形象，或者支付更高的价格保证交通的便利和可靠。在其他一些谈判中，无形的目标可能包含维持一个强硬但有原则的谈判者形象，为将来的谈判建立先例，或者以能确保各方都感到公平的方式来进行谈判（有关无形目标的讨论参见第 1 章）。过程性的目标可能是为了相信销售商的谈判是严肃的，需要确保销售商在初始价格上做出了两次让步。

我们应该以上述标准中的哪一条为准呢？答案是这要取决于你的具体目标以及其中的重点目标。在谈判中，折中是不可避免的，这会模糊你的感知，因此在谈判开始时你必须牢记你所要实现的目标。

4.1.2　目标对战略选择的间接影响

简单而直接的目标通过一次单一的谈判和运用简单的谈判战略就可以实现。因此，我们将讨论的重点放在实现短期目标带来的影响上，尤其是所带来的长期影响。这种短期的思维影响了我们对战略的选择。在制定目标的过程中，我们可能会忽视与对方当前关系和未来关系的变化，而倾向于简单地关注所取得的实质性谈判结果。举个例子，假如你亲爱的外婆觉得她年纪已经太大，不适合驾驶汽车了，然后她询问你是否愿意购买她的汽车。她说她对于汽车一无所知，只是想将她自己的汽车卖给你，因为她相信你会好好对待她的汽车。你买了她的汽车，然后意识到，虽然这是一个很好的处理办法，但是这辆汽车非常耗油，它让你每周在汽油上花费过多。然后你意识到，你的目标是想要一辆"节能而又支付得起的汽车"，而不仅仅是"任何一辆能够支付得起的汽车"。

其他谈判目标，尤其是那些有难度的或者需要实质性改变对方态度的目标，可能要求长期多次的谈判才能实现。在这种情况下，谈判的进程是渐进的，同时谈判的进展可能还取决于与对方建立牢固的关系。这方面的例子有，大量增加某人在金融机构的最高贷款限额、与重要的贸易伙伴建立最优惠地位等。这些基于关系的谈判目标将会促使谈判者使用与对方关系和实质结果并重（甚至重于实质结果）的战略。因此，关系性的目标往往采用合作型战略。

4.2　战略与策略

战略和策略之间的关系是什么？尽管战略和策略之间的界限似乎很模糊，但是它们之间的一个主要区别就是规模、视角和直接性的不同。策略是为制定和追求远大（或更高层次）战略而采取的短期的、自适应的行动，战略反过来又为策略行为提供稳定性、持续性和方向性。例如，你的谈判战略可能是合作型的，目的是为了与对方建立并维持富有成效的关系，同时通过共同解决问题的方式来达成谈判目标。为了实现这个战略目标，恰当的策略包括描述你的利益，使用开放性问题并且积极倾听以理解对方的利益，以及提出互利的可能方案。策略服从于战略，战略考虑决定了策略的构成、方向和目的。第 2 章和第 3 章概述了对抗议价和合作谈判的战略，以及可能和这些战略有关的策略。

调和、竞争与合作

竞争和合作在之前的两章中进行了广泛的讨论。竞争在本书中被描述为对抗型的、输和赢的谈判，合作则是协作型的、双赢型的谈判。

调和与竞争一样，也是一种输赢型的战略，然而它同竞争之间存在着根本的区别，即它们取得的结果是完全相反的（调和是"我失你得"，竞争是"我得你失"）。当谈判者认为关系结果比实质结果更重要时，选择调和战略是合适的。也就是说，谈判者希望让对方获胜，让他人高兴或者不想因为强求在实质问题上达到某种目标而损害双方关系。当谈判的主要目的是为了建立或巩固与对方的关系，或者谈判者愿意为此牺牲谈判结果时，往往采用这种战略。如果谈判者希望与对方的关系能保持到谈判结束后，也有必要采用这种战略。这种战略的理念是，如果这次谈判"我失你得"，那么经过多次谈判后双方的输赢结果将会是平衡的。在任何长期的社会关系中，在一次谈判中，谈判者接受一个欠佳的结果，同时希望在今后的谈判中获得一定的补偿，这样做是有益的。这种互惠被称作社会群体的"黏合剂"。在与对方保持长期关系的过程当中，谈判者应该被鼓励在建立关系的过程中更早地考虑调和性的行动。这种建立关系的过程既是指建立与对方的信任，也是指当双方关系更进一步时，基于这些调和能够索要更多的"互惠互利"。

　　竞争、合作与调和，这三种战略有何不同呢？表 4-1 对此进行了归纳总结，并从各个方面对它们之间的异同进行了比较。

表 4-1　不同参与战略的特点

事　　项	竞争（竞争型谈判）	合作（合作型谈判）	调和型谈判
收益结构	可分配资源量通常是固定的	可分配资源量通常是不定的	可分配资源量通常是固定的
目标实现	通过损害对方的目标以实现自己的目标	己方目标的实现与对方目标的实现密切相关	对方的目标实现优先于己方的目标实现
关系	立足当前：双方不期望今后还要合作	立足长远：双方希望今后还要合作	可能立足当前（让对方获胜以避免冲突），也可能立足长远（让对方获胜以促进今后的互惠）
主要动机	最大化自身利益	最大化共同利益	最大化对方利益或使对方获利以巩固双方关系
信任与坦诚	保密与防御，相信自己，不相信对方	信任和坦诚，主动倾听，共同探讨替代方案	一方相对坦诚，从而将自己的弱点暴露给对方
需求了解	各方都了解自己的需求，却秘而不宣或者误导对方，双方都不让对方知道自己真实的需求	在了解和回应对方需求的过程中，了解自己的需求并将其传达给对方	一方对另一方的需求反应过度，从而压制了自己的需求
可预测性	用不可预测性和意外迷惑对方	在适当的时候双方行为都是可预测和灵活的，尽量不让对方感到意外	一方的行为是完全可预测的，总是在迎合对方
攻击性	使用威胁、吓唬等手段占据优势地位	诚实地分享信息，理解和尊重对方	一方放弃自己的立场以迁就对方
寻求解决方案	同对方争论，操纵对方，想方设法坚持自己的立场	运用逻辑推理、创造性思维、提出建设性意见等方法，共同寻求令双方都满意的解决方案	一方想方设法迁就对方
成功措施	通过诋毁对方形象获得成功，助长了敌视和小团体现象	成功需要保持良好形象并考虑自身的优点所在	成功需要最小化或者避免冲突，消除敌视；为了和谐而忽视自己的感受

（续）

事 项	竞争（竞争型谈判）	合作（合作型谈判）	调和型谈判
有害的极端现象	当一方完全采取零和战略，打败对方成为谈判目的时，就走向了极端	当一方将自己所有的利益都纳入共同利益中，从而失去自我认同感和自我责任感时，就走向了极端	当以牺牲个人（或集体）利益为代价，完全迁就对方时，就走向了极端
主要态度	"我赢你输"	"同时满足双方需求的最佳途径是什么?"	"你赢我输"
补救措施	出现僵局时，可能需要调解人或者仲裁者介入	出现困难时，可能需要多方面的协调者介入	当对方行为变成长期性时，谈判者将在谈判中变得无能为力

除了表 4-1 中所描述的优点之外，如果盲目地、不加思考地或者僵化地运用这三种谈判战略，它们也会有各自的缺点。

- 竞争战略往往造成"我们—他们"或者"优势—劣势"局面的出现，这可能导致对对方努力和贡献的忽视，从而做出不公平的评价，同时还可能导致对对方价值观、需要和立场的感知失真（参见第 5 章对框架偏差的讨论）。

- 如果谈判者不考虑对方的战略便采用合作战略，那么对方就可能操纵和利用合作者，利用他们所表现出来的良好信念和愿望。盲目地追求合作还可能导致谈判者不再对自己的支持者负责，而陷入单纯地对谈判进程的追求之中。例如，如果谈判者以"我们能解决一切问题"的姿态开始整合式谈判过程，就可能导致谈判结果不为自己的支持者（如他们的公司）所接受。这样的谈判结果将被否决，并且迫使谈判者重新开始谈判。

- 调和战略可能造成谈判者为了取悦对方或者避免争执而不断地进行妥协的局面。这种情形一旦成为惯例就很难被打破。调和战略也可能令对方陷入"幸福"的错觉，认为他们获得的好处都是理所应当的，因为良好和谐的关系总是带来满意的结果。这种错觉可能会导致对方完全忽视谈判者在实质利益上所做出的让步。随着时间的推移，这种不平衡的状态不可能永远持续下去，但是终止这种不平衡或者使之恢复到平衡状态将会引起对方的意外甚至招致不满。

在讨论这些战略时，我们仅仅涉及了它们的单纯的形式，而没有讨论问题和动机交织在一起的情形，而这才是大多数实际谈判战略发展演变的真正过程，记住这一点是有益的。就像大多数冲突既不是单纯的竞争型冲突，也非单纯的合作型冲突一样，多数的谈判战略是各种目的、意图以及环境限制因素的综合反映，这致使任何单纯的一种战略都难以实施。

4.3 战略实施准备：计划过程

谈判成功的基础不在于博弈或者表演。成功的主导力量来自谈判发生之前的计划制订阶段。制订有效的计划要求在以下几个方面做好工作：

- 明确问题。
- 明确与实现目标相关的主要问题。
- 整合问题，对它们的重要性进行排序，以及确定讨价还价的组合。
- 明确利益。
- 明确替代方案（BATNA）。
- 明确限制因素，包括底价。
- 分析和理解对方的目标、问题以及底价。
- 明确己方目标和初始报价。
- 评估影响谈判的社会环境（比如，谁参与谈判，谁不参与谈判但是对于谈判的结果有强烈的兴趣，以及谁观察和评论谈判）。
- 将问题展示给对方：实质和过程。

本章的后续内容将会详细介绍上述步骤（参见表 4-2 谈判计划制订指南）。这份列表是集体智慧的结晶，每一项内容都有其主要步骤，虽然排列顺序经常变化，但是主题却一致。

表 4-2   谈判计划制订指南

1. 明确谈判的目标
2. 列出在谈判中与实现目标相关的主要问题
3. 明确每个问题的相对重要性，确定讨价还价组合
4. 明确利益
5. 明确替代方案（BATNA）
6. 明确你的局限，包括底价
7. 描述你对对方目标、问题和底价的理解
8. 设定你的目标和初始报价
9. 评估谈判的社会环境
10. 写下你将怎样把问题呈现给对方：说什么以及怎么说

开始讨论之前，解释四点：

- 我们假设一个单独的计划过程不仅适用于对抗型的谈判，而且适用于合作型的谈判。尽管在上两章中我们强调了这两种谈判的不同，但是我们相信，除开谈判者倾向于运用的特定的策略之外，以及相比于选择和阻力点，对于利益和选择的选择性强调，一个全面的计划过程可以被运用于任何一种谈判形式。
- 在本书中，我们重点讨论了对抗型谈判过程和整合式谈判过程的区别。但是，就像我们在第 1 章中提到的一样，存在多种在谈判桌之外的结构性和环境性的因素，它们也可能会影响制定策略和计划的过程［比如，是否存在多个谈判需要排序，怎么样管理时间限制，文化差异所扮演的角色，沃特金斯（Watkins）称之为"塑造谈判"。经验不足的谈判者主要集中精力于会在谈判桌上发生的战略性和策略性谈判，而经验丰富的谈判者更有可能尝试通过参与这些塑造性的问题来精心策划谈判。这些结构性和环境性的因素的影响将在之后的章节讨论］。
- 我们假设谈判将主要被一对一地实施，也就是你和另外一个个体的谈判者。这对于理解和计划是最简单的模型。然而，对于谈判来说，每一方拥有多个个体，机

构代表的谈判者，或者是多个当事人并不常见。

- 虽然我们是用一个相对线性的方式来描述这些步骤，但是为了确保战略和计划排成直线，完整和最新的计划需要某种程度上的来回穿梭。比如，信息通常不能被简单和直接地获取以及收集，在一些稍晚步骤收集的信息会迫使谈判者重新考虑和评估早期的步骤。因而，第一个贯穿于计划过程的循环应该是暂时性的，当可以获得新的信息时，谈判者应该足够灵活来修改和调整之前的步骤。

我们将会详细地讨论这 10 个步骤。

4.3.1　明确谈判目标

我们在第 1 章讨论了谈判目标的重要性，在本章的开头又再次讨论了谈判的重要性。我们指出，目标可能是具体性的（有形的）、心理性的（无形的），或者是过程性的（我们怎么达成一致）。目标对战略的选择既有直接的影响，也有间接的影响。了解目标是制定战略和进行谈判首要和最重要的步骤。

4.3.2　明确与实现目标相关的主要问题

这一步骤通常以分析谈判中将要讨论的问题开始。有些谈判可能仅仅有一个简单的问题，例如，某件物品的价格，如在旧货市场被甩卖的咖啡桌或者一辆二手汽车。另外一些谈判则复杂得多。比如收购一家公司可能包含一系列的问题：价格、财产的转移、管理人员和工人的保留、转岗和解雇问题、新的公司总部选址等。

谈判中所谈问题的数量，以及谈判双方之间的关系，往往决定了谈判者决定采用竞争型战略还是合作型战略。单一问题的谈判通常采用竞争型战略，因为所谈的问题就是价格或者利益的分配。相反，涉及多个问题的谈判通常采用合作型战略，因为谈判各方可以通过相互妥协的过程提出能够实现互惠的一揽子解决方案。图 4-2 就是这个关系的简单表示。纵轴代表购买者持续增长的有价值的产出，横轴代表销售商持续增长的有价值的报酬。在一个单一问题的谈判过程中，每一方都努力地想要为他自己实现更多的价值。如果购买者占主导地位，那么他将会得到一个在购买者的纵轴上很高的结果，这对于销售商来说是不利的（比如点 A）；如果销售商占主导地位，他将会得到一个在销售商的横轴上很高的结果，这个结果对于购买者不利（比如点 B）。如果他们同等强大，他们能得到的最好的结果介于点 A 和点 B 之间（比如点 C）。任何在 A—C—B 这条线上的点都代表了对于单一问题谈判的解决方案。然而，多重问题可能会允许各方通过寻找能够提升双方价值的解决方案来创造价值。是选择追求已被声明的价值的策略还是选择创造价值的策略被描述为"谈判者的困境"。单个问题谈判和同对方长期关系的缺失是选择被声明价值（竞争）策略最强的驱动力，而多问题谈判和对对方长期关系的重视则是选择创造价值（合作）策略最强的驱动力。

谈判涉及的问题数量会影响战略的选择，但是这并不能排除这种可能性：单一问题谈判会促进合作，多问题谈判会促进竞争。单一问题谈判常通过增加所谈问题的数量来进行合作。例如，在购买房屋时，买卖双方可能一开始都认为房屋的价格是唯一的问题，

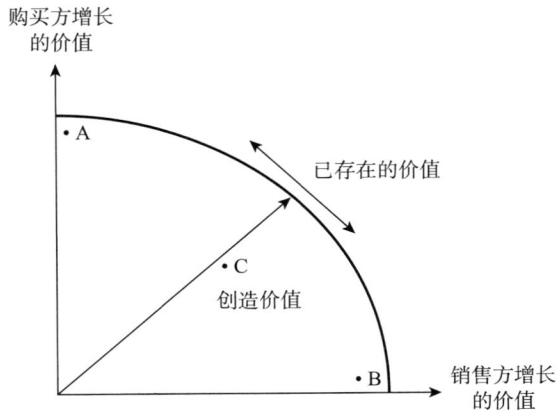

图 4-2　问题是怎样影响竞争型战略和合作型战略的选择的

但是他们很快就会意识到其他的问题也同样重要：购买房屋的货款问题、成交日期或者入住日期等。他们还可能发现一些其他问题，比如是否包含家用电器、损坏篱笆的修理或者储油罐中剩余油料的费用补偿等。在买卖的过程中，买方的律师、银行或者房地产经纪人可能列出许多需要考虑的问题：需要缴付的税费、托管金额以及卖方必须将房屋彻底打扫干净的书面保证等。要注意的是，罗列出一份详细的问题清单非常容易。在任何谈判中，最好从如下方面出发来提出完整的重要问题清单：

（1）对所有可能需要决定的问题进行分析。

（2）参考以往类似的谈判经验。

（3）研究收集信息的方法（例如，通过邻居、验房师或者阅读有关如何购买房屋的文章等）。

（4）咨询相关领域的专家（房地产经纪人、银行信贷员、律师、会计师或者最近购买过房屋的朋友等）。

同样，即使是在多问题谈判过程中，也有可能在竞争态势中丢失创造价值的机会。这种竞争态势会将信任和信息共享降到最低，还会以竞争的方式对待每一个问题。这个会在接下来的部分进一步讨论。

在考虑如何列出一份问题清单时，谨慎一点是必要的。可以注意到，我们举了一个简单而传统的例子——购买一栋房屋。许多谈判与这个例子大不相同，因为一个传统的协议不是问题所在。在这些情况中，确定关键问题可能会更加复杂。比如，一个经理人从他老板那里得到了一些暗示，这些暗示表明他的绩效没有达到预期的标准。然而不论他何时试图与老板对质，期望得到一个真实的绩效评价，老板都不会直接谈论这个问题（这使得这个经理人更加焦虑）。这个情况里面的冲突是非常明显的，问题是单个的。对员工来说，主要的问题是绩效评价以及老板为什么不给出这样一个评价。也许这个老板对于绩效评价的过程感到不舒服或者在处理其他绩效差的人上面出现了问题，又或者这个老板对自己工作的隐秘性非常重视以至于甚至没有意识到其对经理所产生的影响。在这种问题重要且唯一的情况下，这个经理就既需要清楚问题是什么（在本例中，获得一个清晰的绩效评价以及与老板谈论这件事情），又要清楚怎样开展一个有效的讨论。

4.3.3　整合问题，确定其重要性，以及确定谈判组合

　　制订谈判计划的第二步是将所有已经明确的问题整合成一份详细的清单。综合谈判双方的问题清单就能确定谈判组合（参见第 2 章）。在提炼问题的过程中，谈判者可能会立刻感觉到要谈判的问题太多或者出现的问题太多。这种情况通常出现在双方没有进行经常性的沟通或者需要谈的问题很多的情形下。正如我们之前指出的，只要提出的问题都是实质性的问题，那么谈判中涉及的问题数量多往往会提高而不是降低谈判成功的可能性。庞大的谈判组合为解决问题提供了更多的条件和协商的可能性，因此也增加了通过一揽子方案满足双方需求的可能性，从而使问题得到成功的解决。同时，庞大的谈判组合还能延长谈判过程，因为需要思考的谈判问题组合很多，而综合和评估各种不同的问题组合往往会使确定谈判的价值变得非常复杂。

　　整合所有问题之后，谈判者接下来必须确定问题的优先级。确定优先级分为两个过程：

　　（1）确定哪些问题是最重要的，哪些问题是次重要的。谈判一旦开始，谈判者很容易就被各种扑面而来的信息弄得不知所措，这些信息包括论据、报价、还价、折中以及让步等。对于那些没有提前确定自己想做什么以及不想做什么的谈判者而言，很容易就变得不知所云和接受非理想的方案，或者陷入对次要问题的冗长辩论中。如果谈判者不知道问题的优先次序，他们就更可能会在对方强烈要求的问题上做出让步，而非根据自己的优先事项做出让步。

　　优先级的确定有很多方法。对谈判者而言，一种简单的方法是通过询问"什么是最重要的""什么是次重要的"以及"什么是最不重要的"来对问题进行排序。还有一种更简单的方法是根据重要性将所有问题划分为"高""中""低"三类。如果谈判者代表某一群体，那么让这个群体参与确定优先级的过程非常重要。优先级的确定是为了实现双方的利益，也是为了解决更具体的问题。另外一种更精确的方法是，以 100 分为总分，根据每个问题的重要性来给每个问题评分。如果谈判者确信每个问题的相对权重是正确的，那么将可能的解决方案组合在一起形成一揽子解决方案就会更有条理。

　　确定有形问题和无形问题的优先级（可能的话还要打分量化）同样重要。无形的问题通常难以进行讨论和排序，然而，如果对这些问题的重要性认识还停留在主观层面并且没有被量化，那么谈判者有可能会过度重视或者轻视这些问题。由于关注有形的、具体的、量化的问题而不去考虑无形的问题的情况很容易发生，谈判者必须小心不要因为谈判的艰难而不对无形的问题及利益进行丝毫考虑。当谈判者或者他们的团队因为一揽子解决方案忽略了无形问题或者在最后谈判的阶段并不是优先处理这些无形问题而拒绝接受这个一揽子解决方案时，很多谈判者都曾受到惊吓。

　　最后，谈判者还可能希望确定谈判组合中每个问题的谈判空间。因此，不仅要确定"最可能接受"和"最不可能接受"的一揽子解决方案，还要针对谈判组合中的每个问题确定其目标和可接受的最低报价。有时候，给每个问题分配分数以及基于问题对其他人的相对重要性能帮助谈判者将分数作为议价组合的多个因素。

（2）确定谈判的问题是相互联系的还是独立的。如果这些问题是相互独立的，添加或者减少一些问题就很容易；如果它们是相互联系的，那对一个问题的解决将会涉及其他问题的解决，对一个问题做出让步将不可避免地牵涉到一些其他的问题。谈判者必须明确这些问题确实是相互联系的——例如，购买房屋的费用依赖于银行提供的贷款，而不仅仅是为了达成理想的谈判结果。

4.3.4　明确利益

在明确了谈判的问题之后，谈判者就必须确定潜在的利益和需求。正如我们在第 2 章和第 3 章中广泛讨论的，初始出价或者说目标点，是谈判者希望达到的目标。利益是他们希望实现这个目标的原因。将购买一套公寓的价格目标点定在 200 000 美元就是一个立场，也就是谈判者希望支付的价格。其利益是"以市场公平的以及我有能力支付的价格购买这套两居室公寓"。尽管明确的利益对于合作型的谈判比竞争型谈判更重要，但是如果谈判单方或者双方清楚自己的关键利益的话，即使是竞争型谈判也会从中受益。如果说提出问题帮助我们明确我们的需求，那么对利益的理解则要求我们思考为什么我们需要它。提出"为什么"通常有助于谈判者在谈判中明确主要价值、需求或者原则（参见第 6 章）。利益可能是以下几种：

- 实质性的，即直接与谈判的焦点问题相关。
- 过程性的，即与谈判者谈判中的表现相关。
- 关系性的，即与谈判双方目前或希望今后能够建立的关系相关。

利益也可能建立在谈判的无形因素上，包括谈判双方希望坚持的原则或者标准、谈判依据的非正式规范，以及用于指导双方达成解决方案、实现公平合理交易或者快速完成谈判的基准等。

瓦利安（Walihan）提供了几个很好的例子，能够帮助强调为什么取得利益对于理解对手的立场是基本的。在一个例子中，一个工会正在为得到一个比管理者实际上愿意支付的更低的价格而谈判。在这个例子中，这个工会实际上试图通过保持工人工资的低水平而使得管理者不会试图与非工会团体接触。第二个例子，一个购买者要求一个房屋订约人设立一个更高的报价，这样的话建筑商就会有动力又好又快地建好房屋。从"位置"这个观点来看，购买者要求一个更高的报价或者工会要求一个更低的工资看起来都是不合理的，然而，从利益的角度看，这些要求非常合理。

4.3.5　明确替代方案

如果对方拒绝接受议程中提出的某些条款，或者以不可接受的方式阐述问题将怎么办？好的准备要求你明确两点：你的替代方案——如果这项协议不能成功达成；你的底价——比如对方给出的最低价格，在这种情况下你仍旧同意签约。

替代方案（比如对这项谈判协议的最佳替代方案）是指谈判者能够达成并且同样能够满足其需求的其他协议。替代方案在竞争型谈判和合作型谈判中都非常重要，因为通过它们，谈判者就可以知道是否还有比现在的谈判结果更好的结果。在任何情况下，你的替代方案越好，你的谈判力就越强，因为你可以中止目前的谈判，而且知道你的需求和利益仍然能够得到满足（参见第 2 章、第 3 章和第 8 章）。在购买房屋的例子中，购买者对房地产市场研究得越透彻，对市场上其他同等房屋的情况了解得越清楚，就越明白自己可以中止目前的谈判并且仍然可以买到满意的房屋。

4.3.6　了解你的局限，包括底价

底价是指你将会立刻停止谈判而不是继续的点，因为任何在这个点之外的解决方案都不是最低的可接受限度（参见第 2 章）。如果你是销售商，你的底价就是你能从买卖中得到的最少报酬，如果你是购买者，你的底价就是你能为这项买卖所做出的最大付出。

作为制订谈判计划的一部分，底价的确定是十分关键的。我们中的大多数人都经历过这样的购买情境，即我们想要的物品没有了，但是我们却被人说服购买更贵的款式。而且，有些抢购局面引发的紧张情绪会不断地提高价格。例如，在拍卖中，如果一个人和另一个人竞相出价，购买者可能会以超过原来计划的价格买下物品。同样，赌徒可能因为没有设定底价而接二连三地输钱，最终输得比他预期的多。明确的底价会有助于防止人们达成今后将感到不明智的交易。

4.3.7　分析以及理解对方的目标、问题和底价

在这一部分前面的内容中，我们讨论了明确目标和目的优先次序的重要性。收集对方的信息同样是谈判准备过程中关键的一步。了解对方的谈判问题、偏好、优先事项、利益、替代方案以及限制因素几乎和明确己方的上述相关问题同样重要。如果谈判者没有机会面会对方人员，就应该设法从对方视角出发来审视谈判，或者通过收集信息来掌握对方的谈判问题、利益和优先事项。谈判者可以在正式谈判前打电话给对方进行交谈，或者是从对方视角出发预测他们的目标。谈判者也可以与了解对方的人或者是曾经与对方近些年谈判过的人进行交谈。这样做的目的是为了了解对方如何进行谈判以及他们可能的需求。通过评估这些结果，并与己方的相关情况进行比较，谈判者就可以开始确定在哪些问题上双方可能出现强烈冲突（双方在同一个问题上都有很高的优先度），哪些问题可以通过简单的折中解决（双方都需要解决同样的问题，但是优先度有所不同），或者哪些问题完全不存在冲突（双方需要解决的问题不同，并且能够很容易地达到目的和满足自己的利益要求）。

为了有效地做好谈判准备，一方需要掌握对方的哪些信息呢？一些关键的背景信息非常重要，它们包括：

- 总体的目标和任务。
- 问题和可能的谈判组合。
- 利益和需求。
- 底价和备选方案。

从理论上讲，在谈判前尽可能多地掌握上述信息极为有用。但是，在实际中，在谈判发生前掌握这些信息是不可能的。如果是这种情况的话，谈判者就应该做好在谈判开

始阶段尽量收集这些方面信息的准备。让我们简单地逐个来讨论这些问题。

1. 对方的目标

正如我们之前指出的那样，理解我们自己的目标是计划一个谈判的第一步。同样，我们应该努力地去理解或者预测对方的目标。同对方讨论他们的目标（或者在谈判桌上或者在谈判开始之前），或者在谈判开始之前收集对方的数据是两种常用的了解对方目标的方法。更重要的是，我们应该试着去了解对方是否与我们有着同样的目标。我们常常假设对方与我们的目标一致，因而我们常常会陷入竞争谁会实现这个目标的局面中。发现对方可能有一个不一样的目标，对于发现不同的目标是否是兼容的可能是首要的和最重要的步骤，如果是兼容的，那么我们就可以找到一个双方都能实现自己目标的解决方案。

2. 对方的议题和谈判组合

通过最初的研究所收集的有关对方的信息越多越好。哪些资料是最重要的取决于谈判的问题以及谈判组合中可能包含的问题。对对方的经营历史或者历史谈判（无论是成功的还是失败的）进行分析，可能会提供一些有益的线索。通过网络搜索、财务报表、公司文件、股票报告、采访、法庭文件以及公开的法律判决等渠道可以获知对方的财务信息。谈判者还可以调查对方的库存情况。有的时候谈判者可以仅仅通过拜访对方，或者与对方的朋友和同事交谈就能够掌握大量的信息。另外一种收集信息的方法是询问曾经与对方打过交道的人。对于对方能够在多大程度上满足和解决自己的问题和需要，以及他们会在谈判桌上提出哪些问题等信息，谈判者了解得越多，就越能够预测谈判会如何进行。

3. 对方的利益和需求

除了要掌握对方的主要议题和资源之外，谈判者还需要了解对方当前的利益和需求（参见第3章）。这些信息可以通过多种途径得到：

- 预先安排与对方会面，对对方在接下来的谈判中希望取得的成果进行广泛的讨论（重点是主要的利益，而不是谈判的议题）。
- 预测对方的利益（假设你处在对方的位置上）。
- 询问了解或者曾经与对方进行过谈判的人。
- 看看对方在媒体上是如何介绍自己的。

议题或者利益的重要性，以及与对方过去的关系，将会影响一方掌握另一方信息的深度。尽管收集信息要付出一定的时间和精力，但是结果通常是值得的，因为有价值的信息常常是通过一个电话或一次拜访就能获得的。

4. 对方的局限性和替代方案

我们同样需要了解对方的局限性和替代方案。他们能够强硬到什么程度？他们所能做出的最大让步是什么？如果谈判不成功，他们会做什么？了解对方的局限性和替代方案很重要，因为这能提供给我们一些信息，让我们知道应该给对方施加多大的"压力"。他们的替代方案如何？如果对方的替代方案很有效而且十分可行，那他在谈判中就会更加自信，把目标定得很高，并且会全力以赴来实现这些目标。相反，如果对方的替代方案软弱无力，那他在谈判中会更加依赖于和你达成满意的协议，并且不太可能表现得很强硬。

切记，在竞争型谈判中，对方不太可能会披露这些信息，并且可能会歪曲他们的局限性和备选方案，以便迫使你与他们达成更有利于他们的交易。在整合式谈判中，谈判双方之间会更加公开坦诚，这会向对方提供更加准确的有关自己局限性和替代方案的信息。

专栏 4-1

调查性谈判

许多谈判者都没能达到他们的目标，因为他们太专注于兜售他们自己的交易，而在了解对方的目标和优先次序上花费太少的精力。

哈佛商学院的迪帕克·马尔霍特拉（Deepak Malhotra）和麦克斯·贝瑟曼（Max Bazerman）认为，谈判者应该花费更多的时间在发掘能够揭示对方利益、探究对方会拒绝我们提议的原因以及扩大能够获得双赢局面的选择的问题上。他们列出了"调查性谈判"方法的五个主要准则：

- 询问对方他为什么想得到这些利益。正如我们在第 3 章中提到的那样，谈判者需要了解对方的利益。问"为什么"是获得了解的一个主要方法。
- 想办法降低对方限制的严重性。帮助他们解决他们的局限性带来的问题，他们会更容易接受你的提议。
- 倾听他们"不合理"的要求，了解他们的潜在利益。如果我们能够了解他们要求的潜在依据和利益，我们也许能够找到方法满足这些利益，同时也实现我们自己的目标和利益。
- 与对手建立共同点。认识对方！虽然你和他可能在谈判的一个关键问题上持有完全不同的观点，但是你可能和同一个人在其他问题上有很多共同点。建立与他人之间的联系能够帮助你更好地理解他们、建立信任，因而能在有关共同利益的问题上更好地达成一致。
- 即使协议有可能达不成一致，请继续你的调查。你可能会"复活"这个协议，或者在将来发现一个新的更好的协议。

资料来源：Deepak K. Malhotra and Max H. Bazerman, "Investigative Negotiation," *Harvard Business Review 89*. no. 7 (2007b), pp. 72 – 76, 78, 148.

4.3.8　确定目标点和初始报价

明确了问题，拟定了初步议程以及向他人进行了适当和必要的咨询之后，谈判者接下来就要确定另外两个关键点：一个是具体的目标点，也就是实际希望达成的解决方案；另一个是初始报价，也就是双方希望达成的最理想交易。

1. 确定目标点

确定目标点的方法有很多。谈判者可以问自己："最令我满意的结果是什么？""令我比较满意的结果是什么？""其他人在这种情况下能取得的结果是什么？"以及"既公平又合理的解决方案是什么？"目标点不像底价和替代方案那样是一成不变的，谈判者可能将目标点设置为一个大概的范围，或者由同样可接受的一些结果构成的一系列目标。

确定目标点时应当牢记的几个原则：

（1）目标点应该是具体的，有难度但是可达成的，并且是可验证的。我们可以从将目标设置作为动机和绩效管理工具的相关研究中借鉴确定目标点的相关方法。首先，目标应该是具体的。如果就薪水问题进行谈判，谈判者应该确定一个具体的数额（如75 000美元）而不是一个宽泛的目标（如多于60 000美元一年）。其次，目标应该是有一定难度但是可以达到的。确定的目标应该能对现状有所改善，同时又在可达到的范围之内。最后，确定的目标点最终是否达到应该是能够被验证的。如果谈判者设置的目标是定量的，例如付款额或者薪水额，那对它进行验证就不是问题。但是，如果谈判者确定的目标是宽泛的（例如，付给我一份我值得的像样的薪水。"像样的"和"我值得的"都是相当主观的目标），当目标达到的时候谈判者和其他人要对此进行验证也会相当困难。

（2）目标点的确定需要积极考虑自己的目标。当谈判在进行中时，谈判者可能将太多注意力集中在对方身上——他们如何表现，他们可能的要求是什么，以及可能与他们达成的交易是什么。如果谈判者将太多注意力放在对方身上而忽视了自己，就可能在如何应对对方而采取的可能的行为的基础上来制定自己的目标。回应战略将会使谈判者感觉到威胁而加强戒备，使谈判计划失去灵活性和创造性（也许会限制他们认为可能达到的目标）。相反，从自己的角度出发主动设置的目标会使谈判者在接受对方提议方面更加灵活，从而取得双方都满意的谈判结果。

（3）目标点的确定常常需要考虑如何整体地解决某些问题和实现某些目标。大多数谈判者拥有谈判目标组合，因此他们必须考虑在各种问题中取得满意结果的最佳方式。为了能够有效地一揽子解决问题，谈判者需要理解问题的定义、问题的优先次序以及谈判组合。谈判者可能像对相互独立的问题那样对这些一揽子解决方案进行定义和评估，并将其分为"初始报价"和"目标"。当一揽子解决方案中存在无形的问题或者存在难以制定具体目标的问题时，对它们进行评估和明确的比较就会比较困难，但是应该努力做到这一点。

（4）目标点的确定需要理解折中和舍弃。对形成一揽子解决方案的讨论引出了另一个可能的问题：如果对方在初始报价中提出的一揽子解决方案将A、B、C作为主要问题，但对D仅仅是提及，在接下来的出价中，他们从未提到D，而问题D正好是你可以很容易做出让步的，此时该怎么办？如果你能在D上做出较大让步，对方是否会愿意以此来换取在A、B、C上获得较少利益？谈判者可能会考虑放弃某些对他来说没有价值的问题以促使达成协议，尽管这个问题对你而言不重要或者没有意义，但它可能对对方十分重要或者很有吸引力。意识到这种让步的实际价值或者可能价值，谈判者就可以在自己几乎或者完全不付出代价的情况下，极大地增加能够给对方提供的报价的价值。我们仍然以房屋买卖为例，卖家可能对停车场的车位仍有8个月的使用权或者拥有社区娱乐设施的使用权。由于卖家为此付出的费用是不可退的，当他离开这里时，这些对他来说将毫无价值，然而买家却可能认为上述使用权十分重要。

为了评估这些一揽子解决方案，谈判者需要对每一个问题在谈判组合中，与其他问题比较而言的价值有所了解，必须在其中设法进行折中或者平衡。如前面提到的一样，最好是能够找到一个通用的尺度，比如美元价值或者效用量化标准，来对谈判组合中的问题进行比较，或者对无形问题进行比较，这样谈判者就能够以通用的尺度来评估组合中的每一个问题。例如，在劳工谈判中，谈判双方通常使用美元价值来衡量问题。更重要的是，如果在一个谈判组合中，无形的问题是关键的部分，谈判者就必须了解在何种程度上他们会愿意为了有形的实质利益而放弃在无形问题上的立场。

2. 确定初始报价

同样，确定初始报价的方法也有很多。初始报价可以是可能取得的最佳结果，也可以是一个理想的解决方案，还可以是优于上一次取得的结果的某个目标。但是，谈判者很容易变得过于自负，将初始报价定得不切实际，从而招致对方的嘲笑、愤怒，甚至不经过还价直接终止谈判。虽然初始报价通常是围绕"可能取得的最佳结果"来确定的，但是也很容易定得过高以至于弄巧成拙，因为在对方或者更实际的观察者看来这样的初始报价太不现实。

专栏 4-2

以高开始还是以低开始

谈判者的一个主要问题是到底是以"高"（比如作为销售商，提供一个更为极端的提议）开始还是以"低"（比如提供一个更为温和的提议）开始。研究者的研究表明，你相信你是处于一场谈判中还是处于一场拍卖中，对于这个问题的回答会大不相同。

在一场谈判中，参与者的数目是确定的。当有人在谈判桌上提供一个数目时，对方将会提供一个相应的数目，在这种情况下，双方相互让步通常会导致协议的达成。在这些情况里，以高开始通常会得到一个更高的谈判结果。相反，在一个拍卖中，参与者的数目是不确定的。在这些情况中，以低开始能够吸引其他的参与者参与到拍卖中。当一个或者更多的参与者参与到拍卖中，他们创造了一种兴奋感，同时会吸引其他团体加入拍卖，一些参与者变得沉浸其中，这样推动了价格的高涨。因此，在一场拍卖中，以低开始往往会导致一个更高的最终方案。

正如研究者指出的那样，这些不同动态的主要贡献因素是"锚定效应"，这是一种强有力的心理反应，当开始的数值效应（在一场谈判或者拍卖或者其他"估计"中）影响着后来的数值效应的引进和判断时，锚定效应就发生了。我们将会在第 6 章更为详细地探讨锚定效应的强大影响。

资料来源：Adam D. Galinsky, Gillian Ku and Thomas Mussweiler, "To Start Low or to Start High? The Case of Auctions versus Negotiations," *Current Directions in Psychological Science 18*, no. 6（2009），pp. 357-61.

4.3.9 分析谈判的社会环境

当人们为自己谈判时，如购买二手自行车或者健身器材，他们可以自行决定谈判组合。但是当人们以谈判为职业时，就可能有多个谈判方。首先，参加谈判的谈判者就可能有两个以上。多方谈判中立场一致的谈判者常常会联合起来以赢得谈判。其次，谈判者拥有委托人、老板、有最终决定权的上司，或者对实现的解决方案进行评估的其他方等。在这儿，可能还有有权审视谈判过程并对此进行评价的观察方。当谈判者有委托人或者观察者时，会带来其他的问题，比如由谁来实施谈判、谁可以参加谈判以及谁对达成的谈判拥有最终批准权等。最后，谈判是在一定的规则下进行的，如社会的法律体系、风俗、通用商业惯例、文化习俗和政治压力等。

一种评估谈判中所有主要方的方法是进行"现场分析"。设想你是一个足球队的队长，正要上场开始比赛（参见图4-3）。分析谈判的人员构成和分析足球场上的球员一样。

（1）我们这边谁应该上场？也许只有一个谈判者（一对一谈判）。但是也许我们需要其他人给予帮助：律师、会计师或者其他专家，需要其他人对我们进行指导，给我们精神支持，仔细听对方说什么，或者需要一个记录员等。

（2）对方有哪些人上场？这个问题将在下一节进行详细的讨论。

（3）谁在边线上并且可以影响比赛的进行？谁相当于谈判中的主人、管理者和战略家？这包括谈判者的直线上司或者批准达成协议的人。更重要的是，这些人直接影响对方如何确定哪些条款是可接受的，哪些是不可接受的。

（4）谁在看台上？谁在观看比赛、对比赛感兴趣，但是仅仅对比赛起间接的影响？这可能包括高级管理人员、股东、竞争者、财务分析人员、媒体或其他人员等。当有多方参与谈判时，无论他们是积极参与谈判的边线人员，还是可能受谈判影响的感兴趣各方，谈判将变得更加复杂。

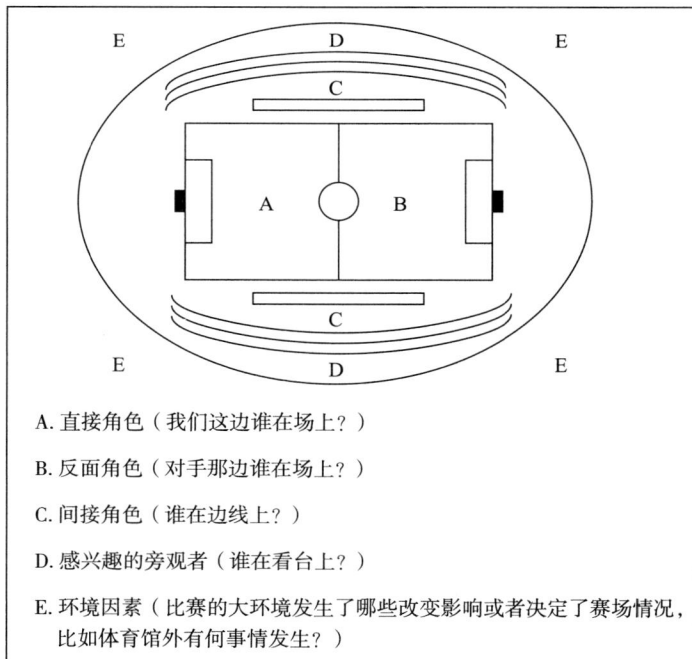

A. 直接角色（我们这边谁在场上？）

B. 反面角色（对手那边谁在场上？）

C. 间接角色（谁在边线上？）

D. 感兴趣的旁观者（谁在看台上？）

E. 环境因素（比赛的大环境发生了哪些改变影响或者决定了赛场情况，比如体育馆外有何事情发生？）

图 4-3　谈判的现场分析

（5）谈判发生在怎样的大环境之下？有许多的"情境"问题会影响谈判。

- 与对方在历史上的关系如何？它对谈判各方的总体期望有何影响（参见第9章）？
- 希望未来与对方的关系是怎样的？这种期望如何影响当前的谈判（参见第9章）？

- 我们希望将来与对方展开多少次谈判，也就是说，谈判将有多少个回合？多回合的谈判会带来先例管理、未来规划议程以及确保当前协议能够得到签署和监督的问题。
- 谈判的时间限制或者截止日期是什么？借用体育比赛作比喻，比赛的时间是有限的，而且被划分为不同的阶段。那么，对谈判有同样的时间限制吗？
- 管理协议的"游戏规则"是什么？有约束和执行合同时的固定规则吗？在协议被达成的规则系统中共同的和可接受的组成部分是什么？为了弥补规则本身的不足，使之能够解决具体的问题和情况，可以就规则结构本身进行协商吗？某一方会单方面对规则施压吗？另外一方能做什么？谈判会发生在跨文化的情况下吗？什么样的"文化规则"和时间将会被运用（参见第 11 章）？最后，是否有这样一个集会的公共场所，在那里，特定的谈判将会发生（一个公共的地方，一个私人的办公室，一个律师的办公室，一个法庭）？当我们无法达成一致时，是否有争论解决机制指导我们究竟应该怎么做？当出现违反规则的情况时，是否有裁判员或者第三方机构能够主持公道或者介入其中？
- 在有关交易的伦理体系中，通行的和可接受的做法是什么（参见第 5 章）？我们如何确定一方是否在"欺骗"？对于什么是公平、什么是不公平是否有明确的判断标准？

考虑这些问题对于谈判过程的进展十分重要。如果一个谈判者有委托人（公司、工会、部门、俱乐部、家庭等），那他在进行谈判时就必须咨询委托人，以确保谈判组合中包含了委托人的利益和优先次序。在前面的房屋购买案例中，我们假定一对夫妻中的一方参与谈判，而另一方不出席谈判。如果参与谈判的一方没有考虑自己配偶对房屋条件的要求，或者是他们的孩子在学年内不转学的期望，那他所达成的谈判协议就很可能遭到抵制。一个代表委托人的谈判者必须对他们的委托人负责，同时在谈判方案中包含委托人的期望，并且在随后的谈判中满足这些期望，或者向委托人解释期望没有得到满足的原因。当谈判者代表的委托人是一个很大的群体时，比如整个公司、工会或者社区，咨询委托人的过程可能会十分精细和详尽。谈判者可能会发现委托人的目标清单是不切实际的或者不可实现的，这就要求谈判者与委托人进行谈判，以确定议程上应该包括哪些目标以及哪些目标是切合实际的。在谈判双方接近达成协议时，对发生了什么的理解也是十分关键的。谈判者是否有权决定达成协议，还是必须先得到委托人的赞同？委托人通过限制谈判者的决定权来实现对谈判的控制，了解这些限制将有助于谈判者与委托人的合作。

4.3.10　向对方提出谈判议题：实质和过程

当你完整地实施了之前的那些步骤，最后一步就是想一想如何执行你的计划。有两点需要考虑：你怎么呈现以及设计这些问题和利益，以及你应该安排信息被呈现的过程。

1. 呈现和设计问题

首先，思考你会怎么样将你的问题呈现给其他谈判者。另外，你需要思考如何为你的问题提供充足的支撑事实和论据，以及如何运用抗辩来预测和拒绝对方的观点。

由于谈判涉及议题的广泛性和多样性，要想规定出收集信息的所有步骤是不可能的。但是，有一些很好的通用方法可以借鉴。谈判者可以通过提出下列问题来引导自己收集信息。

- 有哪些事实依据能够支持我的观点？我怎样才能验证这些信息是符合事实的？
- 为了帮助我理清事实，我可以向谁咨询或者与谁沟通？哪些现有的档案记录、文件或者数据源支持我的论点？我能聘请专家来支持我的论点吗？
- 之前是否有人在同样的条件下就这些议题进行过谈判？我能否咨询这些人，看看他们采用过哪些论点，有哪些论点有效，哪些论点无效？
- 对方可能的观点是什么？对方的利益是什么？对方可能提出的论点是什么？我应该如何对这些论点进行回应，并且寻求能够进一步满足双方利益的更新颖的立场？
- 为了使事实依据更有说服力，我应该如何组织和提出？哪些视觉辅助工具，如图片、图表、图解以及专家证言等有助于或者能够使表述最清晰？

在第 7 章、第 8 章中，我们就如何使用谈判力以及如何组织信息陈述才能达到最大效能，提出了许多建议。

2. 计划过程，设计信息被呈现的环境

谈判者在谈判中需要考虑的问题有很多。

- **我们应该遵守的谈判议程是什么？** 我们在评估社会结构的第七步中曾经简单地提到过这个问题。谈判者可能会直到谈判最初的会面之前才匆忙起草一份不可变动的单方面谈判议题清单。实际上，起草谈判议题清单的过程是非常重要的，因为它迫使谈判者通盘考虑自己的立场和目标。单方面的谈判议题清单构成了初步谈判的议程。它代表着谈判者希望讨论的议题以及讨论这些议题的优先次序（比如，首先谈最重要或者最不重要的议题）。彭德格斯特（Pendergast）在思考建立一个谈判议程上提出了五个主要的建议：

①范围：什么问题应该被考虑？

②顺序：这些问题应该以怎么样的顺序被解决？

③框架：这些问题应该怎么被呈现（参见第 6 章、第 7 章）？

④分组：这些问题是否应该被一次性考虑，或者分为不同的组？

⑤公式化：我们是否首先应该就基本的规则达成一致，或者我们是否应该立刻开始讨论问题？

虽然谈判者可以提出单方面的谈判议程，但是这种做法有潜在的风险。如果谈判者的清单与预先确定的清单或者对方的预设清单不一致，那就意味着谈判者可能会在谈判中提出一些对方毫无准备或者对方认为不切实际的谈判议题。谈判者不希望在毫无准备的情况下讨论对方提出的出人意料或者令人为难的议题。如果出现这种情况，有经验的谈判者常常会要求暂时中止谈判，以便收集信息，为新的议题做好谈判准备，这会给谈判造成意外的延迟。谈判者甚至可能拒绝将新的议题加入议程中，因为他们没有时间为此做准备。如果对方也要对委托人负责，就可能会希望能回顾之前的谈判或者花费时间来评估新的议题。因此，很多职业谈判者，如劳资谈判代表或者外交人员，常常是事先沟通或者办商谈判议程。他们希望在实质性地讨论议题之前就对在谈判议题中要讨论的那些议题达成一致意见。

- **我们应该在哪里进行谈判？** 当谈判者在自己的主场，比如自己的办公室所在的大厦或者城市，进行谈判会感到更舒适。他们熟悉环境，感觉到舒适和放松，并且可以直接利用一切便利条件，如秘书、研究资料、专家建议以及计算机等。在跨文化谈判中（参见第 11 章），语言和文化的差异可能会有一定的影响，谈判双方可能不得不长途跋涉跨越多个时区，暂住在不熟悉的地方，食用不习惯的食物，并且处理其他相似的问题。如果谈判者想要最小化这种主场优势，就必须选择一个双方都没有优势的中立地点。另外，谈判者还可以对环境的正式程度进行选择。正式的谈判一般在会议室或者酒店会议室举行，非正式的谈判可以在餐厅、鸡尾酒会或者私人俱乐部里举行。

- **谈判周期有多长？** 如果谈判者希望谈判过程长一些，或者想拖延谈判，他们也许就会想就谈判时间进行磋商。谈判何时开始？面谈的时间有多久？谈判何时必须结束？何时可以要求暂停谈判休息一下，或者和团队进行商量？

- **如果谈判失败怎么办？** 如果谈判陷入僵局会出现什么情况？我们能重头再开始吗？能否寻求中立的第三方介入？我们可以尝试一些其他的办法吗？

- **如何记录意见已达成一致的内容？** 许多谈判者没有认识到记录已经讨论过并且达成一致的内容的重要性。记录员的工作被认为是单调乏味的。但是，有经验的谈判者了解这项工作是至关重要的。首先，擅长做记录的人常常会成为会议的"备忘录"，因为以后要参考他的记录来确定发表了哪些意见和讨论了哪些问题。其次，擅长做好记录的人可能会自愿起草初始协议，这个人可以在一定程度上自由确定协议的措辞、重点或者非重点。最后，如果协议的技术性非常强或者非常复杂，谈判者肯定希望能由专家和专业人员对协议进行审查，如律师、财务分析人员、会计人员和工程师等。

  在新型谈判关系中，对程序问题的讨论应该在提出主要的实质性问题之前进行。可以将程序问题解决起来的难易程度，当作是检验谈判在实质问题上如何展开的试金石。如果谈判者在解决程序问题上很顺利，那么在实质性问题上的谈判也会更容易达成一致。

- **如果必要，我们是否建立了一个修改协议的机制？** 最后，一旦谈判结束，我们是否有一套现成的程序来对达成的协议进行系统性的评估？我们不可能预测未来遇到的所有情况，也不能在第一时间得到所有的细节情况。所以，评估一是要将达成的协议与原先的计划进行对比；二是要看看在面对这样的对手以及所有机构和程序的制约下，我们是否已经尽了最大的努力。

专栏 4-3

··

重 塑 协 议

谈判专家萨拉库斯（Jeswald Salacuse）指出，重新谈判一般会因为两个原因发生：协议的设计本身就是不完美的，或者协议周围的环境发生了变化。萨拉库斯提供了两方面的解决办法：在谈判破裂之前做什么以及在谈判破裂后做什么。

在谈判破裂前

- 同对方建立关系,这样可以在谈判陷入困境时有所帮助。
- 花时间来建立关系。
- 提供一个重新协议的机制以应对协议失败的情况。
- 当协议失败时,考虑如何让第三方加入。

在谈判破裂后

- 避免消极或者愤怒。
- 决定你想要重新谈判的内容是否会毁掉你同对方的关系,以及是否值得重新谈判。
- 通过重新谈判建立新的价值观。
- 充分预估失败的代价。
- 包含所有的关键参与方。
- 为重新谈判设计一个合适谈判的环境和过程。
- 考虑怎样让调解者或者第三方参与其中来帮助走出困境。

资料来源:Jeswald W. Salacues, "Redoing the Deal," Negotiation Newsletter 8, no. 8.(2005)Boston, MA: Harvard Business School publishing.

● 本章小结

本章我们解决了很多谈判者计划谈判过程应该考虑的问题。计划是谈判中至关重要的一项活动。谈判者因为很多原因,常常会在制订谈判计划的过程中面临失败。有效的计划能使谈判者描绘出能够帮助他们达成协议的路线图。尽管路线图需要根据谈判的进程以及谈判环境的改变而不断地进行改进和更新,但是有路线图的谈判,其有效性要远远高于没有路线图的谈判。

在本章开始,我们介绍了谈判战略的概念,讨论了基于重要问题设立清晰目标的重要性,然后我们展示了一个谈判战略选择的模型。精心准备谈判计划的谈判者将会在以下方面做出努力:

- 理解在即将到来的谈判中必须解决的主要问题。
- 明确为了实现目标必须要解决的关键问题。
- 将所有谈判议题汇总,将它们排序,确定谈判组合。
- 了解和明确在紧急时刻潜藏在问题底下的关键利益。
- 明确替代方案,即当这个交易不成功时,可以另外进行的其他交易。
- 明确局限,包括你的底价。
- 了解谈判对方,以及他们的目标、议题和底价。
- 明确你的目标点(问题的明确目标)以及初始报价。
- 评估谈判发生的社会环境,谁在谈判桌上,谁的利益将会被代表,谁是谈判的观众和评论人。
- 计划你将要向对方呈现和兜售的观点的过程,以及谈判将涉及的人员、事务(代理人,谁将会在谈判桌上或者观察谈判,什么地点、什么时间谈判等)以及参与谈判的过程。

当谈判者认真考虑和评估了上述问题之后,他们就会知道自己的需求,并对如何展开谈判有明确的方向。这些认识以及由此而来的信心是影响谈判结果的非常重要的因素。

第 5 章

谈判中的伦理问题

:: 学习目标

1. 理解通常情况下能够被接受的伦理标准和伦理推理方法。
2. 探索伦理影响谈判过程的决定因素。
3. 考虑不同类型的存在伦理问题的谈判策略以及这些问题是如何被看待的。
4. 领会在谈判中，边缘伦理策略是如何被其他人所接受的，以及如何发觉和应对他人的欺骗策略。

本章我们探讨的问题是，在谈判行为中是否存在或者应该存在公认的伦理标准。近年来，这个问题受到越来越多研究人员的关注。我们的观点是伦理问题是每一场谈判都会出现的基本问题。有效的谈判者必须明了这些问题在什么时候是非常重要的，以及回答这些问题时必须考虑哪些因素。我们接下来会讨论谈判中可能出现的主要伦理问题，人们倾向于如何考虑这些伦理选择，并为做出有根据的伦理决策提供一个框架。

在我们讨论所有这些问题之前，先来看一下一些假设的伦理困境。

5.1 伦理困境实例

请考虑以下情景：

（1）为了给即将到来的海外旅行筹资，你正尝试着把你的立体声音响推销出去。这套音响状况很好，而且有位玩转高级音响的朋友告诉你，如果在市场上购买这些设备（当然他并没有这么做），他会出 500 美元。几天后，第一位潜在顾客来看这套音响，他仔细地观摩并问了一些有关音响状况的问题。你向顾客保证说这套音响的工作状况非常好。当他问及开价多少时，你告诉他已经有人出价 500 美元了。这位顾客最后用 550 美元买走了音响。

你说已经有人出价了，这种说法合乎伦理吗？

（2）你是一位企业家，对竞争对手拥有的一家公司很感兴趣，想要收购它。可是，竞争对手并没有表现出卖掉公司（或者与你的公司合并）的意愿。为了获得竞争对手公司的内情，你雇了一位熟悉的顾问，让他给对手公司的联络人打电话，来询问他们公司是否遇到了严重威胁公司生存的问题。如果对手的公司遇到了这种问题，你也许就有可能利用这些信息来挖走对方的员工或者使对方卖掉公司。

这种做法合乎伦理吗？如果你是这位企业家，你会这样做吗？

（3）你是人力资源部的副总裁，正在为新劳动合同的问题与工会代表谈判。工会拒绝签订新的劳动合同，除非公司把带薪休假从6周增加至7周。管理部门估算每次带薪休假大约会花费220 000美元，并争辩说公司没有能力满足这种要求。而实际上你知道经费不是问题，只是公司认为工会的要求不合理。为了使工会领导撤回他们的要求，你考虑了几种可选方案：a）只是告诉工会公司无力满足他们的要求，不做更多解释；b）备好虚假的财务报表来表明每次带薪休假大约会花掉300 000美元，公司无力承担；c）只要工会放弃要求，公司就会安排费用全由公司承担的佛罗里达"工作"旅行。

这几种策略存在伦理问题吗？哪种策略存在？为什么？

（4）你马上就要从一所名牌大学的MBA项目毕业了，你的专业是管理信息系统（MIS），并且希望能在一家从事网页开发的公司工作。现在你有一台已经用了好几年的个人电脑，而且已经决定卖掉这台电脑，并在了解雇主有什么项目需要你完成后买一台新的。所以你在校园的公告栏里贴出了出售电脑的广告。你已经决定，不会把这台电脑的硬盘崩溃问题和偶尔突然死机的情况告诉潜在买主。

这样做符合伦理吗？如果你是这名学生，也会这么做吗？

（5）你买了一双促销的新鞋，打印出来的收据清楚地写着这双鞋不能退换。但回家后你穿了一天，感觉这双鞋并不合脚。所以你拿着鞋回到店里，销售员指着收据上不能退换的信息，可你并不会为此而中断退鞋的想法。你开始生气地批评说这家店服务质量低，于是店里的其他顾客开始围观。销售员把商店经理叫来，经过争论，经理同意退钱给你。

这样做符合伦理吗？如果你是这位顾客，你会这么做吗？

这些都是假定的情景，但它们呈现出来的问题却是谈判者经常遇到的真实情况。组织内外的人经常会遇到一些重要的决策问题，以决定使用哪种策略来实现主要目的。尤其是在多种影响策略都可使用的情况下。这些决策时常会带来伦理问题。在本章中，我们将通过探讨如下问题来阐述谈判中主要的伦理问题：

- 什么是伦理，以及如何将其应用于谈判中？
- 谈判中可能会出现哪些伦理问题？
- 产生不合乎伦理行为的动机是什么？会产生什么后果？
- 谈判者应当如何应对另一方的欺骗策略？

5.2　"伦理"的含义是什么，以及为何伦理在谈判中非常重要

5.2.1　伦理的定义

伦理是在具体的情景下，被广泛用于评判对与错的社会标准或建立这些标准的过程。它与道德不同，道德是个人评判对与错的信仰。伦理产生于具体的哲学，其主旨是：①定义我们所生活的世界的本质；②界定我们的生活规则。对于这些问题的看法，不同

的哲学其观点也截然不同，实际上也就意味着在特定情境下所做的是与非的评判会不同。实践中伦理问题的"难点"在于理不清不同伦理哲学之间的区别，确定对个人来说更可取的方法，且随时将它们应用于实际问题的解决中。

我们的目标是对不同标准加以区分，以便判断和评价谈判者的行为，尤其是可能涉及伦理问题时。尽管谈判是我们的重点，但是谈判中所涉及的标准可能与用于评判商业活动伦理的标准并无区别。当谈判者可能采取的行动或战略使交易的潜在经济效益与其对其他谈判各方或者更大的团体所肩负的社会责任发生冲突时，他就会面临伦理问题。

许多研究商业伦理问题的学者已经提出了关于解决竞争中伦理标准问题的一些框架（这些框架大都是基于一些早已存在的经典伦理哲学所提出的）。利用这些学者所做的研究，我们提出评价谈判与商业活动中战略和策略的四条标准：

- 基于我所预期的结果来选择行动路线（如投资的最大回报）。
- 根据我对遵守规则和原则的责任来选择行动路线（如遵从法律）。
- 基于我所在的组织或团体的规范、价值观以及战略来选择行动路线（如我们在公司做事情的通常方式）。
- 根据我自己的个人信念（如凭良心该怎么办）来选择行动路线。

以上每种方法都反映了截然不同的伦理推理方法。第一种方法可称为"最终结果伦理"，行动的正确与否是由对最终结果的赞成与反对决定的。第二种方法可以被称为"责任伦理"，行动的正确与否是由个人是否符合原则、遵守法律以及坚持评判对错的社会标准所决定的。第三种方法可称为"社会契约伦理"，行动的正确与否是由某一团体的习惯做法和规范决定的。最后，第四种方法可称为"人格伦理"，行动的正确与否是由个人自己的良心和道德标准决定的。这四种方法的概述参见表5-1。

表 5-1　伦理推理的四种方法

伦理系统	定　义	主要提倡者	中　心　观　点	涉及的主要问题
最终结果伦理	行动的正确与否是由结果决定的	杰里米·本瑟姆（Jeremy Bentham）（1748—1832）约翰·斯图尔特·穆勒（John Stuart Mill）（1806—1873）	• 一个人必须考虑所有可能的结果 • 能够产生越多幸福的行为越正确，产生越多不幸的行为越错误 • 幸福被定义为愉快的呈现和痛苦的消失 • 普遍来说，促进幸福是最终目的 • 实现所有相关者的共同幸福是目标	• 一个人应该如何定义幸福、愉快和效用 • 一个人应该如何衡量幸福、愉快和效用 • 一个人应该如何权衡短期幸福和长久幸福 • 为世界上90%的人带来幸福，为10%的人带来痛苦的行为合乎伦理吗
责任伦理	行动的正确与否取决于服从普遍标准和原则的责任	伊曼纽尔·康德（Immanuel Kant）（1724—1804）	• 人类的行为应该由主要的道德原则和"应尽的义务"所引导 • 个体应该坚持他们的原则，用规则来约束自己 • 最终的美好生活是充满美德的（按原则办事），而不是充满愉悦	• 什么权利会使我们接受具体的规则或者是这些规则的"好处" • 当规则之间相互冲突时，我们应该遵守哪种规则 • 我们应该怎样使普遍性规则适用于具体情境

（续）

伦理系统	定　义	主要提倡者	中 心 观 点	涉及的主要问题
责任伦理	行动的正确与否取决于服从普遍标准和原则的责任	伊曼纽尔·康德（Immanuel Kant）（1724—1804）	• 我们不应该调整道德、法律使之符合我们的行为，而应该调整我们的行为使之符合道德、法律	• 当环境发生改变时，规则是如何随其而改变的 • 当好规则产生坏结果时，怎么办 • 存在那种没有任何异议的规则吗
社会契约伦理	行动的正确与否取决于团体的习惯性做法和规范	让－雅克·卢梭（Jean-Jacques Rousseau）（1712—1778）	• 人们必须在社会和团体环境中生存，并履行职责 • 团体是决定基础规则的"道德体" • 职责和义务使团体与个体彼此相连 • 最终标准取决于对共同好处最有利的事情 • 法律是很重要，但道德决定了法律以及评判是非的标准	• 我们如何确定综合的意愿 • "共同的好处"是什么意思 • 对于挑战现行社会秩序道德的独立思想家，我们应该怎么做（如杰斐逊、甘地和马丁·路德·金） • 是否存在一个国家腐败，但它的人民依然高尚的情况
人格伦理	行动的正确与否取决于个人的良知	马丁·布伯（Martin Buber）（1878—1965）	• 真理存在于人们心中 • 每个人的良知使人性唤醒，并确定是与非 • 个人的决策规则是最终标准 • 用非高尚的手段追求高尚的目标会导致非高尚的结局 • 生活没有绝对的准则 • 个人应当追随其所在的团体，但也要坚持自己的信仰	• 我们应当如何证明伦理，而不是说"似乎感觉这样做是对的" • 当个体之间的观点不一致时，我们应当如何对什么是符合伦理的达成共识 • 对于一个只提倡个人观点的团队，我们应当如何获得凝聚力并达成一致 • 组织应当如何确保伦理上的一致性

资料来源：William Hitt, *Ethics and Leadership*：*Putting Theory into Practice* （Columbus, OH：Battelle Press, 1990）.

5.2.2　伦理推理在谈判中的应用

上述四种方法都可以用来分析本章开始时示例的五种假设情境。比如，在买卖音响的第一种情境中，向潜在买主谎称已经有人想要购买此音响。

- 如果你相信最终结果伦理，那么你有可能会为了获得最好的结果而用尽一切必要手段（包括向对方谎称还有人想购买此音响）。
- 如果你相信责任伦理，那么你有可能会把从不采用欺骗手段当作自己的责任，并且也不会使用当场说谎的策略。
- 如果你相信社会契约伦理，那么你所在的团体对合适行为的看法就会成为你策略选择的基础；如果其他人在类似的情境下说谎欺骗，那么你也同样会说谎。

- 如果你相信人格伦理，那么你的良知将会对你使用欺骗或者不诚实策略来为即将到来的旅行获取资金是否正当做一个判断。

这个例子表明，在有关伦理判断的情境中，你所偏好的伦理推理方法会影响你的伦理判断，以及影响你随后做出的行为。

5.2.3　伦理、审慎、可行与合法

在讨论商业伦理时经常会产生这样的困惑：什么是符合伦理的（基于某些道德标准认为是合适的），什么是审慎的（谨慎，是基于理解了策略效用以及与对方关系的重要性而做出的），什么是可行的（在特定情境下谈判者能够实际做到的），以及什么是合法的（法律认为能够被接受的做法）。我们在前几章中已经根据审慎和可行标准评价了谈判的战略和策略，本章重点则是用伦理标准来评价谈判的战略和策略。

图 5-1 所呈现的是理解和分析伦理困境的一种有效方法。图中展现的是一个道德问题分析过程模型。在我们考虑解决方案之前，第一步就要对其所面临的道德问题进行全面理解。如图 5-1 左栏所示，这就意味着要掌握各方的多种主观标准（规范、信仰、价值观等），并识别混杂在特定情境中的潜在危害、利益和权利。问题完全明确以后，经过图中右栏所示的三种分析过程模式，就可以形成令人信服的解决方案了：①确定潜在行动可能带来的经济后果；②考虑在此谈判情境中所涉及的法律要求；③在有关"正确""合理"和"公平"的问题上，应该评估对其他各方所应承担的伦理责任。其中最后一种分析过程——伦理推理——是指之前提到的基础伦理框架（见表 5-1）。

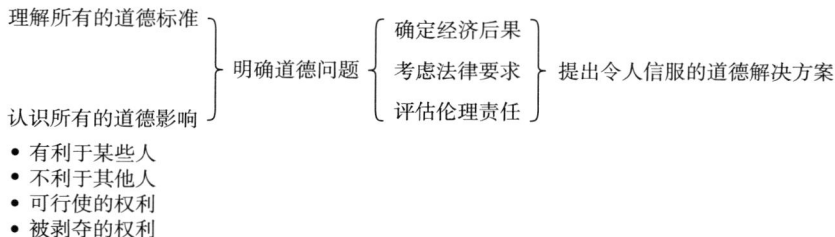

图 5-1　解决道德问题的分析过程

资料来源：La Rue T. Hosmer, *The Ethics of Management*, 4th ed. （New York：McGraw-Hill/Irwin, 2003）.

5.3　谈判中会出现何种伦理行为问题

为何有些谈判者会选择使用一些可能不合伦理的策略呢？许多人所能想到的第一种答案是：这些谈判者腐败、堕落或者不道德。但是这个答案太过于简单了。从归因心理学的著作中（将在第 6 章详细讨论），我们了解到人们倾向于把别人丑恶的行为归因于其人格或者个性，而把自己的行为归因于社会环境。因此，谈判者可能会把使用存在伦理问题策略的对手当作是毫无原则、利欲熏天，或者为了其想要的结果而不择手段的人。相反，当你解释自己作为谈判者为何也采用同种策略时，则倾向于说自己是讲原则的人，

但这次没有坚持原则是有许多理由的，而且这种做法仅此一次。

本节我们所讨论的是能带来伦理问题的谈判策略。首先讨论的是"边缘伦理"策略的含义，并把谈判者的伦理问题与基本的实事求是问题联系起来，然后再介绍一下如何区分这些策略，以及人们对使用这些策略所持态度方面取得的研究成果。随后我们还将区分主动欺骗和被动欺骗，即无意欺骗和有意欺骗。最后结尾时，我们会介绍一种模型，用以描述谈判者使用这种策略时的决策过程。

5.3.1　边缘伦理策略：这些都是有关真理的

现在我们来讨论一下何种策略是伦理上模糊的策略，以及利用它们如何能取得暂时的战略优势。我们所使用的"边缘伦理"这个词是经过详细考虑的，字典中定义"边缘"为"不止一种解释，含糊或不确定"。我们感兴趣的策略是指那些经过个体的伦理推理过程后，发现有可能恰当也有可能不恰当的策略。

谈判中所涉及的大多数伦理问题都是与实事求是的标准相关的，即谈判者的诚实、坦率和公开程度应当达到什么水平。在这里我们更多关注的是谈判者所说的（沟通内容）或者是他们说自己将会做的事情（他们是如何说的），而不是他们实际做的（尽管谈判者可能做出不符合伦理的行为）。有些谈判者可能会欺骗（违反正式或非正式的规则，如谎称有关最后期限或程序的规则不适用于他们）或者盗窃（如闯入对方或竞争对手的数据库或总部来获取秘密文件和简要备忘录），但是对谈判者伦理给予最多关注的还是说谎行为。

大多数谈判者可能会很重视自己在诚实方面的声誉，然而诚实的含义是什么呢？表面来看答案非常简单明了，但实际上却不是很明确。首先，一个人对真实性的定义是什么？是遵守了一套明确的规则，还是遵从组织团体中的社会契约，还是凭良心来做事？其次，人们应该如何界定与真实之间的偏差？无论与真实之间的偏差多小，也都算是谎话吗？最后，给这些问题添加一个相对维度，即一个人应该时时刻刻都讲真话吗，或者有时候不讲真话也是可以接受的（甚至是必需的）行为？这些问题对于那些想要确定什么能说、什么不能说，并且还要保证行为符合伦理的谈判者（古老时代的哲学家）来说，都是应该考虑的主要问题。

商业杂志刊登的许多文章都是关于商业欺骗方面的伦理问题。比如，一位叫卡尔的商人40年前在《哈佛商业评论》上发表了一篇有争议的文章，题目是"商业欺骗符合伦理吗"，他指出商业策略与扑克牌游戏中的策略很类似。文章声称，在玩扑克的过程中只要没有采用直接的欺骗手段（比如在扑克牌上做标记或把"A"藏在袖子里）就可以，商人应该和玩扑克牌一样地做生意。扑克牌玩得好的人，经常要隐藏信息和虚张声势（以使对方相信你手中有牌，尽管实际上你并没有），在许多商业交易中也需要如此。有时候，很多经理人会发现，当自己迫于实现个人或者公司的利益，与客户、供应商、工会、政府官员以及其他重要经理人打交道时，就得采取一些欺骗性的做法。通过有意识地错误陈述、隐瞒相关事实或者虚张声势来说服对方同意自己的看法。卡尔称，如果经理人拒绝偶尔的虚张声势——他感觉自己有责任说真话，并且是说出全部实情，一直都没有假话——那么他可能会错过在商业规则下的许多机会，并且可能在商业交易中完全处于下风。

卡尔主张，对个体和公司而言，为了实现自身利益最大化，虚张声势、夸大其词、隐藏或者操纵信息都是可采用的合法手段。采用这种手段既有有利的一面，也有不利的一面。在与公司的重要员工进行合同谈判时，经理人可能以资金不足为借口而为公司节约了大量资金。然而，这种成本削减手段可能会导致经理人在公司产品的安全性和质量方面管理失利，最终将造成严重的长期后果。正如你所想的，卡尔的观点在《哈佛商业评论》的读者中引发了争议。许多评论家批评了卡尔的观点，并指出应该用更高的伦理行为标准来要求个体商人和公司。

关于谈判中实事求是的伦理标准问题一直存在着争论。我们讨论依赖性（参见第 1 章）时指出，谈判是基于信息依赖性的，即有关谈判双方的真实偏好以及优先事项等信息的交流。想要达成清晰、准确、有效的谈判协议取决于各方是否愿意分享有关自身的偏好、优先事项以及利益的准确信息。同时，由于谈判者也可能对实现自身利益最大化感兴趣，所以他们希望尽可能地少披露有关自己立场的信息——尤其当他们认为操纵了向对方泄漏的信息后就能获得更好的结果时（参见第 2 章）。然而，这样会令谈判陷入信任困境和诚实困境两个最基本的困境。信任困境是指谈判者完全相信对方所说的话，会被对方的不诚实行为所操纵。诚实困境是指谈判者把自己的需要和局限如实告诉对方，但最后的谈判结果却只能达到底线要求，决不会比这更好。想要维持谈判关系就得在对一切开诚布公和对一切隐瞒欺诈之间选择一条中庸之路。

对于商业欺骗问题，我们需要指出的最后一点是，除了伦理以外，还有法律方面的要求。谈判中的欺骗行为可能会上升为在法律中的欺诈。关于这方面的法律（就像其他大多数方面的法律一样）非常复杂，而且一般也难以定罪。关于谈判中的说谎行为是否合法参见专栏 5-1。

专栏 5-1

说谎在什么时候是合法的

尽管涉及谈判中的伦理问题时，焦点总是放在欺骗手段所带来的道德问题上，但有效的谈判者也应该熟悉有关这方面的法律问题。理查德·谢尔（Richard Shell）是一位律师兼谈判学教授，他在文章"谈判中说谎在什么时候是合法的"中对美国法律表达了自己的见解。

首先谢尔提出了"习惯法"中对诈骗罪所做的定义："对于受害方所必须依赖的重要事实给予有意误传，且与受害方损失存在因果关系。"

对以上定义中的关键词进行分析，可以使我们对谈判中有关说谎的问题有一个清晰的认识。

误传：对某事情进行虚假的陈述。

有意误传：谢尔认为，当你知道自己所言虚假却仍要这样说时就是有意误传。难道这就意味着你能够通过避免接触事实来回避责任吗？谢尔的回答是不可以——法院将把这视为不顾后果的漠视事实。

事实：理论上讲，如果被误传的事情要构成违法，它一般得是客观事实。但谢尔指出，在实际中，错误地呈现一种看法或者意图并且构成了事实误传，那么也会令人陷入困境——尤其是当你明知是谎言却仍然做出陈述或者承诺时。

重要事实：并不是所有的"事实"都很客观或者很重要。谢尔认为依据美国的法律实践标准，需要和底线这两项对交易来说并不被认为是重要的，因此就这两项内容所做的虚张声势不能被起诉为诈骗罪。然而谢尔也告诫说，以备选报价或已有其他买主或已有其他人出价为内容进行欺骗说谎则可能会给你带来麻烦。对于这些信息是否永远都很重要并不明确，这将留给陪审团来决定能否构成诈骗罪。

因果关系：虚假陈述要想在法律上被认定是欺骗，那么受骗方必须证明自己有赖于这些信息，并因此而受到了伤害。

这是否就意味着不合法的诈骗行为必须包含明确的虚假陈述呢？沉默能让你免去法律责任吗？谢尔对此问题的回答是否定的：有些情况下，法律会要求你必须分享真实的信息。比如，在这些情境中你有义务揭示真实的信息：

- 当披露部分信息会引起误导时。
- 当各方之间是信托关系时。
- 当不披露信息的一方拥有"至关重要"的"高级信息"时。
- 当涉及某些特殊交易时，比如保险合同。

资料来源：G. Richard Shell，"When Is It Legal to Lie in Negotiations" *Sloan Management Review 32*，no. 3 (1991)，pp. 93 – 101.

5.3.2　辨别边缘伦理策略及对其使用者的态度

1. 有哪些边缘伦理策略

欺骗和伪装在谈判中可能会呈现出多种形式。20 多年以来，研究人员持续努力地寻找这些策略的本质及基本结构。他们广泛探索了谈判中边缘伦理策略的本质和概念结构。所采用的研究方法通常是让学生和管理人员根据许多指标对一系列策略进行评定，这些指标包括策略的恰当性、评定者使用这种策略的可能性以及使用这种策略的效用。研究人员分析这些调查问卷的结果后，发现这些策略可以被分为六类。这些分类的详情参见表 5-2。非常有趣的是，这六种分类中的两类策略——情绪操纵和传统的竞争型谈判——被认为是基本恰当的和可能被使用的。因此，这两种策略尽管略微不恰当，但在成功的分配式谈判中则被看作是恰当和有效的。其他四类策略——误传、虚张声势、向对方的关系网误传信息以及收集不正当的信息——则被视为谈判中不恰当和不合伦理的行为。记住，这些关于伦理的判断都是非常主观的，而且有非常多的变量影响着判断：在任何给定的策略下，有些人认为它们的运用在伦理上是错误的，其他人则认为它们并不涉及伦理问题。

表 5-2　谈判中边缘伦理策略的分类

分　类	示　例
传统的竞争型谈判	不揭露你的底价，给出一个夸大的初始报价
情绪操纵	假装生气、害怕和失望，假装得意、满意
误传	在向对方描述时扭曲信息或谈判事件

（续）

分　类	示　例
向对方的关系网误传信息	在对方的同僚中破坏其声誉
收集不正当的信息	行贿、渗透、间谍等手段
虚张声势	虚假的威胁或承诺

资料来源：Robert J. Robinson, Roy J. Lewicki, and Eileen M. Donahue, "Extending and Testing a Five Factor Model of Ethical and Unethical Bargaining Tactics: The SINS Scale," *Journal of Organizational Behavior 21*（2000），pp. 649 – 64；and Ingrid S. Fulmer, Bruce Barry, and D. Adam Long, "Lying and Smiling: Informational and Emotional Deception in Negotiation", *Journal of Business Ethics 88*（2009），pp. 691 – 709.

2. 使用边缘伦理策略正确吗

研究表明，谈判中存在一些被默认的游戏规则。在这些规则中少数的虚假行为——如向对方误传自己的真实立场、虚张声势和情绪操纵——可能在伦理上被一些谈判者认为是可以接受和符合规则的（但也有谈判者不这么认为）。相反，直接的欺骗和弄虚作假则通常被认为是不符合规则的。然而，我们必须就这些结论告诫大家：首先，这些结论是在庞大群体（大部分是商科学生）评价的基础上得出的，因此他们不可能预测到某一特定谈判者对这些策略是如何看待和使用的，或者经历过的人会如何评价这些策略（我们将会在本章的后面部分讨论"受害方"的反应）。其次，这些观察结果基本上是根据人们嘴上说将如何做而得出的，并不是根据他们的实际行动得出的。当谈判各方在真实的环境中做出决策时，其感知和反应与在调查问卷中对这些策略做出评价时可能完全不同。再次，我们对边缘伦理策略进行研究（就像这本书的作者们一样）以及对研究成果做出报告，并不意味着我们的本意是认可任何边缘伦理策略的。相反，我们的目标是准确聚焦谈判者对此问题的争论，试图分析何时使用这些策略是恰当的。最后，我们承认这是西方的观点，即由个人决定哪些策略在伦理上是能被接受的。有些文化中（如亚洲文化），伦理问题是由群体和组织来确定的。而在另一些文化中（如某些存在新兴自由市场的国家），伦理对谈判交易的限制可能已经达到最低或者难以清晰划分了，并且一直都是"请购买者提高警惕"。

5.3.3　蓄意隐瞒和蓄意欺骗

欺骗策略的使用既可以是主动欺骗，也可以是被动欺骗。为了说明这个问题，我们来研究一下谈判者们在共同价值上——双方都想寻求取得同样的结果——误传自身利益倾向性的问题。谈判者使用欺骗手段来使对方错误理解自己的真正需要，然后（勉强地）接受对方的要求，然而实际上这正符合自己的需要。这样做就使谈判的结果看起来好像是我方做出了退让，从而能令对方也做出让步作为回报。总的来说，28% 的研究主体为了努力从对方那里获得让步而误传了共同价值。研究人员发现，谈判者采用了两种欺骗手段来误传共同价值：蓄意隐瞒（对于有利于对方的信息不进行披露）和蓄意欺骗（确实在共同价值问题上说谎）。

在其他一些研究中，学生们参加了一个有关买卖变速器有缺陷汽车的角色扮演游戏。

学生们可以蓄意隐瞒，即不提及变速器的缺陷，也可以蓄意欺骗，即在对方问及时否认变速器存在缺陷。愿意蓄意隐瞒（不揭露全部的实情）的学生远比愿意蓄意欺骗（当被问及时不说出实情）的学生多。这一发现对人的本性做出了重要的洞悉：许多人愿意在另一方首先引出该话题的情况下将错误陈述进行下去，而不会自己主动去做一个错误陈述。以上研究更加明确地强调了"一经出售概不负责（让顾客警惕）"的商业行规，并表明在接受别人的推销时，是否能对商品情况提出合适问题和对商品表示怀疑都取决于买者。

5.3.4　运用边缘伦理策略的决策模型

在这部分中，我们将用一种相对简单的、有助于解释谈判者如何决定是否采用一种或多种欺骗策略（参见图5-2）的模型来结束本节内容。这个模型将把谈判者置于一个必须决定采用哪种策略来影响对方的情境中。个体首先得确定一些在给定情境下可能有效的策略，这些策略可能是欺骗性的、不适当的或者边缘伦理策略。一旦策略得到了采用，谈判者就会用三条标准来对其效果进行评估：①策略是否有效（能产生想要的结果）；②采用该策略以后，谈判者对自身的感觉如何；③该谈判者将会被对方或中立者如何评论。经过这三条标准的评估后，其结论无论是积极的还是消极的，都可能使谈判者对策略的采用做出解释和说明，而且最终也会影响谈判者在今后的决策中采用同类策略。

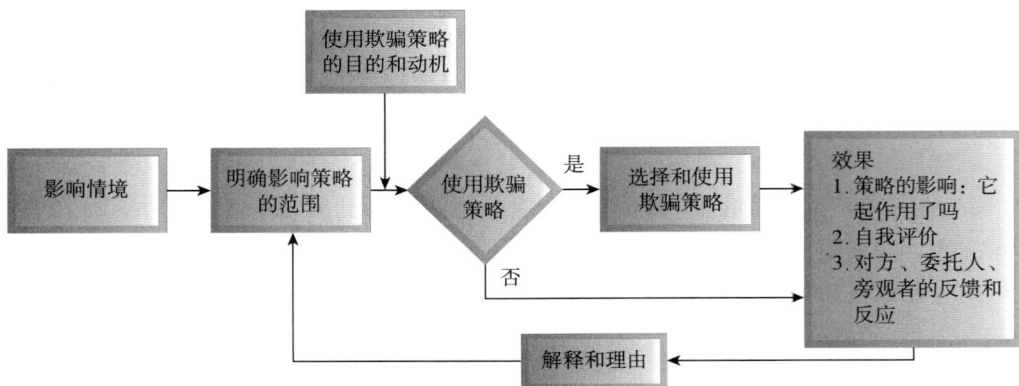

图 5-2　一种简单的谈判欺骗策略模型

5.4　为何要使用欺骗策略：动机和效果

在前面的内容中，我们讨论了伦理的本质以及在谈判中可能被当作是处于伦理边缘的策略。现在我们将转而讨论为何这些策略这么诱人以及如果被它们诱惑后会产生何种后果。下面我们首先从动机着手，讨论欺骗策略的效果。

5.4.1　谈判力动机

在谈判中，使用边缘伦理策略的目的是为了增强谈判者的谈判力。而信息又是谈判力的主要来源。信息具有魔力，因为谈判是一种充满信息交换和有说服力地运用信息的理性过程。通常情况下，谁拥有更有利的信息或者谁能够更好地运用信息，那么谁就能在谈判中居于"获胜"的地位。

当然，这种观点的前提是信息是准确和真实的。但如果做相反假设的话，即信息不是真实的，那么就会对我们日常生活中社会交往的基础，以及信息提供者的诚实与正直提出质疑。当然，如果向对方公开提出这种问题，也许就是对对方的无礼，同时也降低了我们对对方的潜在信任感。更进一步地说，调查别人的诚信情况是一件既耗时又费力的事。因此，任何不准确、不真实的陈述（比如谎言）被引入社会交换后，都会使信息变得有利于虚假信息的提供者。通过之前我们对一些策略的描述——虚张声势、弄虚作假、误传、欺骗和选择性地披露信息——可以看出说谎的人获得了优势。实际上，事实已经表明在谈判者认为对方没有掌握足够信息或者对局势不了解的情形下，尤其是在谈判结果胜败攸关时，个体更愿意使用欺骗策略。

如果欺骗是获得权利的一种方式，那就意味着处于劣势地位的谈判者更有可能会受到欺骗。在一个有关为获得一个满意的进步而与同事竞赛的试验中，研究人员将一个人嫉妒其他处于更有利地位的人的程度分了不同的等级，并且测量了在随后的谈判中，经历了嫉妒的人会使用欺骗策略的可能性。他们发现，嫉妒通过增加欺骗行为的心理收益和降低心理成本促进了欺骗行为的发生。这个发现的一个启示是，在之前的谈判中取得成功可能是一把双刃剑。我们通常认为之前在谈判上的成功会使得在之后与同样的对手谈判时处于优势地位，然而，如果过去的成功促使了嫉妒的产生，那么可能会使得对方在之后的谈判中采用欺骗策略，从而带来一个不好的后果。

5.4.2　行为不合乎伦理的其他动机

谈判者的动机能够明显影响其采用欺骗策略的倾向。也许，最简单的动机假设是最有帮助的那个：谈判者在有其他方法能够达成他们目标的时候，会更倾向于用欺骗来达到目标，以及避免变得有欺骗性。探究这种观点的研究为这种预言找到了支持证据，但是仍然有研究表明，许多谈判者都在使用欺骗上很犹豫，即使他们经受少量的风险和代价就能获得财务利益。研究者总结，显然，欺骗的不合乎伦理的本质限制了一些交易者运用它。

除了追求目标的实现，谈判者希望避免自己被对手利用，他们可能会用欺骗来减少风险。一项研究表明，考虑到利用会引发欺骗，特别是当双方缺乏相互信任时（我们这里谈论的信任更像是一种感觉——觉得对方很友好或者是一个可爱的人），为了得到准确的信息而不是欺骗，谈判者需要传递一种他们将会保守承诺的形象。

个体的"动机取向"——无论谈判者的动机是促进其合作、竞争还是个人主义——会影响他在谈判中所追求的战略和策略。在一项研究中，研究者根据情境来控制谈判者的动机取向，使他们以竞争或者合作的态度来对待对方。竞争型的谈判者——那些只是追求自身利益最大化，而不顾给对方带来的后果的人——更有可能采用误传的策略。文化差异也会在动机的影响中体现出来：有证据表明，为了获取个人的利益，高个人主义文化环境（美国）中的个体比高集体主义文化环境（以色列）中的个体更有可能采取欺骗策略（我们将会在本章随后的部分讨论更多文化和谈判者伦理之间的关系）。

但是，动机的影响可能会更复杂。在一项有关策略的研究中，谈判者们被问及他们使用边缘伦理策略的倾向性时，不同版本的调查问卷都清楚地告诉应答者，假设一方的动机取向是竞争型的或者合作型的，那么另一方的动机取向也将是竞争型的或者合作型的。研究者们预测，竞争型的动机将会在很大程度上引起边缘伦理策略的使用。然而结果表明，谈判者自身动机取向的差异——合作型的而不是竞争型的——不会影响他们对使用边缘伦理策略合理性的认识，而谈判者对对方动机的预期却会产生这种差异。换句话说，如果谈判者预期另一方是竞争的而不是合作的，他们更有可能把边缘伦理策略视为是合理的。这个发现表明，谈判者可能会把应付对方的预期行为当作合理化其使用边缘伦理策略的理由，就不用承担自己由于采取竞争型态度而使用这些策略所应承担的责任。一个可能的损失是，如果其他人意识到而且不认同你的有问题的策略，那么你的名誉将会受到损害。

5.4.3　行为不合乎伦理的后果

谈判者采用不道德策略后产生的结果是积极的还是消极的，是由三方面因素决定的：①策略是否有效；②其他人，如委托人和旁观者如何评价该策略；③谈判者自己如何评价该策略。下面我们就对这三方面因素逐一进行讨论。

1. 有效性

如果"效率"意味着经济利益的产出量，那么在一个特定环境下，就会有一个对效率的很明显的指向。比如，错误代表一个参与方在某个问题上的利益，在这个问题上双方同样重视，就会引起产生更有利结果的妥协。当谈判者集中精力于个人利益而不是寻求共同利益的时候，这种情况就很可能发生。

让我们接下来从该策略是否成功的角度来考虑其后果。很明显的是，一种策略的有效性可能会对今后是否运用这种策略有影响（本质上讲，是一种简单的学习和强化过程）。如果采用某种策略能使谈判者得到好的结果，而这种好的结果又是符合伦理的策略所无法得到的，以及如果不符合伦理的行为没有得到别人的惩罚的话，那么谈判者就可能会增加使用不道德行为的频率，因为他认为自己可以逃脱惩罚。因此，采用该策略后产生的真正结果——使用或者不使用这种策略后得到的奖励和惩罚——不仅会对谈判者的当前行为产生影响，而且会影响他将来在类似情况下使用类似策略的倾向性（目前，我们先忽略这些策略对谈判者声誉和可信度的影响。然而遗憾的是，大多数采用欺骗手段的谈判者也在短期内忽略了这种影响）。

这些倾向还没有在谈判情境中得到验证，但是已经在其他有关伦理决策的研究中得到了广泛检验。比如，当研究参与者们参加模拟回扣试验时，如果他们预期做出不伦理的决策可以获得酬劳，那么他们不仅会参加该试验，而且也表示如果将来还有机会的话仍然愿意参加。此外，当对被试们施加压力，使他们之间相互竞争时——比如，宣读每个人的任务完成情况并给得分最高者颁发奖品——不符合伦理行为的出现频率会进一步增加。

2. 他人的反应

评论不合乎伦理的策略所带来后果的第二个方面是策略应用对象、委托人或旁观者对此的看法。这里我们所谓的其他人是指那些能够观察和在意策略的人，例如一个谈判团队的成员，与谈判者代表的利益相关的一群个体（选民）或者旁观者。谈判者根据这些人对该策略是否认可，以及是否认为该策略是恰当的，可以获取大量的反馈。如果策略应用对象没有意识到对方对其使用了欺骗策略，那么除了因为输掉谈判而沮丧外，可能不会有其他反应。然而，如果策略应用对象发觉自己被欺骗，则其反应可能会很强烈。

当人们发现自己被骗或者被人利用时，通常都会格外愤怒。他们除了输掉谈判外，可能还会因为被对方操纵或欺骗而感到自己很愚蠢。受骗者不可能再信任这个行为不合乎伦理的谈判者了，而且还有可能会在将来的交易中进行报复，并把自己的谈判经历告知他人。

一项研究表明，在以下情况下消极后果会非常明显地表现出来：当受害者与实施欺骗策略的人关系密切或者涉及的信息非常重要，或者说谎对于他们之间的关系来讲是一种无法接受的行为时，受害者就会反应强烈（例如，当强烈期望对方实事求是，而对方却没有这么做时）。大量的案例发现，谎言的存在是导致双方关系破裂的原因，而且在多数案例中，都是由受害者提出终止关系的。策略的欺骗性越严重、越针对个人、对彼此之间的关系越重要，那么对双方之间关系的破坏性就越大。同时也有证据表明，采取欺骗手段的个体会被人们认为不是诚实的人，而且将来也不愿意再与之交往。在这里我们强调一下，一个人的名誉受到损坏后是难以修复的。一项研究表明，只要在不可靠的行为中不包含欺骗，那么它对一个人可信度的影响就可以通过以后的诚实行为来弥补。但如果关系的破裂是由欺骗引起的，那么想要通过道歉行为来修复可信度是没有用的。

最近的研究发现了一个憎恨骗子的倾向的例外：当一个团队撒谎了，而且权利很小，受欺骗的那方就会觉得这个谎言是可以理解的。这并不意味着当撒谎者相对弱势的时候，欺骗在伦理上就更具有可欺骗性，这只是意味着如果或者当欺骗被揭露时，被欺骗的那个人可能会更加容易宽容。把这个小小的例外放在一边，使用欺骗会增加未来接触的风险。尽管不合乎伦理的策略可能使谈判者取得短期成功，但也可能给自己树立一个不可信的，甚至是伺机报复的对手。

3. 自身的反应

在某些条件下，如当对方真正遭受损失时，谈判者可能会有一些不安、压力、内疚或者懊悔的感觉。这就会导致谈判者寻求方法来减轻精神上的不适感。在一项模拟商业谈判的研究中，向对方说谎的个体随后会做出更大的让步作为补偿。在研究参与者中，把自己评价为高"道德特性"（如诚实、公平、仁慈），以及声称自己是"在商业交易中以公平和诚实为荣"的个体，对先前说谎所做的补偿会特别普遍。

当然，认为使用欺骗策略没什么大不了的人，以后可能还会继续使用这类策略，甚至会考虑如何使这种策略更有效。一方面，尽管使用存在伦理问题的策略可能会对谈判者的声誉和诚信产生严重影响，但是短期内似乎很少有谈判者会考虑这些影响。另一方面，特别是当这种策略起作用时，谈判者可能会为这种策略的合理性和正当性寻找借口。

下面我们来讨论他们是怎样解释其合理性和证明其正当性的。

5.4.4　解释和证明

当谈判者采用边缘伦理策略时——正如我们之前描述的——他必须做好向自己（例如，"我认为我很正直，然而我已经决定要做出一些事情了，尽管这些事情可能会被认为不合伦理"）、向受害方、向对此表示关心的委托人和旁观者做出解释的准备。这些解释和证明的主要目的是使这些行为看起来合理，为这些行为找借口——描述一些好的方面，为采用这种策略的必要性找到合适的理由。以下列出了一些示例：

- 采用这种策略是不可避免的。谈判者经常声称当时的情境迫使他们不得不这么做，以此来合理化自己的行为。谈判者可能感觉自己不能完全控制自己的行为，或者没有其他选择了，因此自己不应该承担责任。或许谈判者不想伤害任何人，但采用这种策略是迫于某人的压力。

- 采用这种策略并无害处。谈判者可能会说他所做的事情是琐碎的小事，并不重要。人们一直都在讲一些善意的谎言。比如，你可能会问候你的邻居说："早上好，很高兴见到你"，而实际上那并不是一个美好的早晨，你的情绪很糟糕，也不想遇到你的邻居，因为他的狗整晚都在狂吠，令人愤怒。夸大事实、虚张声势或者偷看对方的私人秘密，这些在谈判中都可以被轻易地解释为无害行为。然而值得注意的是，这种理由是从实施策略的人的角度来解释其危害的，受害方可能并不这样认为，他可能受到了严重伤害或者付出了代价。

- 采用这种策略有助于避免消极的后果。在这种情况下，辩护理由是采用这种策略可以避免更大的伤害。当谈判者以这种理由为自己辩护时，实际上是在争辩说，为了达到目的可以不择手段。你为了避免被抢劫，向武装劫匪编造藏钱地点是可以的。同样，谈判者也可以认为说谎（或者其他不择手段的策略）是正当的，如果讲真话不能使他们达到更理想的结果。

- 这种策略会产生好的结果，或者采用这种策略并不是受私心驱使的。这种理由依然是为了达到目的可以不择手段，但这是从积极方面来说的。按照功利主义原则来行事的谈判者是以结果来评判策略是否正当的——行为的好坏是由其结果决定的。功利主义者可能会辩护道，某种谎言或策略是正当的——不择手段是恰当的，因为它能使人获得更大的利益。比如，在罗宾汉（Robin Hood）策略中，某些人会去抢劫富人来让穷人过得更好。在现实中，大多数谈判者使用欺骗策略都不是为了其他多数人的利益，而是为了自身利益。

- "他们自找的"，或者"他们活该"，或者"我只是得到了我该得到的东西"。这种为采用说谎和欺骗策略进行辩护的理由，或者是为了报复曾经欺骗过自己的人，或者是反对权力的（如"权力系统"）普遍来源。许多年以来，美国的民意调查都显示了诚信沦陷问题——人们越来越把以多种方法利用诚信系统看作是恰当的，包括偷税漏税、小偷小摸、超市偷盗、非道德性地宣布破产、新闻炒作以及虚假广告。正如一个美国撰写诚信沦陷的作者指出的，我们大部分人都在撒谎，在一个定期的基础上撒谎。

- "他们无论如何也会这么做的，所以我先下手了。"有时候谈判者采用某种策略是因为他们预期对方也倾向于使用类似的策略。有研究表明，当谈判对手具有不道德的名声时，人们最愿意使用欺骗策略。还有一项研究把人们愿意采用欺骗策略的倾向性与他们对对方的诚实判断联系起来。个体越倾向于采用误传信息的策略，也就越相信对方也会误传信息。因此，个体自己误传信息的倾向性使他产生了自我实现的逻辑，即谈判者认为自己必须要误传信息，因为对方也很有可能会这么做。同时，在这项研究中，谈判者往往把自己评价为比对方更符合伦理的人，这就表明人们倾向于从积极的方面来理解自己，却从消极的方面揣测对方和对方的可能行为。

- "是他先这么做的。"这种说法是上一条理由的变异。在这种情况下，采用欺骗策略的理由是对方已经违规了，因此我也就有权利不按规矩办事。这样的话，为了以牙还牙、找回平衡，或者让对方自食其果，谈判者便采用了不符合伦理的策略。

- 在当时的情况下，这种策略是公平的或者恰当的。这种解释是以道德（情境）相对主义来作为理由和证明的。在大多数社交情境（包括谈判在内）中，恰当的行为和举止都是由一套被普遍认可的规则所主导的。比如，回忆一下先前的观点，该观点称商业是一种游戏，游戏中的风气能使一般情况下不符合伦理的行为变得合理化。也有其他人反对这种观点，他们认为商业欺骗与生活中其他领域的欺骗一样都是不道德的。其他领域中的游戏规则跟商业中的游戏规则一样，都不能合理化不符合伦理的行为。一般来说，道德相对主义——认为道德标准会随环境的变化而改变——通常情况下被认为是不可接受的，而且会遭到抨击。正像一位学者所表达的，"如果所有的伦理系统都是相对的，那么严厉的道德判断对个人行为就无法发挥作用，而且我们也就可以对他人为所欲为了，只需行为在经济和法律的限制内即可。"我们把这个问题留给读者自己去判断是一件好事还是坏事。

上述对自己的行为做出的合理化解释都是服务于自身利益的，这些解释能让谈判者使得他人——尤其是受害方——相信在特定情形中通常被认为错误的行为成为了可接受行为。当受害者被说服：解释是充分的，或者欺骗是无意的，那么解释合理化就会产生最大的影响；当受害者将欺骗看成是由于对方的自私驱使的，那么解释合理化就会产生一个相应小的影响。解释和证明也有助于使人们认为自己的行为是合理的。但也存在风险：我们认为如果谈判者越多地使用服务于自身利益的解释，就越会使他们对伦理标准和价值观的评判产生偏差，降低他们发现事实的能力。谈判中所涉及的这些策略最初可能是为了获得谈判力，但是如果经常使用，那么谈判者就可能会渐渐地丧失谈判力。这些谈判者会被视为低诚信或不正直，而且也会被当作是那种一旦有机会就会剥削别人的人。维持良好的声誉比声誉受损后企图恢复要容易得多。

5.5　谈判者如何应对对方的欺骗策略

实际上，人们说谎是很常见的事情。若不简单地指出当你相信对方正在使用欺骗策略时可以使用的一些应对策略，那么本章就不能称为完整。表5-3 呈现的是识别对方是否正在对自己实施欺骗的一些策略。如果对方实施了欺骗将会怎样？以下是你可以做出的一些选择。

表5-3　察觉欺骗

研究者发现谈判者可以使用一些策略来确定对方的行为是否是欺骗行为

策　　略	解释和示例
恐吓	恐吓对方，以使他承认自己使用欺骗策略，并说出真相。严厉地指责对方、批评对方。利用比较具有针对性的问题来打击对方。装作对对方所说的话并不在乎（"我对你所说的话根本不感兴趣"）
指出欺骗的无用性	向对方强调欺骗是没有用的，而且继续欺骗下去会招来危险："真相迟早会浮出水面""不要再试图隐瞒了，那样只会让娄子越捅越大""隐瞒会让事情越变越糟""欺骗会让你孤立无援"
不安和解脱	向对方陈述"忏悔可以洗刷灵魂"，有助于令对方减轻因被人揭穿而带来的紧张感和压力
虚张声势	向对方撒谎说你已经看破他的骗术了："你的罪行即将揭穿"，以表明你知道他所了解的事情，但不去讨论
文雅地刺激对方	鼓励对方一直说下去，以使他透漏信息来帮助你区分事实与欺骗。让对方对正在讨论的问题做详细阐述。向对方提问，但要表明你提问题的原因是"别人想知道"。与对方唱反调并提一些可笑的问题。称赞对方并给他信心和支持，从而令他能够共享信息
把影响减至最小	降低欺骗行为的影响。帮助对方找到他之所以采用欺骗行为的借口。最小化欺骗行为的后果并表明其他人这样做时后果更糟，同时把责任推给别人
寻找矛盾	让对方讲述整个故事，从而帮助你获得更多的信息来发现他的陈述和报告中的矛盾与不一致。指出其中明显存在矛盾的地方并要求做出解释。多次提问对方同一个问题，寻找其回答中的矛盾所在，再就此矛盾之处提问并要求对方对此做出解释。给对方制造压力，以使他说漏嘴或说出他本不想说的事
变换信息	变换信息并诱导对方揭示自己的欺骗行为。尽量夸大你认为对方欺骗你的部分，希望对方能立即纠正其陈述。询问对方一个含有错误信息的问题，并希望他能改正你的陈述
由点及面	尝试令对方就有关信息承认其中存在一些小谎言，并以此迫使对方承认还有更大的谎言："如果你对如此小事都说谎，那么让我怎么相信你在其他事情上没有说谎呢？"
自我披露	披露一些有关自己的事情，也可以包括你自己不诚实的方面，利用这种方法来让对方开始信任你并且也告诉你一些他不诚实的地方
指出欺骗的线索	指出你察觉对方在说谎的一些行为：流汗、紧张、变声、不敢与自己进行眼神交流等
关心	表明你对对方的利益是真正关心的："你对我来说很重要""我很关心你""我能感受到你的痛苦"
维持名誉	劝告对方为了维持他的好名声要诚实以待。"人们会怎么想？"利用他的自豪感和希望保持好名声的愿望
直接揭穿	"只要简单地告诉我事实就行。""诚实点吧。"
沉默	创造一个"一言不发"的环境，让对方感到不舒服，以使他披露一些信息。当他说谎时，只需保持沉默地盯着他即可

资料来源：Pamela J. Kalbfleisch，"The Language of Detecting Deceit," *Journal of Language and Social Psychology* *13*，no. 4（1994），pp. 469－96.

1. 提出锐利的问题

许多谈判者没有提出足够的问题，然而通过提问可以发掘出大量信息，其中也可能含有对方故意隐瞒的信息。在一个买卖电脑的模拟谈判试验中，买方或者被鼓励对计算机的状况问题向卖方提问，或者是不被鼓励提问。全面观测结果表明，向卖方提问电脑的状况会减少卖方的欺骗性描述（蓄意说谎）。然而，在某些条件下，提问题也会使卖方就电脑的其他方面欺骗买方的可能性增加。因此，提问既能帮助谈判者辨别对方是否在实施欺骗，同时也可能会使卖方增强在问题未涉及领域实施欺骗的倾向性。

2. 以不同的方法来表述问题

罗伯特·阿德勒（Robert Adler）是一位法律和伦理学者，他指出谈判者所使用的欺骗策略并不是完全的谎言（这是要为欺骗负责任的），相反，"他们闪烁其词、躲避，围绕真相迂回，并假定他们的陈述会被曲解，而且不会受到挑战。"某种提问题的方式可以引出一个技术上的正确答案，但是却绕过了质问者想要发现的真正实情。请考虑一个例子。作为一个潜在的房子买主，你提问说："供暖系统怎么样？"卖主回答说："系统良好。"所以，我下结论说系统没有问题。作为一种选择，我也可以问，"供暖系统的最后一次检测是在什么时候，结果怎么样？"也可以问更深层次的问题，以及要求看一下检测的书面文件。我可能会了解到尽管系统现在工作状况比较好（"系统良好"），但是检测揭示供暖系统已经处于应用的最后阶段了，明年就需要更换了。不同的问题有不同的答案，而且会减少对方回避问题的可能性。

3. 迫使对方说谎或退缩

如果你怀疑对方在某个问题上欺骗你，但他又没有用很直接的语言表述出来，那么你就提出问题来迫使他直接说谎（如果他所说的是假话），或者放弃、证明他所说的话。比如，如果某产权的卖主向潜在的买者暗示说还有别人出价购买，那么买方就应该明确地对那些另外的报价提问，并要求卖方对此给出明确的回答。这之所以是一种有效的策略，是因为正像我们之前所说的，研究表明人们更倾向于无意说谎而不是有意说谎。有些人对闪烁其词或误导对方很擅长，但当他们直视别人的眼睛说谎时，就会良心不安。撇开良心的谴责不谈，这种直接的提问并要求做出明确回答，会使对方因为欺骗行为所应承担的责任而感到不安。因此，及时向对方提出尖锐、直接的问题会使许多对手退缩而不是当面撒谎（当然，习惯性的说谎者对此则能很好地应对过去）。

4. 试探对方

对对方是否是一个说谎的人不确定吗？可以考虑问对方一个你已经知道答案的问题。如果你得到的答案是闪烁其词或者欺骗性的，你对对方以及对方的可靠性就有了一个重要的了解。当你认为对方的忠诚性确实不怎么可靠时，就可以在谈判过程中做好记录，以便后来能做一个说明。

5. "挑明"策略

指出你知道的对方在虚张声势或者说谎的事情。巧妙并坚决地挑明真相，并表明你的不愉快。但是记住，发现谎言并不总是容易的。误把对方判为欺骗或不符合伦理，当然不是富有成效的谈判过程以及获取有效结果的方式。

6. 不理睬策略

如果你意识到对方正在虚张声势或者说谎，只需不去理睬，尤其是当欺骗所涉及的问题是谈判中的次要方面时。有些人可能会如预期的一样说谎或虚张声势，他们应该会认为这只是谈判中的惯例和插曲，而不是对伦理和道德的损害。谈判者有时会做不明智的保证——做出了他们之后会后悔的承诺——这时可以为对方的利益着想，帮助他"逃避"承诺、挽回面子。当对方的动机是质朴的而不是邪恶的时候，可以采取相似的逻辑：让它过去吧，不要让对方感到尴尬，还是继续下去吧。

7. 讨论你的所见所闻并使对方变得更加诚实

这种策略是对"挑明"策略的变形，但是它会试图令对方确信，从长期来看，讲真话比虚张声势或欺骗策略更有可能满足其需要。

8. 同样的回应

如果对方虚张声势，你就要更加虚张声势。如果对方误传信息，你也误传信息。我们不推荐采取这种策略，因为这样做只会提升行为的破坏性，并把你和对方共同拖入泥潭。但是如果他意识到你也在说谎，那么他就可能认为其策略没有起作用。当然，如果对方的谎言很直接也很极端，并且在法律允许的范围内他的欺骗行为会继续下去，那么你想要模仿他的做法就不适用了。通常来说，"同样的回应"被看作是一种"最后的修复"策略。

专栏 5-2

真的存在"诚实的脸"这种事吗

尽管一般情况下，人们都不擅长发觉谎言，但是仍有人相信通过观察一个人的面部，就可以判别他是否诚实。但是，这种评判的准确程度有多少呢？

一项研究中的参与者们被要求观察同一个人在不同时期的照片，这些时期包括童年、青少年以及成年，并以这个人的面部为根据来判断他的吸引力和诚实与否。

随后把这些判断结果与照片本人提供的有关其诚实行为的自我评价进行对照。对照的结果发现，面部的结构特点，比如每个人的吸引力、"娃娃脸"、眼睛的大小、对称性，都对观察者评价此人是否诚实具有正面的影响。自我评价显示，年轻时看上去比较诚实的男人，实际上在他年龄大了以后更加诚实。而另一方面，在年轻时行为不太诚实的女人，年长后会变得更诚实一点，尽管总的来说她们的行为没有改变多少。研究中的参与者能够正确地识别男人变老后谁会更诚实，但他们对女人的评判却不怎么准确。

研究者的结论是，男人的面部能够正确反映出他们的诚实性，而女人的面部则不是其诚实度的有效指标。

资料来源：Leslie A. Zebrowitz, Luminita Voinescu, and Mary Ann Collins, "Wide-Eyed and Crooked-Faced: Determinants of Perceived and Real Honesty across the Life Span," *Personality and Social Psychology Bulletin* 22（1996），pp. 1258–69.

◖本章小结

本章我们讨论了谈判者在评判某些策略是否具有欺骗性，是否符合伦理时所需考虑的因素。我们通过决策框架对边缘伦理策略进行了研究，探究了谈判者的选择在伦理上的含义。

我们首先用一组假设情境，呈现了伦理问题在谈判过程中是非常普遍的，然后提出了四种伦理推理方法，利用它们可以决定什么行为在伦理上才是恰当的。我们提出，谈判者之所以决定使用边缘伦理（或者是完全不符合伦理的）策略，通常是希望能够通过操控（可能准确的）信息而增强自身的谈判力。我们已经讨论了不同形式的边缘伦理策略，也分析了谈判行为之所以不符合伦理的动机及后果。最后，

我们叙述了谈判者在面对可能使用欺骗策略和诡计的对手时应当如何应对。

本章结束之际，我们建议那些正准备使用欺骗策略的谈判者首先问一下自己这些问题：

- 这种策略真能增强我的谈判力，并帮助我达到目标吗？
- 这些策略的使用在今后将会对我与对方的关系产生怎样的影响？
- 这些策略的使用会对我个人以及作为谈判者的声誉造成什么影响？

谈判者通常会忽略一个事实：尽管不符合伦理或自私的策略可能在短期内会使他们获得自己想要的目标，但长远来看，这些策略常常会损坏名誉并削弱谈判效果。

第 6 章

感知、认知与情绪

:: 学习目标

1. 理解感知、认知与情感在谈判中所扮演的重要角色。
2. 探索感知如何受到曲解从而导致谈判和判断中的偏差。
3. 考察谈判中的认知（信息处理）偏差和框架的形成过程及影响途径，以及情绪和心境是如何塑造谈判的。
4. 获取如何在谈判中管理感知、认知与情绪的建议。

我们的社会行为受到我们对他人、当时的情境以及自身的利益和立场的认知、分析和感觉的支配，从这个意义上说，感知、认知与情绪是构成包括谈判在内的一切人际互动的基本组成模块。人类如何感知周围的世界、如何处理信息以及表达情绪等方面的知识，对于理解人们在谈判中的行为方式是十分重要的。

本章我们从剖析心理学上的感知与谈判过程的联系入手，重点分析那些可导致谈判者在理解和表达上出现问题的感知失真的形式。接着，我们着眼于谈判者如何利用信息做出战略和策略上的决策——认识过程。我们从两个方面展开讨论：第一，我们将重点讨论框架形成——战略性地运用信息来定义和表达谈判问题或者谈判形势；第二，我们谈论谈判者在信息处理过程中容易犯的各种系统偏差和认知偏差，这些偏差可能影响谈判者的绩效。本章也会探讨谈判者是如何管理错误感知和认知偏差的，从而最大化战略优势和最小化它们的不利影响。

然而，人际互动不仅仅是感知和认知的问题。我们在与他人的交往过程中都在体验和表达情感，当然谈判也不例外。在本章的最后一节，我们将用大量的篇幅来讨论情绪和心境在谈判中所起的作用——两者既是谈判行为产生的原因，也是谈判结果的产物。

6.1 感知

6.1.1 感知的定义

感知是个体同周围环境相联系的过程。谈判者对于每种谈判情境的理解，受其关于以往谈判情境的感知、当前态度以及对行为的感知的引导和支配。许多事情都会影响个体对于信息和事件的理解以及给这些信息和事件分配具体含义的方式，包括感知者当前的精神状态、角色、对早期沟通的理解。谈判的一个目标就是准确地感知和解释另一方所表达的内容及含义。现在，我们将更加详细地探索感知的产生过程及其对谈判过程的影响。

感知是一个"意义建构"的过程，人们解释他们所处的环境，以便能够做出恰当的反应（见图 6-1）。环境通常是错综复杂的，它们所呈现出的是大量形形色色的刺激物，每个

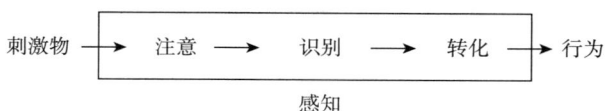

图 6-1　感知的过程

刺激源都有着不同的属性，如不同的数量、颜色、形状、构造、相关新颖性等。环境的这种复杂性使得对所有可得信息都进行处理变得完全不可能，于是作为感知者的我们变得具有选择性，选择某些刺激物的同时放弃其他的刺激物。这种选择性的感知通过一系列感知的"捷径"发生，这些感知的"捷径"允许我们更加容易地处理信息。遗憾的是，感知的效率是以牺牲感知的准确性为代价的。

6.1.2　感知失真

在任何特定的谈判中，感知者自身的需要、渴望、动机以及个人经验都可能产生关于另一方的一种感知倾向。这种倾向性就是导致感知和后续沟通出现偏差和错误的主要原因。我们讨论四种主要的感知错误：刻板印象、晕轮效应、选择性感知和投射作用。刻板印象和晕轮效应是由于概化而导致感知失真的例证：运用少量的信息得出对于总体的结论。相反，选择性感知和投射作用则是由于预期他人具有某些特征和品质而导致感知失真的形式。感知者为了达到一种对他人可预测的、一致的观点，过滤和曲解了信息。

刻板印象是感知过程中一种非常普遍的失真形式。当人们依据他人作为某一特定社会群体或人口统计学特征，而将某些特性强加给他人时就会产生刻板印象。刻板印象是人们面对各色各样的不同群体所形成的，例如，年轻的一代、男性或者女性、意大利人或者德国人，抑或是不同种族、宗教或者性取向的人。在每个实例中，刻板印象的形成过程是一致的。

人们基于一点感知信息（比如这个个体是年轻还是年老）便将一个个体归入某一群体；然后他们再将这个群体具有的其他各种特征强加给这个个体（如"老年人都保守，这个人是老年人，因此他也是保守的"或者"年轻人都不懂礼貌，这个人是年轻人，所以他不懂礼貌"）。得出这个特定的老年人是保守的这样一个结论，可能没有任何事实依据支持。它是基于归属于更大的群体的——不管正确与否的概括性品质的。将某一群体所具有的其他特征强加给某一个体可能会进一步加剧这种错误。

刻板印象一旦形成，将很难改变。用单一的标准，甚至是一个武断的标准将人们划分成不同群体的这一简单过程，促使本群体成员开始将他们自己定义成"我们"，而将其他群体定义成"他们"，然后再在他们之间进行评价性比较。在特定的情境下，个体更加倾向于运用刻板印象。例如，时间压力、认知压力和心境，还有价值观、意识形态的冲突以及群体间对于资源的直接竞争。

感知中的晕轮效应与刻板印象相类似。晕轮效应发生于人们基于对个体的某一个特

征的了解进而归纳出各种各样的其他各种特征，而不是以个体的群体成员身份作为分类的依据。例如，一个面带微笑的人被认为比一个紧锁眉头或愁容满面的人更诚实，虽然微笑和诚实之间没有必然的联系。一个好的特征可能被一般化，那么人们将被以积极的眼光看待，因此一个差的特征会有相反的效果。影响关于一个个体综合判断的特征越显著，那么这个特征被用于衍生出与最初判断感知上一致的信息的可能性就越大。晕轮效应最可能发生于：①当对一个人在某方面几乎没有任何感性认识之时（因此，只能从对这个人其他方面的认识来得出一般性的结论）；②当这个人很出名时；③当这些特征具有很强的道德含义时。

晕轮效应和刻板印象都是谈判中常见的障碍。谈判者倾向于基于最初的非常有限的信息（如外表、群体的成员身份或者最初的陈述等）很快地形成对彼此的印象。随着彼此之间取得更深的了解，谈判者也倾向于保持这些判断，在这个过程中不断将每条新的信息归入某一一致性的模式。最后需要指出的是，从道德层面来看待另一方，如诚实或不诚实、道德或不道德，很容易影响到对他们其他各种特征的感知。

选择性感知发生于感知者仅概化支持或强化先前的一个信念，而过滤掉不支持先前信念的信息之时。选择性感知具有保持刻板印象或者晕轮效应的作用：在基于有限的信息基础上形成的对某人的快速判断之后，人们可能就会过滤掉有悖于最初判断的进一步的证据。对方起初的一个微笑，会导致谈判者认为他是诚实或者易于合作的，同样也会导致谈判者忽视对方任何可能体现出其狡猾的或者争强好胜意图的陈述。如果谈判者将对方起初的微笑认为是一种假笑，那么谈判者可能会忽视对方为建立诚实、合作的关系所做出的尝试。在这两种情况下，谈判者自我的偏差，将微笑视为诚实或者不诚实的预先倾向，可能会影响对对方行为的感知和解释。

投射作用产生于人们将自身的特征或感觉强加给他人时。投射作用通常是出于保护个人自我概念的需要而产生的——将自己视为一致的和优秀的。谈判者可能假定如果对方处于自己的位置，也会以同样的方式做出反应。例如，如果一位谈判者对谈判推迟感到非常焦虑，但又不得不告诉对方谈判将不可避免地要推迟，他可能期望对方在听到这个消息时也表现出沮丧。对方可能会感到沮丧，但是对方也有可能会为推迟感到高兴，并将其视作完成另一个项目创造的一个机会。因此，任何形式的沮丧都只是谈判者心态的一种投射。投射的倾向，同样可能导致一位谈判者过高地估计对方对于他的喜好和渴望的了解程度。

6.2　框架的确定

谈判感知中的一个关键问题是框架的确定。框架是人们借以评估情境和认识情境，引导他们采取或者避免随后行为的一种主观机制。框架的确定有助于解释"谈判者如何在过去经验的影响下来构想一整套连续的事件"。框架的确定和重新确定，与信息的处理过程、信息的形式、语言暗示、社会构建的意义密切相关。框架的确定也就是对于我们周围世界的关注、定型和组织——理解错综复杂的现实所具有的含义以及运用对我们有意义的语言加以定义的过程。框架给人、事情或者过程明确了一个界定范围，并将它们与其周围的复杂世界区别开来。简而言之，框架定义了一个人、事件或者过程，并将它从周围的复杂世界分离出来。

在研究认知过程、决策制定、说服以及沟通的社会学家中，框架的确定已经是一个非常流行的概念。框架确定的重要性源于即使处于同样情境中或者遇到同样的复杂问题的两个人或者多个人，也常常以不同的方式来看待或者界定这些情境或问题。例如，两个人走进同一间挤满人的房间却看到不同的场面，一个人（性格外向者）看到的是一场盛大的舞会；另一个人（性格内向者）看到的却是令人恐慌、局促不安的一群不友好的人。因为人们有着不同的背景、经历、期望和需求，因此看待人、事件和过程的框架也不同。而且，这些框架还会随着观点的改变而改变，或者随着时间的流逝而变化。两个小男孩之间的追人游戏可能变成一场斗殴。当一个橄榄球 4 分卫触地得分时他是"英雄"，但如果被中途拦截便成了"狗熊"。

框架在谈判中非常重要。由于人们的背景、专业或者过去的经历不同，争论通常是模糊的，且存在不同解释的可能性。框架是标记个体对于情境产生差异的一种方式。早期的管理理论家玛丽·帕克·福列特（Mary Parker Follett）是最早提出整合式谈判的学者之一。她观察到达成联合协议的谈判各方之所以能达成统一，"不是通过妥协，而是通过将各方的诉求纳入同一视野"。因此，随着谈判各方谈论各自的偏好和优先事项，框架就会浮现和聚合，它使各方得以发展出一个与当前情境相关的、共享的或者共同的问题定义，以及解决这些问题的过程。

谈判各方如何确定框架和定义所要谈判的事项或者问题，清晰和强烈地反映出：对他们定义的谈判目标来说关键的事项，对某种可能的谈判结果他们的偏爱和期望是什么，他们寻求和利用什么样的信息来支撑他们的方案，他们运用的试图表达他们方案的程序，以及他们评价实际结果的方式。框架是不可避免的，没有人能够"回避"框架。通过选择去定义和表达复杂的社会情境的一个方面，人们就已经不知不觉地选择了某些特定的框架而忽略了其他框架。这个过程的发生通常不需要谈判者任何的真实意图。人们可以基于过去烂熟于心的经验、根深蒂固的态度和价值观，或者强烈的情感来针对某种情境确定框架。框架也可以依据信息选择的类型或者呈现信息的场景和环境来形成。

理解框架确定的动态过程，有助于谈判者有意识地改善框架的形成过程，进而更好地掌控这个过程。谈判者如果懂得他们是如何针对某个问题确定框架的，可能会更全面地理解自己当时的行为、对方的行为以及如何能够更多地掌控谈判过程。最后，当今理论以及一系列支持性的实证研究表明，框架是可塑的。如果是这样的话，那么在谈判中框架就可以作为信息和沟通的一个函数被塑造或者再塑造。接下来，我们将从以下几个方面讨论框架。

- 框架的不同类型。
- 框架在谈判情境中是如何发挥作用的。
- 利益/权利/权势确定谈判框架的途径。
- 框架如何随着谈判形势的发展而变化。

6.2.1 框架的类型

有些学者已经研究了不同环境中不同类型的框架。鉴于有关在谈判情境中框架确定问题的研究工作，我们提供下面的有关谈判各方采用的框架类型的例证。

（1）实质型——关于冲突内容和问题。采用实质型框架的谈判者对于冲突中的关键问题或者冲突焦点有一种特定的倾向。

（2）结果型——谈判一方对于在谈判中取得某种明确的结果的倾向。谈判者有一个他想要获取的、明确的、偏好的结果，那么他的主导框架可能将所有的战略、策略以及沟通都聚焦于取得这个结果。结果型框架强调的是自我利益和忽视与另外一方的关系。拥有强烈的结果型框架的谈判者很可能参加分配式谈判（一方赢、另一方输，或者是两败俱伤），而不是其他类型的谈判。

（3）利益型——谈判一方对于在谈判中满足多方面的利益或者需要的倾向。利益型谈判者试图确保他的基本利益、需求和关注点能得到满足，而不是以某一具体的结果为重点。拥有强烈利益型框架的谈判者很可能参加整合式谈判（双赢），而不是其他类型的谈判。

（4）过程型——谈判各方是如何解决他们之间的冲突的。拥有强烈过程型框架的谈判者，很有可能更少地关注于具体的谈判结果，更多地关注于谈判如何进行，或者如何管理争论。当主要的关注点是程序型而不是实质型时，过程型框架就会显著。

（5）身份型——谈判各方如何定义"他们是谁"。谈判各方是许多不同社会群体的成员——性别（男）、信仰（罗马天主教）、种族本源（意大利）、出生地（布鲁克林）、现今居住地（伦敦）等。这些众多类别中只有少数一些人能用来构建身份框架，这些身份框架用来定义他们自身以及将他们同其他群体区别开来。

（6）特征型——谈判一方是如何定义另一方的。特征型框架能够依据与对方的主观经验、关于对方的历史和声誉的信息，或者对方在谈判初期的表现而形成。身份型框架（对于自我）往往是正面的，相反的是，特征型框架（对于他人）往往是负面的。

（7）输赢型——谈判者如何定义同特定谈判结果相联系的风险和回报。例如，在销售谈判中，购买方可能以损失的方式（采购的货币成本）或者盈利的方式（条款的价值）来看待这笔交易。我们将在本章说明认知偏差时对这种框架进行详细的讨论。

6.2.2 框架在谈判中如何起作用

除非对方告诉你（你可能听从或者理解他的确切的语言），或者你从对方的举止中推断，否则要想知道对方采用什么样的框架是很难的。即便如此，解释过程可能是困难而且易于犯错的。再者，进行解释的个体其本身的框架也可能产生偏差。然而，有关框架的研究已经阐明了谈判各方如何定义谈判的本质，他们如何运用沟通来为各自的框架辩护和试图改变对方的框架，以及在双方的框架存在差异的情况下如何消除分歧。以下是从框架效应研究中提取出来的一些深刻见解。

（1）谈判者可以采用不止一种框架。某土地开发商在讨论关于将一片湿地填平用来建设高尔夫球场的提议时存在冲突，他可能谈及高尔夫球场（实质型框架），他对于如何填平湿地的偏好（结果型框架），在填平作为他的私有财产的湿地时社区和环保组织能够多大程度参与其中（过程型框架），以及他将这些组织看作有利的还是不利的（特征型框架）。

（2）谈判各方框架上的不匹配是导致冲突的根源。谈判双方可能从不同的框架出发进行沟通（如一方采用结果型框架，而另一方却采用过程型框架），也可能运用同一框架的不同内容（如双方都采用过程型框架，但对不同的过程有强烈的偏好），或者可能是双方的抽象层次不同（如一个广泛的利益型框架对比一个特定的结果型框架）。诸如此类的种种不协调都可能产生冲突和歧义，由此可能使双方产生误解，最终导致冲突升级甚至使谈判陷入僵局，也可能导致谈判一方或者双方对冲突重新确定框架，使双方的框架更加相容，最终解决问题。对于极端剧烈的冲突，如果没有第三方的帮助，双方重新确定框架几乎不可能发生。

（3）依据框架的不同，各方谈判是有差异的。框架可能唤起特定的战略、认知以及对谈判者特定的情绪反应。例如，当各方倾向于对一个谈判采取感情方面的框架时，他们就将变得高度卷入，变得更有竞争性，最后导致更多的僵局。

（4）特定类型的框架很可能被运用于特定类型的问题。例如，在一个关于工作机会的谈判中，各方在讨论薪资问题时可能采用结果型框架，而当讨论关系问题时很可能采用特征型框架。

（5）特定类型的框架会达成特定类型的协议。例如，达成整合式协议的谈判各方很可能采用利益型框架，且在他们商议的过程中探讨许多问题。相反，运用结果型框架或者负性的特征型框架的谈判各方，很有可能对对方持有负性的看法以及对特定结果有强烈偏好，这些都将导致激烈的冲突以及分配式的结果（或者根本无法达成协议）。

（6）谈判各方出于各种因素的考虑很可能采用某种特定的框架。谈判各方在价值观、个性、权力、背景以及社会关系等方面存在差异，可能导致谈判者采取不同的谈判框架。专栏 6-1 给出了一个具体的案例。

专栏 6-1

中国式谈判框架

虽然老练的谈判者知道自己和对手的谈判框架是由经验和文化所塑造形成的，但只有很少的人能够仔细检查塑造他人谈判框架的文化因素。例如，乔治城大学的凯瑟琳·廷斯利（Catherine Tinsley）从中国文化中归纳出了五个概念，对于那些尝试在中国进行谈判的谈判者来说应当识别这五个概念：

- 社会联系。中国人相信应该立足于更大的社会群体背景来看待一个人，而不应该将其看作独立的个体。
- 和谐。由于人生来便处于一定的社会关系中，因此非常推崇和谐共处。
- 角色。为了保持社会和谐，人们必须理解和遵守他们在关系网络中所要扮演角色的要求。角色在详细指出个体所处的关系等级的同时，也详细指明了义务、权利和特权。
- 相互的责任。每个角色都明确了人们在社会关系网络中应该接受和承担的责任。这些责任将一直传承下去，从而巩固一代又一代之间的社会关系网络。

- 面子。中国人对于"留面子"的重视，是他们对社会交往感知的中心。如果一个人的行为举止与其角色不相称或者未能履行相互的责任，便会失去面子。中国人是看重面子的，丢掉面子的威胁是人们履行责任的动力之一，从而维持了关系等级。

同中国人进行谈判时，如果考虑了这些文化现实所塑造的关于冲突的观点，将可能做得更好。例如，个体谈判者通常借助于个人关系网来取得他所渴望的结果。这被廷斯利称为"关系型谈判框架"。然而，来自崇尚个人主义文化的谈判者，可能会断然拒绝接受，并以所提的建议不受欢迎为理由，这种理由在中国有着一定的说服力。同样，处于关系型框架中的谈判各方很可能征求外部意见。一种非常有效的战略，可能就是调整个人立场，使之与社会集体的目标相一致。

资料来源：Catherine H. Tinsley, "Understanding Conflict in a Chinese Cultural Context," in Robert J. Bies, Roy J. Lewicki, and Blair H. Sheppard (Eds.), *Research on Negotiation in Organizations*, vol. 6 (Stamford, CT: JAI, 1997), pp. 209 – 25.

6.2.3　另外一种谈判框架的分类方法：利益、权利与权力

另外一种谈判框架的分类方法，显示着冲突中的各方运用以下三种框架之一。

（1）利益。人们通常关注于自己的需要、渴望和要求。人们谈论各自的"立场"时，真正利害攸关的通常是他们潜在的利益。某人说他需要一部能发送短信的手机，但是实际上他真正需要的是一个新的电子玩具，因为他的所有朋友都有一个这样的玩具。在争端中如果各方关注于利益，那么通常情况下能够找到解决问题的方法。

（2）权利。人们通常也关心谁是"对的"，即说谁是合法的、谁是正确的或者说什么是公平的。对于权利的争执通常能通过帮助相关各方寻找到一条确定谁是"对的"或者双方都是"对的"公平的途径来加以解决。为了解决争论，这种解决方式通常需要运用一些如"轮换""各打五十大板""长者在先"等的标准或规则。对于权利的争执，有时需要求助于正式或者非正式的仲裁者来决定谁的标准或者权利更加合适。

（3）权力。人们也许以权力为基础形成谈判框架。借助权力解决的谈判，有时依据的是谁的身体更强壮或者谁能够将对手制服，但是更通常的情况是投入其他类型的成本，如经济压力、专业技术、法定权力等。借助权力解决的争端，会伴随着冲突的升级，最后还是能通过这种方式解决，但是结局通常会有明确的输家和赢家。

谈判各方可以选择是依据利益、权利还是权力来处理一个谈判。同样的谈判可以通过不同的方式形成框架，其导致的结果也不同。例如，考虑一位学生与学校附近的汽车修理店就汽车维修费用问题产生争执的场景。学生认为汽车修理店收取的费用高得离谱，修理店做的维修工作超出了她的要求，而且用了最昂贵的配件，甚至在维修完成之前查看账单的机会都没有给她。这位学生可采用以下方式来看待这个争论。

（1）利益。这位学生或许争辩道："好的，你有权对优质的服务收取公道的价格。我会去弄清楚店主的定价系统，然后我们再谈谈收取多少费用才算是公道，我才会支付，而且我可能还会再次光临你们这家维修店。"

（2）权利。这位学生曾在一家维修店工作过一个夏天，知道汽车维修费用的定价是依据标准手册规定的，通常是人工费用（工作小时 × 每小时工作报酬）加上零件成本。"我会要求查看标准手册和零件清单。我还要去曾经工作过的维修店询问一下老板，这样的收费是否过高。我会提议按照零件的成本和基于汽车修理工每小时工资率计算得出的人工费用，支付此次的维修费用。"

（3）权力。"我会进去就开始大声质疑店主乱要价的行为，还会威胁说要告诉所有认识的朋友千万不要来这家修理店。我会写信给相关报纸说这家修理店是何等差劲。我的母亲是位律师，我要让她给这家修理店的老板打电话。我要好好给他们一个教训！"

应该注意到不同的框架可能会导致学生与修理店店主之间的争论完全不同。学生越是借助于权力，店主也就越有可能动用自己的权力予以反击（例如，扣留学生的车直到她付钱为止，在费用上毫不退让，或者请自己的律师帮忙）；对抗可能变得火药味十足，并最终诉诸小额索偿法院。相反，如果学生越多地运用利益框架，修理店老板也越有可能采用利益框架。双方可能会就所提供的服务哪些是合理的展开谈判。然而学生可能支付更多的钱（相比他借助权力赢得这场争执而言），谈判的基调可能截然不同，而且学生有可能处于更有利的位置来获得折扣或者长期回报。

6.2.4 问题的框架随着谈判的进展而变化

谈判中关键问题的定义可能随着谈判的进展而发生变化。不要仅仅关注于谈判各方在谈判开始时所持有的主导框架，考虑谈判各方随着彼此之间沟通的进行而发生的变化也是非常重要的。例如，一项针对法律纠纷的经典的研究指出，这些纠纷倾向于通过"明确问题、分清责任和提出诉求"的途径而被变换形式。明确问题发生在纠纷中的各方辨别问题及描述其特征的过程之中。分清责任是在明确问题之后，谈判各方试图明确是谁或者什么原因引起了这个问题，提出诉求发生在遇到问题的一方决定对引起问题的另一方采取对抗的行为、提起诉讼或者采取其他措施时。

谈判各方就谈判组合中的各类问题展开的对话塑造了谈判者的框架。尽管双方在谈判开始时运用类似于我们前面讨论过的那些类型的框架进行谈判，但是由于每一方都试图维护自己的观点而反对他人的观点，因此他们之间持续互动的过程塑造了谈判。以下几个因素能够影响沟通和框架被塑造的方式。

（1）谈判者倾向于讨论核心议题，或者是一些每次谈判都会出现的关注点。例如，在劳资谈判中，工资问题和工作条件总是会被谈及；工会总是提出这些问题，管理层也总是希望这些问题被提出，并且做好了应对的准备。就这些核心议题展开的谈判能够被调整，使之包含更多或者更少的议题，从而提高找到解决问题方案的概率。

（2）为了使自己偏好的观点处于最好的情况下，谈判一方会收集事实、数据、证词或者其他有利的证据，说服对方接受他的观点或论点的有效性。在谈判初期，各方"彼此谈论过去"的情况最普遍不过，每一方都试图用特定的框架或者观点掌控对话的过程，而不是在倾听和认同对方的情况。最终，双方都想通过控制核心问题来控制谈判进程。当各方关注于反驳他人的观点或者依据他人的观点来修改自己的观点时，他们的论点和框架就已经开始发生转换。

（3）框架可能定义了整个复杂的谈判过程中的主要转换和转变。在外交谈判中，成功的谈判被描述为"准则—细节"两个阶段。在这个过程中，谈判各方一开始就提出一个宽泛的关于他们能够同意的准则和目标的框架。只有完成这个步骤之后，他们才会开始商谈协议的具体要点。准则—细节模式有三个阶段：①诊断阶段。在这个阶段中，谈判各方认识到改变或者改进的必要性，需要重新审视有关历史以及形成立场。②准则阶段。在这个阶段中，谈判各方试图就冲突达成共识，包括共同的条款、参照物以及公平标准。③细节阶段。在这个阶段中，谈判各方提出同基本准则相一致的具有可操作性的详细的解决方案。

（4）最后，多个议程项目影响着议题的发展。虽然谈判各方通常只有一两个主要的谈判目标、优先事项或者核心问题，但是经常也有许多次要的项目。当把这些次要关注点带到沟通中来，通常会改变关于基本议程的沟通的形式。在对两个校区的教师谈判进行的分析中，一位研究员展示了在整个谈判过程中议题是如何转换的。例如，一个关于课时安排的议题被重构为一个教师备课时间的议题，对个人保险费用的关心转化成为一个关于保险福利额度的议题。

对议题的发展至关重要的是框架的重构过程——谈判各方在谈判过程中所使用的语气、语调以及谈判重点的改变。框架的重新确定是一个动态的过程，在一次交谈中当各方挑战彼此，或者设法寻求协调看似矛盾的观点时可能要发生多次。框架的重新确定还可能发生于当一方运用隐喻、类比或者具体的案例来阐述一个观点，导致对方也采用隐喻或者案例作为定义谈判形势的一种新的方式时。框架的重新确定可能是一方或另一方有意而为之，也可能是来自交谈中一个人的挑战激发了另一方的创造力和想象力的结果。无论哪种情况，谈判各方通常提出一条解决问题的新途径。

6.2.5 总结

框架的确定就是关于我们对周围世界的聚焦、塑造和组织——理解错综复杂的现实世界，以及以一种对我们有意义的方式定义它们。我们讨论了不同类型的框架及其对理解谈判中战略性选择的重要性。就问题的框架，我们可以给谈判者提出下面的说明性建议：

- 框架塑造了谈判各方定义为核心议题的内容以及他们谈论这些议题的方式。谈判各方对于要涉及的议题、要取得的结果或者要处理的过程有偏好，他们就应该设法确保让对方认可和接受自己偏好的框架。
- 谈判双方都有框架。如果框架一致，谈判各方就更可能关注于共同的议题和对情境的共同认识。如果框架不一致，谈判各方之间的沟通就可能变得困难和不全面。
- 框架至少在一定程度上是可控制的。如果谈判者理解自己和对方运用的框架，他们就能够将沟通转向自己希望对方接受的框架上。
- 沟通过程以谈判者可能无法预测，但能加以控制的方式转换框架。随着谈判者讨论一个议题，引入论点和证据以及提倡一系列的行动，沟通的内容发生了改变，采用的框架也随之改变。对于谈判者来说追踪这种转换，并且掌握其可能发展的方向是至关重要的。

- 特定的框架比其他框架更有可能导致某些特定类型的过程和结果。例如，富有竞争性的谈判者更可能采取积极的特征型框架看待自己，采用消极的特征型框架看待对方，以及偏好采取输—赢的方式来解决争端。认识到这些倾向，允许谈判者就他们对自己、他人以及争端解决机制的看法重新确定框架，从而寻求能够更有效地解决争端的方式。

6.3　谈判中的认知偏差

到目前为止，我们已经分析了信息是如何被感知、过滤、曲解和被整合入框架的。本节我们将分析谈判者在谈判的过程中如何利用信息做出决策。显然，谈判者在处理信息时容易犯系统误差，他们并不是完美的信息处理者。这些误差容易影响谈判者的绩效，可以统称为认知偏差。它们包括：①承诺的非理性升级；②虚构的"固定蛋糕"的信念；③决策中的锚定与调整过程；④议题和问题框架的确定；⑤信息的有效性；⑥赢家诅咒；⑦谈判者的自负；⑧小数法则；⑨自我服务偏差；⑩禀赋效应；⑪忽视他人认识的倾向；⑫反射性贬值。在表 6-1 中我们将更加细致地讨论它们。

表 6-1　谈判中的认知偏差

偏差的类型	定　义
承诺的非理性升级	个人在做决定的过程中坚持错误行动路线的倾向
虚构的"固定蛋糕"的信念	在双方的利益强烈冲突的情况下，将谈判视为"零和"或者"输赢"情况的倾向
决策中的锚定与调整过程	过度相信一个标准或者参照点（一个锚定点），而没有做出调整
议题和问题框架的确定	过分被消极的或者积极的框架（通过这些框架，可以预测风险）所影响的倾向
信息的有效性	过分看重那些很容易就能被想起或者以关键但不重要的信息为代价就能获得的信息的倾向
赢家诅咒	在很快就决定一个结果的情况下，对谈判赢得太快感到不安的倾向
谈判者的自负	相信一个人的能力比实际情况强的倾向
小数法则	根据很少的数据样本或者少数例子得出不合适结论的倾向
自我服务偏差	将有利于自己的行为归因于自己的倾向（以个人信用为代价取得成功，责备产生消极结果的情形）
禀赋效应	吹捧自己拥有的东西的倾向
忽视他人认识的倾向	不考虑对方的想法和观点，没有关于他们的精确的利益和目标
反射性贬值	仅仅因为对方自己做出的让步就认为让步没有什么价值

6.3.1　承诺的非理性升级

谈判者有时会对某一行为持续承诺，甚至是当这个承诺构成了非理性的行为时也依然如此。这种行为就是被称为"承诺升级"的心理学现象,"承诺升级"是指个体倾向于做出维持错误行为的决策。这方面的经典案例包括:一个国家持续不断地将军事资源投入到一场无法胜利的战争中,或者是一位投资者持续不断地在不断下跌的股市中投入更多的资金以期望能够翻盘(用通俗的话讲,承诺升级就是"花冤枉的钱")。承诺升级部分是个人在感知和决策上的偏差造成的。一旦决定采取某一行动,谈判者通常会为其寻找支持性的证据,同时忽略或者不愿意去寻找否定性的证据。最初的承诺将一成不变,同时对于一致性的渴望也将阻碍谈判者挑战这些最初的承诺。对于一致性的渴望常常会因为人们希望在他人面前不丢面子和保持专家或掌控者的形象而加剧。没有人愿意承认错误和失败,尤其是当对方会将这种行为看作一种软弱的行为时。

一种改变承诺的非理性升级的方法就是请一位顾问来充当现实的操控点,这个人能够时刻保持清醒的头脑,并且能够在谈判者不经意间出现非理性行为时提醒他们。研究者同样指出,如果决策者曾在先前承诺升级中后悔过,那么他们将更不可能做出承诺升级的行为。

6.3.2　虚构的"固定蛋糕"的信念

许多谈判者都假定在一切谈判中"蛋糕"大小是固定的。谈判者常常将整合式谈判机会看成是零和谈判或者我赢你输的交换来对待。这些迷信于虚构的"固定蛋糕"的谈判者会假定不可能存在整合式的解决方案和互惠的交易,因而也不愿意为此耗费精力。在薪酬谈判中,应聘者认为薪酬是唯一的谈判议题。在雇主开价52 000美元时,他可能会坚持要价55 000美元。只有当双方在进一步讨论成交的可能性时,他们才会发现搬家的费用以及开始工作的日期也是可谈的,这些可能有助于解决薪酬问题。

将谈判看作"分配固定大小蛋糕"的趋向,依赖于人们看待一个特定冲突情境的方式。关注个人立场的谈判者,最有可能受"固定蛋糕"的信念的影响,从而采取竞争的方式来处理问题。关注于利益的谈判者,则不太容易从"固定蛋糕"的角度看待问题,更倾向于用合作的方式解决问题。

在第3章中,我们提供了通过创造更多的选择来将这种固定蛋糕的信念减少到最低的建议。在这里,我们提出两种别的方法。第一,通过关注潜在的利益而不仅仅是正在谈判的问题,谈判者将更有可能会发现他们的固定蛋糕信念是被误导而产生的。第二,通过让谈判者对于他们谈判的方式负责,可以减少固定蛋糕的信念。

6.3.3　决策中的锚定与调整过程

锚定与调整中出现的认知偏差,与谈判者在初次报价后做出后续调整所依据的标准(或锚定)有关。一个关于谈判中锚定点的典型例子,就是聆听对方的第一次报价,然后想:"哎呀,这个出价比我期望的低多了,或许我曲解了这里的价值,我应该重新考虑我的目标和策略。"这样的锚定点给谈判者在信息的接收端设置了一个潜在的危险的圈套,因为对于锚定点(例如,初始报价或者一个预期目标)的选择可能正好基于错误的或者不全面的信息,因此其本身可能会使人产生误解。但是,锚定点一旦确定,谈判各方倾向于将其作为一个真实有效的基准。这个基准将被用来调整其他的判断，例如，所谈事情的价值，或者一方出价的大小。例如，一项关于房产中介的研究表明，房地产经纪人对一项房产的估价在很大程度上受卖方报价的影响。卖方报价在房屋估值中作为一个非常简便的锚定点。

　　谈判的目标，无论是根据实际情况设定的，还是随意设定的，都能作为锚定点。这些锚定点对于对方来说可能是公开的，也可能是不公开的（公开的市场价格相对于一个未传达的期望值）。同样，持有这些锚定点的谈判者这样做，可能是有意识的，也可能是无意识的（特定的期望值相对于未经检查的、未被质疑的期望值）。在谈判的整个准备阶段，都需要有故意唱反调的人对现实进行检查，以防止出现锚定和调整的错误。

6.3.4　议题和问题框架的确定

　　正如我们在本章前面所讨论的，框架是人们在收集信息和解决问题时所采用的一个观点或者立场。框架可以引导人们在谈判中去寻求风险、规避风险或者对风险采取中立的态度。谈判框架的确定方式可以使谈判者或多或少变得风险规避或者风险偏好。例如，当谈判者是为了"获得"某物而不是为了"避免失去"某物时，他们的反应是完全不同的。"前景理论"显示，当决策问题的框架被确定为"获得"时，人们更偏向于风险规避；而当决策问题的框架被确定为"失去"时，人们则更偏向于追逐风险。换句话说，谈判者可能对感知到的损失反应过度。如果在同样的情境下被确定为获得的框架时，他们可能会做出更积极的反应。因此，谈判者必须"避开自己框架被操控的那些陷阱，同时要理解对方的框架是正的还是负的"。当谈判者在规避风险时，他们害怕损失，很可能接受任何可行的报价。相反，当谈判者偏好风险时，他们倾向于等待下一个更好的报价或者进一步让步。

　　正/负框架确定的过程很重要，因为同样的报价依据它如何被确定为获得—损失的框架，可能会导致截然不同的行动步骤。采取负框架的谈判相对于采取正框架的谈判来说，倾向于做出较少的让步，达成较少的协议，而且谈判者对谈判结果感到较少的不公平。对于框架效应的潜在危害的补救方法与我们曾提到的消除其他认知偏差的方法类似（如意识到偏差的存在、有足够的消息进行透彻的分析和对实际情况的检查），但是这些方法难以奏效，因为框架常常与人们根深蒂固的价值观和信仰，或者与其他难以发现的锚定点结合在一起。

6.3.5　信息的有效性

　　谈判者还必须注意由于信息的有效性或者信息检索的难易程度而引起的潜在偏差。检索的难易程度，就是它被回忆用于评估或者决策时的难易程度。谈判中有效性偏差起作用的一个方式就是将信息以生动、有趣、引人注意的方式呈现，使得信息能够被轻松地回忆，从而使得信息成为事件选择的中心和关键。不管正确与否，通过某种清晰的图表、图解等形式呈现的信息（甚至是过于简单的）相对于通过令人费解或者复杂的格式呈现的信息来说，被认为更易于使用。信息的有效性还能通过运用已建立的信息搜索模式来影响谈判。如果谈判者有自己喜爱的信息收集方式，那么他们将反复运用这些方式，从而可能过于看重通过这些方式获得的信息的价值。

6.3.6 赢家诅咒

赢家诅咒是指谈判者在快速解决一个问题后，对来得过于容易的谈判胜利感到懊悔的倾向。赢家诅咒在拍卖中尤其常见。如果对方让步太快，谈判者常常会困惑："我是不是要价太低了？"或者问道："这个条款、产品以及选择有问题吗？"谈判者可能会怀疑对方懂得太多或者已经觉察到一个自己未发现的优势。因此，他们要么认为"我本来能做得更好的"，要么认为"这肯定是场糟糕的买卖"。

例如，几年前，本书的一位作者在一家古董店看到一只他和夫人都很喜爱的钟。在花费了一个下午来准备谈判策略（初始报价、底线、时间选择、假装不感兴趣以及红脸/白脸策略）后，他和夫人折回到古董店开始实施其谈判策略。店主爽快地接受了他们的初始报价。他们一到家，就受到赢家诅咒的困扰，于是便将钟放在了积满灰尘的车库中。

应对赢家诅咒的最好的补救方法就是通过做好前期准备工作避免提出会意外被接受的报价，防止它发生。充分地调查和准备，能使谈判者对合适的解决方案的价值做出独立的判断。谈判者还可以设法让对方做出性能或品质保证，以确保结果没有缺陷。

6.3.7 谈判者的自负

自负是指谈判者相信他们做到正确或精确的能力强于真实情况的倾向。自负有双重影响：①它能强化谈判者对错误的或者不恰当的立场或选择的支持程度；②它能导致谈判者低估对方判断的价值和有效性，从而切断了从对方获取必需的信息、利益和可选方案的来源以达成一个成功的整合式谈判。一项研究发现，没有经过自负偏差的启发性培训的谈判者，往往高估自己取得成功的可能性。与经过培训的谈判者相比，他们妥协或者达成协议的可能性更低。在另一项研究中，过于自信的个体比常人更固执，更关注自己的结果。但是，这并不意味着谈判者都应该时刻抑制自己的自信或者乐观。有关分配式谈判的研究发现，与感知准确或者偏向悲观的谈判者相比，偏向乐观的谈判者更易于取得更有利的谈判结果。显然，对乐观、自负与谈判结果之间的相互影响还需要做更多的研究。

6.3.8 小数法则

在决策理论中，小数法则是指人们具有从小样本中得出结论的倾向。在谈判学中，小数法则是指谈判者从自己的经验中学习和推断的方式。如果这些经验在时间或者范围上是有限的（如个人之前经历的谈判全是艰难的分配式谈判），其倾向就是他将先前的经验推广到未来的谈判中（如所有谈判都应该是竞争型的）。这种倾向常常导致自我实现的预言，预期会被以分配式的方式对待的谈判者在把对方的行为看作分配式的同时，会以更强烈的分配式方式对待对方。对方就可能会将谈判者的行为解释为是分配式倾向的迹象，因此会以同样的方式回应。之前的样本越小（例如，谈判的经验越有限），运用过去的经验来推断将来可能发生的事情的错误概率就越大。如果将来的谈判与过去的谈判完全不同的话，过去行之有效的风格和策略将来可能会失效。

6.3.9　自我服务偏差

人们常常通过归因来解释他人的行为，要么归因于人（如这种行为是由能力、心情或者努力等内在因素引起的），要么归因于环境（如这种行为是由任务、他人或者运气等外在因素引起的）。在"解释"他人的行为时，有一种倾向就是高估个人因素或者内在因素的作用，而低估环境因素或者外在因素的作用。例如，假设有位学生早上上学迟到了，或许是因为她懒惰（内在的、性格方面的解释），或者也可能是由于开车上学的途中车胎爆了（外在的、环境方面的解释）。在缺乏其他信息的情况下，教授往往偏向于用内在的因素解释（学生懒惰）。认知偏差常常由于行动者—观察者效应而加剧。行动者—观察者效应说的就是，人们常常将自身的行为归因于环境因素，将他人的行为归因于个人因素，实际上就是说，"如果我搞砸了，就是运气不好（例如，这是环境或者别人的错引起的）；如果你搞砸了，那就是你的错！"

研究证实了自我服务偏差对谈判过程的影响。我们有三个发现。

知觉错误还可见诸信息评估中的偏差或曲解的形式。例如，错误共识效应是指高估对于某人的立场、观点或者行为的支持度或共识度的一种倾向。我们也有一种倾向，认为自己的信仰或选择是基于可靠的信息，同时其对立的信仰是基于错误的信息。这些偏差中的任何一种都可能严重地毁坏一次谈判的努力，受这些效应影响的谈判者将会对谈判的策略或谈判结果做出错误的判断。

- 两个研究表明，参与谈判的人比仅仅只是观察谈判的人更容易以自己服务的方式来看待事情。在一项研究中，在估计对方更喜爱的结果时，观察者比参与谈判者更加精确。在另一项研究中，在给对方的意图做出评价时，收到一个不令人满意的结果的谈判者给出的评价比不参与的观察者的评价更低。
- 一项研究发现，不同学区的选择者都以自我服务的方式来选择比较的学区。也就是说，他们选择的用来作为自身学区比较的标准是那些使他们的学区看起来更令人满意的那些学区。
- 另外一项研究发现，谈判者都认为他们运用了比对方更具建设性的策略，而且这种自我服务偏差的强度随着双方之间冲突的升级而增强。

6.3.10　禀赋效应

禀赋效应是指过高评价自己所拥有的物品或者即将拥有的物品的价值的倾向。在一系列咖啡杯的试验中，清楚显示了禀赋效应的存在。在一项试验中，某些参与者被要求在不同的价格水平下，在钱和咖啡杯之间做出选择。基于他们的回答，可以看出他们给予咖啡杯的平均价格略高于 3 美元。某些参与者被要求作为潜在的购买者对咖啡杯进行估价，他们给咖啡杯的平均价格略低于 3 美元。然后，真正地将这些杯子给第三部分参与者，并问他们多少钱才愿意将杯子出售，结果表明他们对杯子的估价高于 7 美元。

在谈判中，禀赋效应可导致对物品价值的过高估计，这会阻碍交易的达成。在一项有关环境问题的谈判中，麦克斯·贝瑟曼及其同事认为，现状的作用就如同"一个潜在的功能不良的锚定点，使得互惠交易变得更加困难"。相似的过程发生在谈判中接受一个报价时。一项研究证明，一项提议一旦接受，对于谈判者来说比起他们在谈判过程中提出的其他提议，他们更喜欢这项提议。

6.3.11 忽视他人认识的倾向

谈判者通常不过问对方的观点和想法，这种做法使得他们在谈判时只能运用不完整的信息，从而导致有缺陷的结果。忽视对方的感知，使得谈判者对本来复杂的过程的思考简单化，从而导致他们采用更具分配型的战略，无法认识到双方的行为和反应具有的偶然本质。相反，当谈判者能够从对方的角度考虑事情时，产生僵局的危险就会降低，达到合作结果的可能性就会提高。

虽然"没有考虑"可以归结于是针对对方的某些基本的偏差，但研究表明，它可能是在有风险和不确定性情况下，使任务易于处理的一种方法。研究还指出，培训和意识到这种陷阱只能适度地减少其偏差。忽视对方认识的动因是根深蒂固的，只有在谈判者集中精力努力理解对方的利益、目标和观点时才能避免。

6.3.12 反射性贬值

反射性贬值是指仅仅由于让步是对方做出的，便贬低这个让步的价值。这样的贬低可能是出于情感（我就是不喜欢他）或者是由于过去的经历所造成的不信任。反射性贬值会导致谈判者最大限度地低估令他厌恶的一方做出的让步，不愿意对此做出相应的让步或者在对方做出让步后谋求更多的让步。保持客观地看待谈判过程，委托同事进行谈判，在做出任何让步之前先了解清楚双方对可选方案以及让步的偏爱，或者借助第三方来调解，可以将反射性贬值的影响降到最低。

6.4 管理谈判中的错误感知和认知偏差

人们在收集和处理信息的过程中会不自觉地形成错误感知和认知偏差。如何更好地应对错误感知和认知偏差是一个难题。当然，应对这样的偏差，首先要意识到此类偏差。然而，只意识到是不够的。研究资料表明，仅仅告知人们出现了错误感知和认知偏差对于消除其影响几乎没有作用。例如，福尔曼（Foreman）和摩尔奈罕（Murnighan）试图教会学生在一系列的拍卖模拟活动中，避免出现"赢家诅咒"。他们在4周的时间里讲解了128种拍卖的结果，但是发现这种培训对于减少"赢家诅咒"没有什么作用。

为谈判者提供如何应对谈判中错误感知和认知偏差带来的负面影响的建议，还需要做更多的研究。到目前为止，谈判者可采用的最好的建议是要认识到这些认知偏差的负面作用，并以结构化的方式在团队内部或与谈判对方讨论这些效应。

6.5　情绪、情感与谈判

谈判过程应该是理性的、认知的和经济的观点主导着谈判学研究。此类研究往往对谈判进行理性分析，审视谈判者由于理性方面原因而导致的决策失误，或者评估谈判者如何才能优化谈判结果。谈判者被描绘成是精明、沉着和有控制力的非常理性的人。但是，这种研究忽视了情感在谈判中的作用。

近 10 年来，越来越多的理论和实际研究关注于情绪和情感在谈判中的作用。情绪和情感之间的区别体现在三个特性上，即特异性、强烈程度和持续性。情绪与情感相比表现得更发散，也不够强烈，且持续时间较短，而情感则表现得更强烈并且针对多个具体的目标。情感在谈判的各个阶段都起着非常重要的作用。在有关情绪、情感与谈判的研究中，取得了许多新的、令人振奋的进展。我们在这里只是概括性地介绍一些研究的进展。

6.5.1　谈判既产生积极情感也产生消极情感

积极情感产生于被对方所吸引，对谈判进程以及取得的进展感觉良好，或者对谈判取得的成果感到满意。相反，消极情感产生于厌恶对方，对谈判进程以及取得的进展感到不满，或者不满意取得的结果。我们往往用"高兴"这个词来笼统地表达积极情感，却往往用许多词来更加准确地表达消极情感。有些消极情感表现为沮丧，有些表现为忧虑、恐惧或者危险。与沮丧相关的消极情感可能导致谈判者的行为偏激，而与焦虑有关的情感则会导致谈判者设法进行报复或者逃避目前的处境。

6.5.2　积极情感对谈判有积极作用

积极情感可带来如下结果。

- 积极情感更可能导致谈判双方向合作的方向发展。研究人员指出，彼此双方有着积极情感的谈判者更有可能努力争取达成整合式协议。在达成问题解决方案的方式上也更灵活。
- 积极情感还可以使谈判者对对方产生积极的看法。当谈判者喜欢对方时，他们在谈判中往往更灵活。对对方有了积极的看法，谈判者就可以做出更大的让步，减少不友好的行为和建立信任。
- 积极情感可以提高谈判者必胜的信心。如果谈判者感到确实被对方所吸引，他们就会感到更自信，因此在谈判中也就会坚持下去，力争使问题得到解决和取得更好的结果。

6.5.3　谈判过程中可导致积极情感产生的若干方面

研究人员已经开始研究谈判中情感的重要性。以下是在谈判过程中，产生积极情感的两项研究成果。

- 积极情感来自谈判过程中的公平程序。研究人员研究了谈判过程中情感反应与公平体验之间的相关关系。研究结果表明，认为谈判过程中公平的谈判者所获得的情感体验更加积极，更不愿意表达消极情感。
- 积极情感来自良好的社会比较。有证据表明，当一位谈判者取得的谈判成果与其他谈判者在类似情境下取得的谈判成果相比较更理想时，谈判者对谈判的满意度更高。但是，有趣的是，这项针对所谓的外在社会比较（将你的谈判成果与同一次谈判中的对手取得的成果相比较）有时并不成立。原因可能是与对手进行比较（即使比较结果比较满意）时，谈判者比较的主要是丧失了索取更多价值的机会。

6.5.4　消极情感对谈判产生的消极作用

正如我们前面所指出的，消极情感可能表现为沮丧或焦虑，一方或者双方可以感受到这种情感，而且一方的沮丧和焦虑行为可以激起另一方出现同样的情感反应。以下是消极情感产生的一些具体的消极作用。

- 消极情感可以导致谈判者将谈判情境定义为竞争型的。消极情绪使谈判者更有可能向对方发出更多的挑衅行为。在特定的谈判情形中，这种消极的行为最可能以竞争型的姿态呈现出来。
- 消极情感可以削弱谈判者准确判断形势的能力，对谈判成果产生不利的影响。研究表明，与情绪稳定的谈判者相比，愤怒的谈判者对对方利益的判断欠准确，对自身利益的考虑也欠准确。值得注意的是，在这项研究中愤怒与谈判者本身无关，愤怒产生于谈判之前的另一项不同主题的试验。愤怒的延迟效应凸显出，消极情感将谈判者的注意力从眼前的谈判问题分散到其他方面的能力。
- 消极情感可能导致双方的冲突升级。当谈判者的情绪消极时，更具体地说，就是当双方感到沮丧、失败和相互指责时，冲突就可能变成人身攻击，冲突涉及的问题可能增加，而且可能将其他方也牵扯进来。一方表达愤怒可能会激起对方的愤怒，减少达成成功协议的机会。
- 消极情感可以导致双方进行报复和阻挠合作型结果的达成。当谈判者彼此之间感到愤怒时，当他们以前的来往导致一方要惩罚另一方时，一方就可能选择采取报复行为。消极情感还可能导致低效的谈判结果。谈判者认为对方应该对以往谈判中的破坏行为承担较多责任时，就会对对方感到气愤和缺少同情。这又会进一步导致不关心对方的利益，降低发现双方都受益的谈判解决方案的可能性。
- 并不是所有的消极情感都会产生同样的效应。愤怒会使冲突逐步升级并有可能促成反击，但是那些并不是如此强烈的负面情绪又会怎么样呢？比如，焦虑、失望、内疚和后悔。研究表明谈判者并不会特别希望对手表现得焦虑和失望，也许为他们的处境感到遗憾，但是也可能对那些内疚和后悔的对手做出很少的让步。然而，谈判者对后悔的对手更有好的印象，认为他们比那些焦虑和失望的对手对人际关系更加灵敏。

专栏 6-2

回应消极情绪

在谈判中，情绪是不可避免的。而且试图避免它们或者一遇到它们就消灭它们也是不现实的。谈判学者芭芭拉·格雷（Barbara Gray）认为，有效率的谈判者解决了如何处理其他人的情绪爆发，这些人可能仅仅只是想"触动我们的敏感神经"。她提供了以下建议来帮助应对一个以激烈或者更加有害的方式表达情绪的对手：

1. 不要在表达中带有情绪。也许情绪真的是一个其他人表达重要利益的方法。为什么其他人要这么做？什么利益足够重要到需要去判别它？

2. 站在对方的立场上。将你自己放在对方的位置，问自己：为什么我要这样做？这可能会帮助你识别一个环境，在这个环境中这种情绪的爆发是合理的。这个主意并不是为了接受其他人的（不可能接受的）行为，而是将情绪看成是将要在谈判中解决的某些利益或者需要。

3. 将已经被表达的情绪反馈给对方。一些强烈的情绪是一种表明对方仅仅希望自己被倾听的表现。确认你正在听并且这种引发的情绪是被理解的。这个需要并不意味着你需要关心任何事或者对任何事都做出让步。而是你仅仅是承认了对方也是人，也有感情。这对所有的参与方都可能是需要的。

6.5.5 谈判过程中会导致消极情绪的方面

就像积极情绪一样，人们最近才开始对谈判所产生的消极情绪的方面进行研究。下面有三个发现：

- 竞争心态可能产生消极情绪。有"固定蛋糕"观点的谈判者要比那些考虑了综合情况的谈判者对谈判的结果的满意度更低。这是由于当谈判被看作"零和的"，那么其他参与者利润的增加就意味着自己价值的损失。
- 僵局可能产生消极情绪。和最后成功达成协议的谈判者相比，如果一次谈判最终陷入僵局，谈判者更容易产生消极情绪，比如愤怒或者产生挫败感。然而，对于自己的谈判能力更有自信的谈判者可能不会那么消极。这一点非常重要，因为僵局不一定是坏事——目标是达到一个好结果，而不仅仅是达成一个协议。
- 对谈判的期望可能会产生消极情绪。那些没有经验的谈判者对将要开始的谈判会感到紧张，甚至有经验的谈判者也会在遇到这种情况时焦虑。然而焦虑也不一定是坏事，这可能激发新的灵感从而产生更好的结果。

6.5.6 积极情绪和消极情绪在谈判中的影响

积极情绪也可能产生消极的结果，而消极的情绪也可能产生有利的结果，这都是有可能的。下面我们来进行解释：

- 积极情绪可能产生消极的结果。第一，积极情绪的谈判者可能不会进一步考虑他人的观点，结果是他们可能更容易被竞争对手的策略所影响而受欺骗。第二，积极情绪的谈判者不太会注意对手的观点，他们可能不会达到最理想的结果。第三，如果积极情绪产生强烈的积极的期望，谈判者就不太可能会达成协议，更强烈的打击可能导致更苛刻地对待对手。

- 消极情绪可能产生积极的结果。就像积极情绪能产生不好的结果一样，显然消极情绪也能在谈判中产生好的结果。首先，消极情绪具有信息价值。它警告对手形势是不确定的，需要注意。最近也有证据表明，当一位谈判者使用能够引起消极情绪的词语时，其他的谈判者就会变得乐观从而谈判能够成功化解。简而言之，气愤或者其他的消极情绪能够提供一个危险的信号，提醒所有谈判者要重视这个问题，并寻求解决方案。

当然，愤怒可能代表着谈判者是强硬的或者有野心的。研究人员发现比起一个开心的、没情绪的对手，谈判者更容易对一个生气的对手让步。做出让步的原因是接受愤怒的谈判者将愤怒诠释为一个潜在的威胁的表现。然而，愤怒并不是一定会让对方做出让步。什么时候愤怒会导致调解，什么时候愤怒会导致一个竞争性的回应呢？这可能取决于愤怒的角度。在一项研究中，当谈判者察觉到他们对手的愤怒合乎情理的时候，他们会要求更低并且做出更多的让步。

虽然有时候，在一个竞争性的谈判中，变得愤怒会获得好处（是强硬或者不愿妥协的信号），但有时会适得其反。接受愤怒的那一方在两种情况下不见得会对愤怒做出让步：①有机会进行欺骗（比如，错误地展示他自己的利益）；②几乎没什么利害关系。人们不怕拒绝生气的对手提出的要求。

我们在这部分中讨论的发现表明了谈判者的消极感情对行动或者对方情绪的影响。但是有证据表明，消极情绪对于在情绪中的谈判者有利。在一项研究中，相对强大的谈判者（因为有一个好的替代方案）从愤怒中得利了：一方面，他们的精力更加集中，更加坚持自己的主张，因而，在谈判中得到了更多的利益；另一方面，对于那些权利较小的谈判者（没有一个好的替代方案），愤怒使得他们精力不集中，产生了一个更差的结果。

6.5.7　情绪能够在战略上被用作谈判的开场白

情绪可能偏向自己观点的一边，情绪也可能在谈判中被用作一种操控的手段和影响的策略。举个例子，谈判者可能有意地操纵情绪，以获得另一方的支持，以便适应某种信念或者采取某种行动。

在一项研究中，一位带着积极情绪来进行谈判的谈判者更倾向于达到一致的意见。比起那些采用消极情绪战略的谈判者来说，这个一致性在双方之间包含一个积极的、未来的关系。这也显现出，一位有积极情绪的谈判者更倾向于减少与对手之间的争论。

除了故意表现自己的（真实的或者捏造的）情绪，谈判者还可能会遇到对方的情绪规范或者管理。成熟的谈判者能够调整他们的情绪以便适应他们所认为的对方的情绪状态。一些心理学家把能够感知和管理情绪的能力看作是一个稳定的个体的差异，被称作情绪智力。

总的来说，情绪是谈判过程的一个重要特征，这个特征为传统的观点——谈判是一个在风险和不确定的情况下做出决策的理性过程——提供了补充。在传统的观点下，我们通过观察谈判者如何衡量信息，以及取得最优化结果进而理解谈判。就像我们在章节的开始所提到的谈判者那样，他们深谋远虑、理智，且能控制谈判。但是研究者也意识到，谈判既包括那些从理性的判断中脱离出来的人，也包括那些在危急的情况下经历和表达情绪的人。

◉ 本章小结

在本章，我们对谈判中的感知、认知与情绪进行了一个多层次的探讨。6.1 节提供了一个全面的关于感知过程的回顾，同时讨论了感知失真的四种类型：刻板印象、晕轮效应、选择性感知以及投射作用。然后，我们讨论了谈判中框架效应如何影响感知以及影响对手谈判的框架。

本章还讨论了一个近期谈判领域里最重要的热点问题，也就是谈判中的感知偏差。通过分析各种感知偏差，我们提出了管理错误知觉和感知偏差的方法。在最后的部分，我们考虑了谈判中的情绪和情感，这也提供了一个理解谈判行为的感知和认知过程的重要选择。

第 7 章

沟　　通

:: 学习目标

1. 探讨谈判中的沟通内容以及人们如何进行沟通。
2. 探讨可能改善谈判中沟通效率的方式。
3. 了解改善谈判过程中沟通的实用工具。

究其本质，谈判是人和人之间沟通的过程。无论是语言的还是非语言的沟通过程，对达成谈判目标和解决冲突都至关重要。在本章中，我们将考察谈判者关于自身利益、立场和目标的沟通过程，反过来理解对方的利益、立场和目标以及整个谈判的过程。本章将以讨论谈判中沟通的内容作为开始，接着讲述人们在谈判中应如何沟通。本章结尾，我们将探讨如何改善谈判中的沟通以及考虑在谈判结尾时的特殊沟通要求。

7.1　谈判中沟通些什么

谈判研究者最基本的任务之一就是了解人们在谈判中沟通些什么。这一工作可以采取许多不同的形式，但是通常都涉及对角色扮演者进行录音或者录像，进而分析谈判中沟通的模式。在一项研究中，研究人员录制了来自两家石油公司的管理人员之间长达1小时的谈判过程。研究人员发现，买卖双方在谈判中运用的语言战术有70%是整合式的。另外，双方都表现出一定的互惠性，即当一方运用整合式战术时，另一方也以整合式的战术回应。

谈判中大部分沟通都不是关于谈判者的选择权。尽管谈判中的内容究竟是整合式还是分配式是依据讨论的议题而变化的，但是沟通的内容只对谈判的结果产生部分影响。例如，一方可能选择不讨论某一件具体的事情（比如他选择不同供应商的理由），因此他的对手（比如没有被选择的供应商）就不会发觉某些结果出现的原因。下面我们将讨论谈判中五种不同的沟通类型，并思考谈判中多沟通是否优于少沟通。具体见表7-1。

表 7-1　谈判时应该沟通什么

沟通的类型	重要的理由
要约和反要约	表达了谈判者的动机和偏好，并进而影响另一方的行为
有关可替代方案的信息	只有在对方也知道可替代方案存在的情况下，强大的可替代方案才授予谈判方一种战略优势

（续）

沟通的类型	重要的理由
有关成果的信息	谈判者们对于自身成果的评估，会依据他们所知道的对方行动方式的情况而变化
社交账户/解释	当对方提供社交账户的时候，可以缓解相对较差的成果带来的消极效应
有关过程的沟通	冲突加剧时，冒着风险的进度和有关进度的谈话可能会打断冲突螺旋，并且恢复建设性基调的方法

7.1.1　出价、还价和动机

谈判中最重要的沟通是讨价还价。卖方在此过程中有绝对的优先选择权。谈判者的优先选择权源自他能很好地权衡自己的潜在动机。谈判的框架建立在以下假设之上：①出价是一个动态的过程（出价者可能会改变价格）；②出价是一个互动的过程（双方互相影响）；③谈判中有很多内在和外在（比如，时间限制、回报、选择、顾客的压力）的影响因素。换言之，讨价还价是一个互动的过程，同时受到具体情境的限制。这个过程不断地修正谈判的参数，最终降低议价的范围，将谈判带向一个特定的解决点。

7.1.2　关于选择的信息

谈判中的沟通不只限于讨价还价，另一个重要的方面是共享信息对谈判过程的影响。例如，仅仅拥有一个谈判协议的最佳替代方案是否就能带来足够的优势？是否应该与其他人讨论自己的最佳替代方案？研究人员指出，最佳替代方案的存在将对谈判带来如下影响：①相对于没有最佳替代方案的谈判者，拥有最佳替代方案的谈判者将会设定更高的保留价格；②面对拥有最佳替代方案的对手，谈判者将会设定较低的保留点；③当双方都意识到有一方拥有最佳替代方案时，谈判者将会得到更好的结果。所以，拥有最佳替代方案的谈判者如果想得到更多的收益，就应该告诉对方，并且注意表达的方式。礼貌地（甚至是巧妙地）让对方知道自己的最佳替代方案能在不疏远对方的前提下提高效率，在对方面前盛气凌人地展示自己的最佳替代方案被看成是具有侵略性的。

7.1.3　关于结果的信息

学者利·汤普森（Leigh Thompson）和她的同事研究了共享的信息对谈判者如何评价自己结果的影响。研究重点在于胜利者和失败者是如何看待自己的结果的（胜利者就是指谈判中得益更多的一方）。汤普森和她的同事发现胜利者和失败者在不知道对方结果时会平等地看待自己的结果。但当他们发现对方做得更好时，就会感到不满。另一个研究表明，和完全不知道对方的情况相比，即使他们发现对方做得不如自己也会感到比较沮丧。综上所述，谈判者应该慎重考虑是否让对方了解自己的结果或者表达他们对对方结果的积极反映，尤其是当双方还要继续合作时。

7.1.4　社会账户

"社会账户"是谈判者用来给对方解释事情，尤其是为不好的消息辩护时所用到的。以下有三种比较重要的解释：①关于情境限制的解释。谈判者声称他们无法选择自己所处的位置。②关于情境无罪的解释。谈判者解释称他们是从长远的利益出发，尽管目前的情况不是很乐观，但也是源自一个好的动机（比如一个诚实的错误）。③重新构造解释。结果之所以这样，是因为环境的改变（比如短期的疼痛是为了长久的利益）。在谈判中运用多种解释的谈判者会得到更好的结果，而且也会较少体验不好的结果带来的负面影响。

7.1.5　关于过程的沟通

最后是关于谈判过程本身，即谈判进行得怎么样，应该采取什么方式来改进现状。这种沟通采取表面上看起来不重要的"小对话"的方式，它可以打破僵局或者建立更亲密的关系。也就是说，一些谈判程序不仅仅有帮助，而且极其关键，尤其是在双方矛盾加剧和僵持时。一个策略就是提醒对方注意自己表达不满的行为及其所带来的消极后果。谈判者如果想要化解矛盾就应该和对方保持沟通。谈判者和其他的生意人一样，愿意将时间花在结果的进展上而不愿浪费在讨论的过程中。但是，当需要关注实证性的谈话和过程时，谈判者就应该多花些时间在谈判的过程上。

我们可以把谈判中的沟通内容概括为三个问题。

1. 谈判者是一成不变的还是随机应变的

高效的谈判者会适应不同的谈判战略和方式。研究者提出，在设计谈判方式时，谈判者更喜欢坚持自己的方式。谈判者只对对方的一部分有价值的沟通做出反应，并且只运用小部分这些反应。而且，这小部分还会随着谈判的进行逐渐减少。也就是说，谈判的时间越长，沟通的形式就越少。这就显示出了谈判者在选择沟通方式上更愿意选择自己熟悉的方式。

2. 早期的言论对谈判有没有影响

谈判中相对较少的某一部分沟通可能会对结果产生重大的影响。学者发现，谈判中的"小薄片"——谈判的前 5 分钟的沟通，对最终达成谈判协议有很大的影响。谈判中前 5 分钟所奠定的基调至关重要：谈判者越多地使用强调语气或者大声说话，他们做得就越差，对方会越好。换言之，一开始控制沟通的基调是有益的，但不要运用过多的感情或夸张的沟通方式。

提早控制谈话是否可以帮助谈判者取得更好的结果？有证据表明，早期的情况将影响谈判双方共同的利益。研究指出，双方在谈判开始前就相关问题沟通得越早，这种共同利益就会越大。

3. 大量的信息是否总是有益

研究者指出过多的信息对于谈判者是不利的，这种情况被称为"信息副作用"。完全知道双方优先考虑事项的谈判者可能更难在结果中做出公平的决定。

证据表明大量的信息并不一定会带来好的结果。研究指出，大量的信息交换并不能使对方更准确地把握自己的优先考虑事项。信息的沟通对结果的影响可能并不像人们预期的那样。简单地说，信息沟通并不一定会使双方更加了解彼此的优先考虑事项，也并不一定带来更好的结果。

7.2　人们在谈判中如何沟通

显然，谈判中沟通方式和沟通内容同样重要。学者做了大量关于人们如何在谈判中沟通的研究，我们这里只谈及其中的三个方面：沟通者使用的语言特色、谈判中的非语言沟通以及沟通渠道的选择。

7.2.1　沟通者使用的语言特色

在谈判中，语言呈现两个平面，一个是逻辑平面（提案或者出价），另一个是语用平面（语义、语法和方式）。一个提议或者声明所传递的意思是由一种逻辑信息和几种语用信息（如暗含的或推测的信息）组成的。

换句话说，不仅仅是说的内容和方式有影响，另外一些东西，比如表达、传递或者是接收者感知到的隐藏信息也会有影响。例如，我们常常不仅对威胁所声明的具体内容做出反应，同时也会（经常是更强烈的）对它所包含的潜在信息做出反应。这些隐藏的信息可能暗示在将来的合作中这种威胁会破坏我们关系的前景。专栏 7-1 总结了威胁在使用具体语言元素分析时的复杂性和微妙性，尽管在表面上看来它仅仅是在谈判中迫使对方做出让步的一种陈述和诉说。

专栏 7-1

所有的威胁都能促进平等吗

威胁是否仅仅是对人们拒绝行事时，将会发生在对方身上的糟糕事情的一个陈述，还是意味着更多的东西？吉本斯（Gibbons）、布莱德克（Bradac）和布施（Busch）定义了制造威胁的五个语言维度：

（1）使用极化语言，即当谈判者站在自己立场时使用积极的、肯定的语言（比如慷慨、理智或者公平），而谈论到对方的立场时采用消极的、否定的语言（比如吝啬、非理智或者控制欲强）。

（2）直接口头表达（衡量预期的真实性、紧迫性以及相对心理距离），或者是表现出高度的参与，从而给对方施加压力（"好吧，成交了"或者是"我会竭尽全力来……"），或者是用低参与度来创造距离感并表现出冷漠（"嗯，这是……"或者"每个人都应该竭尽全力……"）。

（3）运用语言的强度。高强度的语言表达出说话者对说话对象的强烈感情（根据对肯定的陈述表达或者侮辱性语言的使用次数），低强度的语言表达的是较弱的感情。

（4）词汇多样性的程度（比如对丰富的词汇量的要求）。词汇的多样性表示的是舒适感以及语言能力，而词汇的单一性体现的是不舒适感、焦虑或者经验的缺乏。

（5）使用高效率语言风格的程度。低效率的风格通过使用口头模糊限制语、犹豫不决或者出于礼貌而顺从对方表现出来，高效率的风格通过语言优势、表情的坚定以及自信来表现。

根据吉本斯、布莱德克和布施的观点，如果谈判者在谈判时对对方以及对方观点的描述是负面的，并且使用的语言高度直接、高强度、非常多样化且是明显的高效率风格，威胁会更加可信。

资料来源：P. Gibbons，J. J. Bradac，and J. D. Busch. "The Role of Language in Negotiations：Threats and Promises," in L. Putman and M. Roloff （Eds），*Communication and Negotiation* （Newbury Park，CA：Sage，1992），pp. 156 –175.

不管意图是命令、勉强、兜售、说服，还是获得承诺，谈判者在谈判中的沟通方式似乎取决于编码自己思想的能力，以及理解和解码对方意图的能力。另外，谈判者使用习语和白话往往会带来问题，特别是在跨文化谈判中。谈判者可能清楚自己要表达的意思，但倾听者却往往迷惑不解（比如，"我愿意逗留到最后一刻"对于某些区域的美国人来说是积极的承诺，但是对于其他不同文化背景甚至是其他美国人来说却是含糊的）。有时尽管语言的含义是清楚的，但是不同词语和比喻的选择可能会使听者感觉受到排斥或者带来敏感性的缺乏，这种情况在男性使用体育运动来隐喻商业战略时常常发生（"这已经是第4次进攻了，目标是进球，已经没有时间丢球了"）。人们在与相同文化背景的人沟通时通常不会意识到这种潜在的误解，对于处理这种误解的准备更少。

最后，谈判者选择使用的词可能不仅仅表明了自己的立场，同时也塑造和预测接下来的对话会怎样进行。托尼·西蒙斯（Tony Simons）研究和调查了谈判中沟通的语言模式，下面列出了他的两点发现：

（1）谈判者在谈判中以及处理对方的关系的过程中都表达出自己的利益时，会比仅仅在其中一方面表达出自己利益时取得更好的综合性解决方案。

（2）谈判初期谈判者使用的语言模式，通过帮助谈判者在随后的谈判中发现综合性解决方案存在的可能性来定义谈判的议题。

7.2.2　谈判中的非语言沟通

人们与他人沟通的大部分信息是通过非语言沟通来传达的，包括面部表情、肢体语言、头部移动、声调以及其他许多形式。一些非语言行为，被称为参与行为，在类似谈判这类需要协调互动活动的沟通中尤其重要；它们让沟通对象了解到你正在倾听，并且做好接收你的信息的准备。我们接下来讨论三类重要的参与行为：保持眼神接触、调整身体姿势和对别人所说的进行非语言的鼓励或者劝阻。

1. 保持眼神接触

人们认为不诚实的人和懦弱的人都不敢直视他人的眼睛。诗人将眼睛称为人类心灵的窗户。这些例子都证明了人们相信眼神接触是非常重要的。通常来说，眼神接触是一种向他人表明你正在集中注意力倾听并认为他们是重要的方式。当然，当你没有直视对方眼睛时你也可能听得非常认真；事实上，你更可能会扭头看别处，因为这样你能将注意力集中到语句上，而不受视觉信息的干扰。但是问题在于，如果你不与对方保持眼神接触，你就不能提供你正在积极倾听的有力证据。

当你要说服某人时，在传递最重要信息的过程中使用眼神接触是很重要的。同时使用语言和非语言的系统能够突出被传递信息的重要性。不仅在表达时要掌握眼神接触，在接收信息时也要学会使用眼神接触。但是，这种模式可能更符合西方社会的特点。在世界的其他地方，或许更流行其他的模式。比如在亚洲一些地方，在对方说话时眼睛看下方表示的是对对方的尊重。

2. 调整身体姿势

父母经常对自己孩子的站姿和坐姿提出建议，特别是对在学校、教堂和晚宴等正式场合中的姿势。"集中注意力！"通常伴随着"坐直了！"从这些话语中父母教会了孩子另一个广泛持有的信念——一个人的身体姿势表明了他是否集中了注意力。为了确保让对方知道你正在集中注意力，你需要保持身体直立，向前稍微倾斜一点，并且直接面对对方。如果你同意并认可对方的观点，那就要特别注意不要没精打采、转身或者将脚放到桌子上。这样的举止被认为是不尊重的。相反，交叉双臂、点头、挑眉、挤弄眉眼等行为都能表现出强烈的反对。

3. 对别人所说的进行非语言的鼓励或者劝阻

一个人可以通过一系列简单的行为来表达对他人言论的关心和兴趣。一个点头、一个示意继续下去简单的手势或者讷讷地说"啊，嗯"都告诉了对方你在倾听，并让其继续下去。实际上，在对方发言时，你可以通过简单的点头来鼓励他继续谈论。真诚的眼神接触或者微笑以及点头都会提供鼓励性的暗示。相反，皱眉、怒视、摇头或者捂住胸口假装痛苦的样子都是表示对对方言论的反对。

如果非语言沟通运用得当，能帮助谈判者通过互动协调获取更好的谈判结果。有一个研究比较了谈判者在面对面沟通和非面对面沟通两种情况下双方关系融洽度的发展情况。研究者将融洽定义为，在互动中通过使用非语言表达而产生相互关联和共同利益的一种状态。他们发现面对面的互动通过非语言沟通提高融洽度，这也反过来增进了协调性，并带来更高的共同利益。当然，只有在沟通双方都能够准确解释非语言沟通时，才能带来这些好处。

7.2.3 沟通渠道的选择

使用的渠道不同，感受到的沟通也会有所不同。我们可能把谈判作为典型的面对面沟通，"谈判桌"这个常见的隐喻强化了我们的这种假设。但是实际情况是人们通过多种不同的沟通媒介来进行谈判：电话、书面形式，以及越来越多地使用电子邮件、远程会议、即时通信和短消息等电子渠道。谈判中网络媒体信息技术的使用有时被称为虚拟谈判（或者"电子谈判"）。人们在使用特定的渠道时，会形成对沟通工作和恰当行为规范的特定的看法，因此，渠道的变化对谈判进程和结果具有潜在的重要影响。

使沟通渠道互相区分的关键变化是社会带宽，它指的是一种渠道能够在发送者和接收者之间携带和传输的、超越字面信息本身的微妙的社会关系线索。例如，电话沟通作为一种面对面的互动的替代方式，可以通过声音或者音调的变化来传递某些社交暗示，但是不能够通过面部表情或者肢体语言来达到这个效果。在书面沟通中，纸面上只有文字和符号，但是对文字和书写方式的选择仍然能够传达出语气、礼节和情感。

电子邮件，作为一种随处可见的沟通模式，可以简单地将其看作包含电子传输的书面沟通。很多人将电子邮件当作一种高度非正式的媒介。那些绝不会传递草率的书面沟通信息的人，却能够自在地发送文体和语法都很粗糙的电子邮件。有的人还在文字中添加基于文本的表情来表达情感性的社交暗示〔如众人皆知的笑脸符号:-)〕。早期对人际和小群体之间通过电脑沟通的研究表明，社交暗示的缺乏导致更低的沟通抑制，从而引起更为积极的沟通行为。然而，大多数这类研究都聚焦于匿名互动。我们还不清楚社交暗示的减少对于特定的沟通情境，比如谈判，是否会产生相同的效果。因为在这一类的沟通情境中，沟通的双方是互相了解，甚至是非常熟悉的。

在过去几十年中，研究者研究了一般渠道尤其是电子邮件对谈判进程和结果的影响。遗憾的是，对于这种影响是否清晰并没有一致的结论。我们了解到，相对于其他渠道，面对面沟通的互动群体更容易产生人际间的和谐，面对面谈判中的谈判者更倾向于披露真实的信息，以便提高他们获得双赢结果的能力。相关研究发现，通过书面形式进行的谈判比面对面或者通过电话谈判更容易以僵局收场。

发展融洽关系，真实地共享信息是面对面沟通会提升合作的两个方面，但是面对面沟通也能增加谈判的难度。一个研究分配式谈判的研究团队探索了强硬的讨价还价相对于以让步为导向的软谈判的优势，如何受到谈判者面对面谈判的影响。他们发现当谈判者可以相互看到对方时（相反的情况就是没有视觉接触），有竞争力的方法能变得更有效率，它使得提出极端出价和做出极少让步的强硬的讨价还价方获得了额外的收益。在面对面的接触下，强硬谈判方可以清晰明白地表达他坚韧不拔的信息，从而限制了另一方的斗志，引发了让步。

使用电子邮件交流代替面对面交流能够掩饰或减弱谈判者双方的影响力的差别。有证据表明通过电子邮件进行的谈判最终达成的协议比面对面的谈判最终达成的协议更加公平（对资源的分配更加公平）。可能是因为电子通信提升了强弱谈判者之间公平竞争的环境。通过给予一方详细思考对方信息，并检查修改自己发出信息的机会，电子邮件可能确实可以帮助那些缺少人际交往技巧的一方提升他们的表现，尤其是当替代者正在自发地（面对面或者通过电话）和更熟悉的另一方进行谈判时更是如此。

越来越多的证据表明，使用电子邮件的谈判者需要更努力与对方建立融洽的关系。他们必须克服这种渠道所带来的可导致最佳协议流产或陷入谈判僵局的各种限制。使用电子邮件进行的谈判缺少闲聊——在面对面谈判中经常发生的无关任务或者以关系为重点的对话。闲聊是在谈判中建立融洽关系和信任的重要途径。在一项研究中，进行电子邮件谈判前通过电话闲聊了的谈判者取得了更好的协议、更好的谈判结果、更好的合作、更多的信任以及对未来关系更为乐观的态度。另一个增强在线谈判中人际联系的方法就是：语言模仿。模拟对方在语言、隐喻、术语甚至情绪上的使用。一项研究显示，活跃模仿对方语言的谈判者加强了信任，进而为模仿方的谈判者们带来了更好的结果。

在对电子邮件投入如此多关注的同时，必须牢记虚拟谈判中还存在其他的在线沟通机制。一项研究比较了通过电子邮件和使用即时通信进行的谈判。这两种渠道的重要不同点在于开启的速度：电子邮件是一种"慢节奏"的媒介，而即时通信是更加近似于口头通信的"快节奏"媒介。在一项模拟的谈判中，一些卖家得到了用来支持自己立场的复杂参数，其他的只得到简单的参数。研究者预测并发现，拥有复杂参数的卖家通过"快"媒介（即时通信）谈判取得了比拥有简单参数的卖家更好的谈判结果，但是这种情况在"慢"媒介（电子邮件）的谈判中没有发生。这项研究结果表明，拥有复杂参数的卖家能在即时通信的迅速、轮流的沟通环境中主导对话，而且这样做能够使对方做出让步。

总之，通过电子邮件和其他网络中介的谈判在创造机会的同时，也给谈判者在理解和选择特定媒介时带来了重要的挑战，即谈判者在选择一个特殊媒介之前要对其充分了解。专栏7-2列出了在虚拟环境中最大限度提高谈判效率的附加方式。

专栏 7-2

虚拟谈判的十大规则

（1）在谈判前或更早的时候，采取一定的措施认识对方，以便知道你的谈判对手是谁。

（2）说明在谈判中要遵循的、明确的规范过程。

（3）如果他人参加虚拟谈判（在你身边或他们身边），确保每个人都知道谁在那里，为什么在那里。

（4）挑选一种在谈判中可以有效获取所有信息和细节的渠道（面对面、视频会议、语音、电子邮件等），使双方都能充分考虑。

（5）避免"发火"，当你要表达一种感情时，要明确地表达，让其他人知道是什么及背后的原因。

（6）轮流的形式并不是必需的，但是要试图同步。如果不知道轮到谁，要提出来。

（7）检查关于你对对方的利益、提供的建议、议案或行为的假设。非面对面接触意味着对对方的信息了解减少，从而导致因推论错误带来麻烦的机会增大，所以要提问。

（8）在许多虚拟谈判中（如电子邮件），每件事都是用书面形式进行沟通的，因此要小心，不要做出不明智的、可以被对方用来对付你的承诺。你也不应该利用对方的这种不利条件，讨论并弄明白直至双方达成协议。

（9）虚拟谈判中可能会更容易使用不道德的手段，因为事实是难以验证的。但是，要抵制诱惑，否则后果很严重。当进行的虚拟谈判是自动存档时更加如此。

（10）并不是所有的谈判方式都是好的，找一个能很好适应你的沟通渠道的个人谈判方式（协作、竞争等）。

资料来源：Roy J. Lewicki and Brian R. Dineen，"Negotiation in Virtual Organizations," in Robert L. Heneman and David B. Greenberger（Eds.）.，*Human Resource Management in Virtual Organizations*（New York：John Wiley & Sons，2002）.

7.3 如何改善谈判中的沟通

前面讨论的许多方式都可能打断和曲解谈判中的沟通。在感觉、认知和沟通上的失败和曲解对于谈判的破裂和失败是至关重要的。研究一贯显示由于对方的错误知觉和沟通过程的中断，即使有相容或相同目标的谈判者也不会达成一致协议或最优协议。

在谈判中有几个主要技巧可以改善沟通：问题的使用、倾听和角色互换。

7.3.1 问题的使用

在谈判中，问题是获取信息的基本要素，提出一个好的问题可以使谈判者获得对方的立场、支持的协议和需求信息。

问题可以被分为两个种类：一种是易控制的，另一种是不易控制的并且会惹来麻烦的（见表7-2）。易控制的问题可以使对方注意或者准备下一个问题（"我可以问你一个问题吗？"）、获取信息（"将会花费多少？"）和产生思考（"对于改善这种情况你有其他建议吗？"）。不易控制的问题会导致麻烦、给出信息（"你不知道我们付不起吗？"），并且讨论得出错误的结论（"你不认为我们已经对此讨论得够多的了吗？"）。不易控制的问题更容易使对方产生防御和愤怒情绪。虽然那些问题可能包含信息，但是它们可能会使对方感到不舒适，并且不愿意进一步提供信息。

表7-2　谈判中的问题

易控制的问题	例　子
随意回答的问题——不能仅仅用"是"或"不是"来回答，是和谁有关、什么、何时、何地和为什么的问题	"你在谈判中为何会有这个观点？"
公开的问题——询问对方看法的提问	"你觉得我们的建议如何？"
诱导性问题——寻求某种特定答案的问题	"对于我们的报价，你认为公平合理吗？"
冷酷性问题——低情感的问题	"如果修缮房屋，我们将会出多少钱？"
有准备的问题——已经准备好答案的问题	"在你们修好房屋后多久我们可以入住？"
奉承对方的问题——在提问时奉承对方的问题	"对这个问题你能不能给一点深刻的见解？"
窗口性问题——有助于知道对方想法的问题	"能告诉我们你是如何得出这个结论的吗？"
指示性问题——关注某一点的问题	"这些改善使每平方米的租金率为多少？"
权衡性问题——说明他人观点的问题	"你对我们的建议有何看法？"
难控制的问题	**例　子**
解决问题——迫使对方以你的方式看待问题	"你在这里不会试图利用我们吧？"
另有用意的问题——将对方置于不管答案的立场	"你是否想告诉我，这些是你唯一可以接受的项目？"
激烈的问题——高情感，触发情感反应	"难道你不认为，我们已经花了足够多的时间来讨论你的荒谬建议吗？"
冲动的问题——出现"一时冲动"，无计划，并倾向于使问题误入歧途	"只要我们正在讨论就好，难道你还认为我们应该告诉那些向我们提出类似需求的其他人吗？"
技巧问题——似乎需要坦诚地回答，但实际上加载在它们的含义中	"你将要做什么——按照我们的需求还是借此来仲裁？"
反射性技巧问题——反映在使其他方与你的观点保持一致	"我是这样看待这个情况的，你同意吗？"

资料来源：Gerard Nierenberg, *Fundamentals of Negotiating* (New York：Hawthorn Books, 1973), pp, 125 –126.

谈判者也能通过使用问题来管理困难的或者已经终止的谈判。除了用于收集和分析信息，或者帮助谈判者表达自己的需要和利益外，问题还能在战略上被用作推进已经破裂的谈判或者拯救一个明显处于僵局的谈判。表7-3给出了几个这样的情景以及处理它们的特定问题。这些问题的价值似乎是暗中帮助或者强迫对方去关注他们的行为所造成的后果。

表 7-3　艰难情景下的问题

情　景	可能的问题
"要么接受要么放弃"的最后通牒	"如果我们可以想出一个更具吸引力的方案，你是否仍然想让我'接受或放弃'你的报价?" "我必须现在就决定吗，还是我有时间继续考虑?" "你在谈判结束时是否会感到压力?"
应对不合理截止期限的压力	"为什么我们不能协商截止期限?" "如果你正处于这样一个截止期限的压力之下，那么我可以做些什么来帮你呢?" "这一下午什么是神奇的? 早上约好的第一件事怎么样了?"
高球或低球战术	"你站在这一立场背后的逻辑是什么?" "你认为我对一个公平报价的看法是什么?" "你认为最后的解决方案应达到什么样的标准?"
陷入僵局	"为了缩小我们立场之间的差距，我们还能做些什么?" "具体来讲，你希望我做出怎样的让步才可以立刻结束谈判?" "如果已经是6周以后了，而我们正在回顾这一谈判，我们希望在谈判桌上进行的是什么?"
接受和拒绝建议之间的犹豫不决	"现在接受我的报价，什么是你的最佳选择?" "如果你拒绝这个报价，取代它并且好于我们报价的将是什么?" "你如何确定你会在其他地方得到一个更好的交易?"
一个关于你刚刚提出的报价是否与提供给其他方一样的问题	"你如何认为一个报价是公平的，考虑到这个，你如何评价我现在给你的报价?" "你是否相信我认为对你不公平就是我的最佳利益?" "你是否相信人们会被区别对待，但依然都会被公平对待?"
尝试压力、控制或操纵	"难道我们谈判双方都不希望得到一个满意的结局吗?" "如果我们互换角色，并且你正在感受我现在的压力，你会感觉怎样?" "外界的压力是否正在迫使你结束这些谈判?"

资料来源：Samuel D. Deep and Lyle Sussman, *What to Ask When You Don't Know What to Say*: *555 powerful questions to use for getting your way at work* （1993）. Englewood Cliffs, NJ: Prentice Hall.

7.3.2　倾听

主动倾听和反馈是诸如咨询和理疗等领域常用的术语。咨询师意识到在沟通中往往表达过多的意思，而他们必须努力区分这些不同的意思以免惹恼对方或者引起对方的防御心理。倾听主要有三种形式：

（1）被动倾听，即收到信息时没有给信息输出方提供信息接收的正确性或者完整性等方面的反馈。有时被动倾听本身就足够使信息输出方继续传达信息。谈判者可能会发现当对手非常健谈时，尤其是当对手主动进入或离开了某个立场时，最好的策略就是坐下来聆听。

（2）认可，这是倾听的第二种形式，比被动倾听稍微主动一些。在表达认可时，信息接收者偶尔点点头、保持眼神接触，或者插入一些如"我明白了""嗯""有点意思""原来是这样""当然""说下去"等回应。这些回应足够使沟通者继续传递信息，但是信息输出方可能将它们误解为接收者同意自己的立场，而非仅仅是信息接收的确认。

（3）积极倾听，这是第三种形式。当信息接收者积极地倾听时，他们用自己的语言重述或者解释传送者的信息。下面有一些积极倾听的例子。

> 传送者："我不知道要怎么解决这个麻烦的问题。"
> 接收者："你被如何解决这个问题困住了。"
> 传送者："请不要问我那个问题。"
> 接收者："听上去你现在忙死了。"
> 传送者："我认为今天的会议一无所获。"
> 接收者："你对我们的会议很失望。"

在谈判中，积极倾听似乎是不合适的。因为除了咨询师，信息接收者通常有一个既定的立场，并且对话题感受强烈。我们建议积极倾听，并不意味着接收者要自动放弃自己的立场、同意对方的立场。相反，我们把积极倾听看作一种鼓励对方的技巧，使他们更全面地说出他们的感受、优先选择、偏好的结构，甚至他们的立场。当对方这样做以后，谈判者可以更好地理解对方的立场、背后的原因和信息，以及进行妥协、和解和谈判的方式。

7.3.3　角色互换

在谈判中持续地为某个立场进行争论会导致"参与盲点"，即自我影响的循环论证，从而阻碍谈判者意识到双方立场可能存在的兼容性。我们在前面的讨论中已经指出，积极倾听的一个目的就是理解对方的视角或者偏好结构。然而积极倾听仍然是一个被动的过程。角色互换通过积极为对方的立场争论直到另一方相信自己的立场得到了理解，可以使谈判者更加全面地理解对方的立场。例如，某人可能问你会怎样处理他的境况。通过这样的问题，你可以开始理解一个人的立场，接受它的合理性，挖掘修正双方的立场以及使它们共存的方法。

研究表明角色互换是一个有用的工具，它可以促进沟通，提高理解的准确度，增进谈判中双方立场的互相认同。这个方法在谈判的准备阶段或者团队会议进展不顺时最有用。然而，增进理解并不一定能使冲突更易解决，特别是当沟通揭示了双方立场根本不相容时。

7.4　考虑谈判结束阶段的特别沟通

当谈判进行到即将达成协议时，谈判者必须同时留意沟通和谈判的两个关键方面：

以建设性的方式避免出现致命的错误和达成令人满意的结果。

7.4.1　避免致命的错误

　　谈判取得的成果一般包括决定接受提议、妥协、与对方权衡问题，或者采取综合性的措施。这样的决策过程可分为四个关键因素：构建框架、搜集信息、得出结论、从反馈中学习。前三个因素我们已经讨论过，第四个因素，即从反馈中学习（或者不能学习）在很大程度上是一个沟通问题。它包括记录你预期会发生的，系统地抵御自我服务倾向，确保你下次遇见相似的问题时能够想起这次反馈所提供的教训。在第 5 章中，我们讨论了谈判者不可避免会遇到的决策陷阱，它们来自感知和认知的偏差。虽然这些陷阱有些可能发生在谈判的早期阶段，但是我们认为也有一些发生在谈判即将结束时，尤其是当双方急着结束谈判达成协议时。

7.4.2　达成结果

　　加里·嘉洛斯（Gary Karrass）是销售谈判方面的专家，他对谈判结束时的沟通有一些特别的建议。嘉洛斯要求谈判者"知道什么时候该闭嘴"，避免在重要信息上做出不必要的妥协，防止采取可能导致对方远离他即将签署的协议的"默认"举动。这个方法的另一面是意识到对方的失态或者默认，并且拒绝回应或是被它们分散注意。嘉洛斯还提醒需要关注"最后一刻问题"。比如那些没有参与谈判过程但有权利或责任审核它的人，可能会挑衅或者放马后炮。嘉洛斯建议谈判者应该预计到这些挑战并且事先做好相应的准备。最后，嘉洛斯强调了降低书面承诺的重要性，因为他意识到书写契约的人有将目标表述清楚并且执行交易的义务。

■ 本章小结

　　在本章中，我们探讨了谈判中沟通的艺术和科学的元素。

　　首先，我们解释了谈判过程中的沟通内容。在各方都企图影响对方的情景下，谈判包含了大量的话题，而不只是简单地交换解决方案的偏好。紧接着我们探讨了谈判中沟通的三个问题：语言特色、非语言沟通和沟通渠道的选择。我们详细地论述了网络环境下的谈判是如何改变谈判者的行为和结果的。

　　在本章的结尾部分，我们探讨了一些改善谈判中的沟通的方式，包括倾听的技巧、倾听的运用以及在谈判结束阶段需要特别考虑的沟通问题。

第 8 章

发现和运用权力

:: 学习目标

1. 了解谈判中的权力形成的不同途径以及权力对于谈判来说为什么如此重要。
2. 探索谈判中权力的不同来源或基础。
3. 思考对于有权力的谈判者和需要对付更有权力的谈判者来说可以采取的不同谈判战略。

本章重点讨论谈判中的权力。所谓权力，是指谈判者可以聚集用来获得优势或者提高达到自己目标的能力。所有的谈判者都希望拥有权力，他们想知道如何给对方施加压力，如何说服对手从同样的角度看待问题，如何让对方给予他们想要的东西，如何赢得对方或改变对方的想法。注意，根据这个定义，我们在第 2 章和第 3 章已经谈论过很多关于权力的策略。分配式谈判和整合式谈判都是杠杆策略——通过对对方施加影响以达成对一方或双方都满意的结果。

我们首先探讨一下权力的属性及其在谈判中的动态运用，重点关注谈判者可以对对方施加影响的权力来源。而在存在的众多权力来源中，我们在本章将讨论主要的三个来源：信息和专业、对资源的控制以及人们在组织或关系网络中的地位。

8.1 为什么权力对谈判者如此重要

大多数谈判者相信权力在谈判中非常重要，因为它能够给谈判者带来优势。具有优势的谈判者通常想利用它获得更大的收益，或者达成他们偏好的解决方案。谈判者之所以寻求谈判中的权力，通常是由于以下两种原因之一：

（1）谈判者认为自己目前的权力不如对方。在这种情况下，谈判者认为对方具有既有的可利用的优势，所以他会寻求权力以消除或抵消对方的优势。

（2）谈判者认为自己需要比对方更大的权力以提高获取期望结果的可能性。在这种情况下，谈判者认为增加的权力对于他们获取或保持谈判中的优势非常必要。

蕴含在这两种观念中的是关于战略和动机的重要问题。战略可以被设计用来巩固谈判者自身的权力或者削弱对方的权力，从而形成一种双方均衡（双方的权力相当）或相异（一方的权力强于另一方）的局面。动机问题与谈判者运用策略的原因相关。多数情况下，谈判者运用策略创造权力差距，作为获取优势或阻碍对方行动的一种方式。这些策略增强了权力较大一方主导谈判的关系，为采取竞争型的优势策略和达成分配式协议铺平了道路。谈判者也可以运用策略创造权力均衡的局面，其目的是尽量避免任何一方控制谈判的局面，这就为达成妥协的、合作的整合式协议奠定了基础。专栏 8-1 列出了运用权力（和关注谈判中的利益或"权力"相比）作为谈判策略的优点。

专栏 8-1

谈判中的利益、权利和权力

理解权力在谈判中的角色的一种方法就是将它与其他可选的战略选择进行对比。在第 5 章中，我们介绍了尤里、布雷特和戈德堡提出的框架，该框架比较了谈判中三种不同的战略：利益、权利和权力。

（1）当谈判者想要了解各方的利益和优先事项，并且希望达成双方满意的协议时，他们关注利益。

（2）当谈判者想要根据法律法规、社会公平标准或者现有合同来达成决策规范或标准，从而解决争端时，他们关注权利。

（3）当谈判者威胁或用其他方式来强制对方妥协时，他们关注权力。

这个框架假设，这三种方法可能同时存在于某一谈判情境，谈判者可以自由选择他们的关注点。但是，谈判者真的会同时采用三种吗？他们应该这样做吗？这个问题在安妮·莱特尔（Anne Lytle）、珍妮·布雷特（Jeanne Brett）和黛布拉·夏皮罗（Debra Shapiro）的研究中得到了解决。

莱特尔和她的同事发现，大多数谈判者在同样的情形下会循环使用这三种战略——利益、权利和权力。他们还发现，谈判者会以同样的方式回应这些战略。例如，强制权力战略也会招致另一个权力战略的反抗，从而导致冲突恶化和达成糟糕的协议（或没有）。他们提出了一些在谈判中运用权力的重要启示：

（1）如果你的威胁是可信的，那么，在谈判一开始，你就可以展示自己的权力来强迫对方。这样可以促使协议快速达成。然而，如果对方发现你虚张声势，你的威胁就无法实现甚至有失颜面。这种结果不会是你所期望的。

（2）当对方拒绝谈判或者谈判失败需要重新启动时，权力战略（以及权利战略）会更加奏效。在这些情况下，运用权力或者权利策略做出威胁不会有太大的风险。但是威胁本身可能帮助对方看清情况的严重性。

（3）权力战略（或者权利战略）的成功与否取决于你如何运用它。要发挥其效用，威胁必须具体且可信，直击对方最关注的利益。否则，对方就没有动力去遵从。同时，要确保给对方留有后路，以使他们能够避开威胁，保留颜面，重新开启基于利益的谈判。

资料来源：Adapted from A. L. Lytle, J. M. Brett, and D. L. Shapiro, "The Strategic Use of Interests, Rights, and Power to Resolve Disputes," *Negotiation Journal* 15, no. 1 (1999), pp. 31–51.

一般而言，不注重权力或权力相当的谈判者会发现，他们达成双方都满意的协议的过程很简单，也很顺利。相反，注重权力或者想比对方拥有同等甚至是更多权力的谈判者，他们更有可能寻求一种解决方案——要么做到不输（防御态度），要么做到只赢（进攻态度）。

在以上提到的许多竞争或合作的谈判策略的运用中，都涉及权力，比如提示对方你拥有好的选择（达成谈判协议的最佳选择方案）可以增加胜算。有关权力和影响策略的研究相对比较少，而已有的这些研究结果也纳入了我们的讨论中。但是，本章的引用范围更加广泛，比如组织中经理如何影响其他人。我们要将这些研究结果适当地运用到谈判的情境中。

8.2　权力的定义

广义上讲，当人们拥有"达成所期望的结果的能力"或"按他们的方式完成事情的能力"时，他们就拥有了权力。想必是，拥有权力的一方能够让另一方做他们本不愿意做的事。

但这里也存在一个问题：到目前为止，我们提出的关于权力的定义似乎都集中于绝对的和强制性的权力，这不利于我们理解在谈判中权力是如何运用的。实际上，有两种关于权力的观点：一种是用于主导和控制对方的权力（更多出现在分配式谈判中）；另一种是用于与对方合作的权力（更多出现在整合式谈判中）。从权力拥有者的观点看，第一种观点适合于"强权"的定义，意味着这种权力本质上是主导的和强制的，而从另一方的角度看，这种权力的运用意味着无权和受控。这种权力关系可以从良性和支持的（如多数的师徒关系）变为压迫和虐待的（如同一位独裁家长一起）。

从第二种观点来看，参与者关于权力的观点意味着"权力共享"，也就是说，拥有权力的一方会与对方共同开发和分享权力。这时接受者将这种权力看成授权的、不受约束的。这充分显示了授权的好处，比如更好的员工参与、广泛的权力下放、更强的自主行事能力。这种理解权力的观点与"强权"截然相反，以下解释可能更加恰当：

一个参与者在一个给定的情形中（权力情景），拥有权力的程度达到了能够满足他在该情景下试图完成的目的（目标、期望或需求）。权力是一个关系概念，它存在于个人与其所处环境的关系而不是个人中。

但是多伊奇（Deutsch）也指出，有人倾向于把权力看作仅仅是参与者的特性，但是这种趋势忽略了参与者执行动作时所处的情境包含的权力要素。

很多人倾向于将权力只看作个体的属性。这种观点忽视了权力的情境因素。在给定情况下，一个参与者的权力由情境的特点和个人的特征决定。

比如，"A比B更强大"这句话，应该从三个相互区别但通常相关的视角看待：第一，权力情景视角，"A通常比B更能影响整个环境或者克服障碍"；第二，关系权力视角，"A更能影响B，或者克服B造成的障碍"；第三，个人权力视角，"A比B更能满足自己的期望"。

在进一步探讨之前，我们需注意泛泛探讨权力的缺陷。如果能够在一个章节中全面探讨谈判者可获取的权力来源、权力策略的构成及其运用条件固然很好。不幸的是，这样的任务不仅令人畏惧，而且是不可能的，主要有两个原因：第一，权力的有效利用不仅需要敏锐的观察力和良好的应变能力，而且它的结果也因人而异。有的谈判者运用权力策略可以达成非常理想的结果，而对另一个谈判者，可能会导致专制和混乱。第二，不仅关键的参与者和目标会随情形而改变，权力策略的使用情境也会改变。那么，我们能做的就是识别权力的一些重要来源，以及提供一些关于在具体情境下如何操作的普通陈述。

8.3 权力的来源：人们如何获取权力

要理解权力运用的不同方式，最好先看一下权力的不同来源。弗伦奇（French）和瑞文（Raven）在他们关于权力的创新性研究中定义了权力的五种主要类型：专家权力、奖赏权力、强制权力、法定权力和参照权力。其中多数都是不言自明的。

- 专家权力：源于对某一领域独特、深入的理解。
- 奖赏权力：源于能够奖励别人去做需要做的事。
- 强制权力：源于能够惩罚别人不做某些不需要做的事。
- 法定权力：源于在组织中拥有正式的头衔及相关的权力（如副总裁或董事）。
- 参照权力：源于因个人性格、诚信、人际风格等赢得的尊重和钦佩。例如，A 对 B 拥有参照权力，说明 B 认同 A 并愿意与 A 交往。

直到现在许多关于权力的研究仍然参照这一模型（自从 50 多年前提出之后，瑞文已经进一步推敲多次）。在本章中，我们采用更广阔的视角来讨论权力，并将权力的主要来源归于五种（见表 8-1）：

- 权力的信息来源。
- 权力的个体来源。
- 权力的职位来源。
- 权力的关系来源。
- 权力的情境来源。

表 8-1　权力的主要来源

权力来源	描　　述
信息	- 信息：为了改变别人对于某一问题的观点或立场而积累和呈现数据 - 专业：针对某一领域或专题积累知识，并且得到大家的公认。来自专业层面的权力可能是积极的（我们由于别人的专业知识而相信别人），也可能是消极的（我们不相信那些号称权威的人，做出与他们的主张相违背的事情）
个体	权力源于以下方面的个体差异： - 心理取向（倾向权力运用） - 认知取向（权力观念） - 动机取向（利用权力的特别动机） - 性格和技能（合作/竞争倾向） - 道德取向（权力运用的伦理倾向）
职位	权力源于在组织中或交流团体中的特殊位置，它具有不同的影响： - 因在组织中的关键位置拥有法定权力或正式权力。然而，法定权力也会影响社会规范，比如： （1）互惠，人们期望相互交换利益

（续）

权力来源	描　　述
职位	（2）公平，人们在给予别人帮助的同时也期望得到回报
	（3）信赖，人们期望帮助某些值得信任的人
	● 由于对资源的控制产生的权力，即对资金、原材料、时间和设备的控制，它可以是一种奖励别人以让他人顺从自己的激励机制，也可以是惩罚别人违背自己意愿的筹码。资源控制权主要表现在以下两个方面：
	（1）奖赏权力，运用有形奖励或个人赞扬鼓励别人顺从自己
	（2）惩罚权力，运用有形惩罚或个人批评强制别人顺从自己
关系	● 目标的相互依赖——谈判双方如何看待他们的目标
	参照权力——因经历、团队关系、地位等对别人产生的吸引
	参照权力可以是积极的（我们相信别人，因为我们尊敬他们），也可以是消极的（我们不尊敬他们，做出与他们的意愿相违背的事情）
	● 由于在关系网络中所处的特殊位置而对信息、资源流动产生的控制权
情境	在谈判情境中产生的权力，情境权力一般包括以下几个方面：
	● 最佳选择方案的有效性
	● 组织文化或民族文化
	● 可直接或间接影响谈判结果的机构、选区和观众

正如我们通常所说的，这些分类并不是固定的，也不是绝对的。权力可以源于许多不同的方式和情境，也会随着时间的变化而变化。在我们详细阐述这些方法时也会说明对弗伦奇和瑞文的模型是如何修正和更新的。

8.3.1　权力的信息来源

在权力的诸多来源中，信息可能是最常见的来源。信息权力源于谈判者收集、组织事实和数据支持其立场、观点或者达到其预期结果的能力。谈判者也可能会利用信息权力去阻碍对方的立场和期望的结果，或质疑对方观点的有效性。即使在最简单的谈判中，参与各方也应该具有自己的立场，并提供论点和事实来支持它。例如，我想要以 1 500 美元的价格卖出一辆旧摩托车，你说它只值 1 000 美元。那么，我就会继续告诉你，我买它花了多少钱，指出它具有良好的性能和吸引人的特征，解释它为何值 1 500 美元。而你指出它已经用了 5 年了，强调刻痕、凹痕和锈斑，说轮胎太旧需要换新，还指出你付不起 1 500 美元。在对摩托车进行 20 分钟的讨论之后，我们交流了关于它的成本、车龄、用途、折旧及现状，甚至你的财务状况和我的现金需求等一系列全面的信息。最终，我们以 1 300 美元的价格达成了协议，其中包括你欠我的 300 美元（见专栏 8-2，通过互联网获取信息权力已经改变了人们购买新车的方式）。

🌐 **专栏 8-2**

购车谈判中的信息权力

在互联网时代来临之前，许多消费者购买汽车如同去看牙医一样。消费者清楚地知道他们的角色就是要压低价格，威胁要另选别家，并且通常为了取得最好的协议而采取强硬的姿态。然而当他们买完车在回去的路上时，仍然还在怀疑他们是否买贵了。

聪明的消费者总是知道他们到底想要什么样的车，然后寻找一些符合要求的车，了解每辆车的市场价格，接触现有的拥有者以获得他们的使用体会，并且尽量避免对某辆车产生特定的好感。这些策略当然能够帮助人们应对与经销商的谈判。然而，顾客还是在很大程度上依靠猜测来决定经销商是否可以接受自己的出价。

但是在今天，新车或二手车的价格信息都可以通过互联网或其他渠道获得。消费者在与经销商谈判之前就已经获取了有关成本、不同经销商的报价、相邻地区的价格以及特定时间的促销价格等信息。据研究，花费时间收集信息的汽车购买者能够节约数百甚至数千美元。在与经销商谈判时，这些丰富的信息给予了购买者更多的权力。最终，这个权力使他们能够以最低的价格买到车。

谈判中的信息交换也是做出让步过程的核心因素。随着各方陈述了各自的信息，谈判的境况也就大致清晰了。共享信息的数量、类别和方式，使得双方对摩托车的现状、市场价值及各方的偏好都有了基本的（希望是真实的）了解。而且，信息不一定要完全准确才有效，虚张声势、夸张、隐瞒甚至十足的谎言也会有效。我可能会告诉你我购买新车花了 2 200 美元，虽然实际上只有 2 000 美元；我也可能不会告诉你刹车需要换了。同样，你不会告诉我，你实际上可以支付 1 500 美元，但只是不想花费那么多，或者不管要花费多少你都会买。

源于专业的权力是信息权力的一种特殊形式。任何人只要收集了事实和数据以支持其观点，就获得了信息权力，而专业权力只有那些对某个信息体系的使用和掌握达到了一定级别的人才会拥有。专家由于他们的经验、研究和成就而得到尊重、敬仰和信任。相比于非专家而言，谈判中的一方或双方将会更加信任专家——但也仅限于与他们的专业知识和谈判内容相关的情况。比如，汽车方面的专家可能对摩托车并不熟悉。所以，想要利用他的专业知识的谈判者通常需要说明他的专业知识是真实存在的，并且与讨论的问题相关。

8.3.2　权力的个体来源

1. 个人取向

个人对社会情境有不同的心理取向。有三种最重要的取向："认知取向、动机取向和道德取向，它们指导人们在特定情境下的行为和反应。"这些都是稳定的个体差异，即个性特征，它影响个人如何获取和运用权力。

2. 认知取向

个人在意识参照体系上的差异，是一种认知取向的呈现方式，对他们获取权力的方式至关重要。有三种主要类型的意识体系：

（1）单一体系，认为社会是一个综合的整体，个人和社会的利益是一致的，因此权力在多数情况下并不重要，而在需要的时候会有仁慈的具有权力的人来为大众谋福祉（集体社会和文化通常持有的观点）。

（2）激进体系，认为社会处于持续不断的冲突中（社会的、政治的、阶级的、利益的），权力在本质上和结构上都是失衡的。

（3）多元体系，认为权力相对平等地分配于各类集团中，这些集团之间相互斗争以争取权力，以使权力始终保持平衡状态（许多自由民主社会通常持有的观点）。

每个意识观点都构成了个人看待世界的框架或视角，塑造个人该关注什么、事情如何演变以及个人如何参与权力情境等的期望。意识观点也会影响个人处理权力相关的社会信息的方式，"它是有限的还是扩展的，竞争的还是合作的，平等的还是不平等的"，以及影响人们拥有权力时分享权力的意愿。

3. 动机取向

动机取向关注于个人动机的差异，就是在个人需求和人格的驱动因素上的差异，而不是意识上的。个人在影响和控制欲及对权力、权威的追求的取向上是存在差异的。更具戏剧性的是，在第二次世界大战结束后，人格理论家将"独裁主义者"描述为具有很强的意愿去主导别人，同时认可并屈服于更高权力的人。这些取向可能在"强权"或"无权"的情况下不适用，具体取决于对方的地位。

4. 性格和技能

有一些作者指出，权力取向在很大程度上基于个人性格是合作型的还是竞争型的。竞争型的性格和技能会强调"强权"方式，这些人拥有旺盛的精力和持久的忍耐力，注意力集中，专业性强，高度自信，对冲突高度忍耐。合作型的性格和技能与"分权"的方式更为相关，强调对别人的敏锐观察力，遇事灵活处理，在达成谈判协议时也能考虑到别人的观点。

5. 道德取向

个人在对权力及其运用的道德观念上也存在差异。谈判研究者普遍认为，谈判者的行为是由自我利益主导的，也就是他们只做对自己有好处的事。在第 5 章我们讨论了，不同的追求个人利益的行为是如何广泛影响了谈判中道德和非道德策略的运用。但是最近的研究表明，个人利益和道德认同之间有着强烈的相互关系，即对代表更广泛的共同利益的行为有了更广泛的承诺。有着较强道德认同的个体，即使比别人拥有更多的权力，也不太可能为了一己私利而行动。因此，权力腐败（导致权力持有者滥用谈判权力）的这个概念并不总是真实的，因为强烈的道德认同可以减缓这种趋势。

6. 情绪

除了刚刚讨论的更具持久性的性格品质外，还有很多性格上更短期的方面可以为谈判者创造权力，这就好比一个谈判者有着非常独特的需要，很难满足，或者一个犹豫不决的谈判者频繁改变主意，让人难以预测。谈判者的情绪也能创造权力，同时权力又加强了这种情感表达的影响。对于一个有影响力的谈判者而言，愤怒很有用处。愤怒往往使他们更完全地集中精力到他们想要的事物上，引导他们更加坚定自信，从而在一场竞争性谈判中获得更多的价值。愤怒帮助谈判者聚焦于他想要的事务上而较少被他人想要的事物或者情绪分散注意力，与此相反，权力较弱者不会对他们自己的情绪做出回应，结果更有可能被带入到对方的情感状态中去，而变得不那么专注，因而将谈判的价值拱手让给对方。

8.3.3　权力的职位来源

相比于基于性格特征得来的权力，权力还能通过组织的结构特点来塑造，即根据一个团体或组织的设计方式，某些个体会比别人有更多的影响力和优先权。下面我们讨论两种不同的影响权力的结构方法。第一种方法符合传统的组织结构，是由层次方框或组织职位形成的传统组织结构图；第二种方法更符合新型的被认为是网络结构的组织结构方式，并显示了谈判者在网络结构中的位置是如何促进他们讨价还价的。

1. 源于传统组织层次的权力

基于组织地位的权力有两种来源：①法定权力，基于在组织中的头衔、职务、工作中明确规定的责任，以及在组织中特殊位置而产生的权力；②基于对与职位相关的资源（预算、资金等）的控制产生的权力。

法定权力

法定权力产生于在组织中从事一项具体的工作、官职或职位。在这种情况下，权力源于工作本身的头衔、职务和明确规定的责任。而其"合法性"也是由于在工作中具有的头衔和职责而带来的。一位新上任的副总裁之所以拥有权力是因为他做了副总裁。

有时人们总是听从别人的指示，即使你不愿意这么做，但是你总觉得他们有权力发布命令（合法性），而你有义务服从他们（义务性），这就是法定权力的威力。

法定权力是社会结构的基础。当个人或群体加入任何社会体系中——小企业、部队、联合会、政治组织、体育队、任务团队，他们几乎立刻就会形成一些形式的结构和阶级制度。他们会选取或指定一个领导，制定决策规则、分工规则、责任分配规则和冲突管理规则。如果没有这个社会秩序，群体就不会有协调性的活动（混乱盛行）。同时，如果每个人都参与决策，那决策过程将陷于无休止的协调中。社会结构是有效率且有用的，这为法定权力奠定了基础。人们通过授予能够代表他们的人（主席、领导或代言人）一定的权力，而放弃自己参与每个决策的权力。通过建立一个群体结构给某个人提供一个权力基础，可以使群体中每位成员都产生遵从那个人的指令的意愿。

人们可以通过一些方式获取法定权力。第一，它可能是天生的。伊丽莎白二世拥有大不列颠及爱尔兰联合王国女王的头衔及威望，她还控制着个人财富。但是，她却没有处理伦敦日常事务的实质权力。第二，法定权力通过职位选举获得。美国总统拥有实质性的法定权力，而这些权力源于美国政府的法制结构。第三，法定权力由于被任命或提拔到组织中的一些职位而获得。因此，拥有总裁头衔也意味着拥有了与其相应的权力、责任和特权。第四，当某个人占据了组织中一个受人敬仰的职位时也会获得法定权力。通常，这些敬仰源自那个人的职位或组织内在的社会价值和社会利益。在许多社会中，年轻人听从老人，人们也通常听从大学校长或者神职人员。人们听从他们的意见，因为他们觉得这样是适当的。虽然神职人员、大学校长和许多其他人并没有奖赏或惩罚别人的权力，但他们仍然拥有相当的法定权力。

法定权力的有效性取决于遵从者是否认可组织结构，以及授权于领导者的规章制度的合法性。简而言之，没有被统治者的顺从和赞成，法定权力就无法发挥作用。如果有足够多的英国公民质疑女王的合法性和权威，即使已有了数百年的传统和建立君主制的法律，她的后续统治仍将处于非常危险的境地；如果有足够多的天主教徒挑战教皇对于堕胎、生育权或其他社会政策的统治，教皇的权力也将会动摇；如果总统的内阁成员以及关键顾问不愿意按照总统的意愿行事，那么总统这一职位就可以说是无效的。同样，如果有足够多的人开始破坏当权者的权威、怀疑它的合法性，他们就会藐视这种权力，从而破坏它作为权力的来源。

如果下属不再认同权力持有者的权威的话，这种法定权力就会被破坏、削弱，因此，权力持有者往往会设法收集其他的权力资源（比如资源控制、信息流）以强化他们的权力基础。资源控制权力及信息权力通常伴随着某种头衔、职位或工作而产生，而法定权力则往往源自对这些资源控制权的操控。军事官员很早之前就知道了这些规则。尽管现在的军事单位不再像以前一样需要经常参与战争了，但是所有的军事类组织（军队、警察局等）仍然会对他们的人员进行操练，因为这样做可以迅速有效地传达指令，教育他们遵守纪律和服从命令，并且可以密切监视一大群人，对人员的表现进行即时奖励及处罚。操练使得一大群人习惯于毫无疑问地接受某一位特定的人的命令，因为那些服从命令的人将会得到奖励，而那些违反命令的人则将迅速受到公开的惩罚。一段时间后，大家都会认识到这种奖励、惩罚的机制，于是，越来越多的人会为了得到奖励而选择服从，惩罚将变得越来越少。最后对于士兵来说，不问原因、不计较后果地接受军官的命令似乎是一件自然而然的、合情合理的事情。

虽然我们一直强调法定权力的合法性是由组织结构及职位赋予的，但也必须认识到，这一"合法性"同样也适用于某些对人们具有强烈控制力的社会规范及习俗，比如：

（1）互惠主义的法定权力。互惠主义是一种强势的社会规范，表明了当一个人为他人提供了某些帮助或者好处时，往往是期望得到回报的（"我帮助了你，理应得到回报"）。

（2）公平的法定权力。公平也是一种很强的社会规范，其机制是如果当事人为另一方做出了某些牺牲或是承担了某些痛苦，则当事人有权要求从另一方那里得到相应的补偿（"我为你做了这么多事，你至少应该给我一些补偿"）。

（3）责任或依赖的法定权力。这是第三种较为强大的社会规范。在这种规范的影响下，我们会对那些无助的人或是依赖于我们的人产生一种帮助他们的义务感（"我能够理解那些人是真的需要帮助，他们自己不能完成那件事"）。

资源控制

掌握资源的人可以将资源分配给那些服从他们意愿的人，而将资源从那些不按他们意愿行事的人的手中撤回。这里的资源的形式是多样的。谈判中参与者对某项资源越重视，这项特定资源就越会被视为一种有用的权力工具。在组织环境中，包括以下几种重要的资源：

（1）金钱：现金、工资、预算经费、补助、奖金、报销、可自由支配的资金。

（2）供应物品：原材料、配件、物件、零件。

（3）人力资本：有效的劳动力、可解决问题或完成任务的员工、临时工。

（4）时间：空闲时间、按时完成任务的能力、控制截止期限的能力。如果谈判中的一方或双方都感受到了时间的压力，那么此时若能帮助他们满足或是改变截止期限将被看成是一种权力（我们在第 3 章讨论过谈判中截止期限的问题）。

（5）设备：机器、工具、技术、计算机硬件及软件、交通工具。

（6）关键服务：维修、维护、保养、安装及运送、技术支持、运输。

（7）人际支持：对良好表现的口头表扬及鼓励，或对不良表现的批评。这是一种有趣的资源，因为几乎人人都可以利用它，不需要花费大力气去获取它，而且它的影响力很大。

对资源的控制、分配的能力是组织中一种主要的权力来源。当资源处于稀缺状态时，对该资源的囤积同样可以产生权力。在《使用权力管理》（*Managing with Power*）一书中，杰弗里·普费弗（Jeffrey Pfeffer）阐述了强大的政治和公司人物是如何基于资源控制建立起他们的帝国的。林登·约翰逊（Lyndon Johnson）在他的早期国会生涯中掌管了“小议会”（由宗教教职人员及国会议员助手组成的办事处）。他利用这个“小议会”作为杠杆形成了自己的权力基础。借此，他逐渐成为了议会发言人，并最终成为美国总统。与此类似，罗伯特·摩西（Robert Moses）一开始只是纽约市一个小小的公园管理委员会委员，最后却建立起了一个拥有 12 座大桥、35 条高速公路、751 个广场、13 个高尔夫球场、18 个游泳池以及纽约市内 200 多万英亩⊖公园的超级帝国。基于此，他一度成为纽约市受人瞩目的权力代表。

在谈判中要想利用资源作为权力的基础，谈判者必须掌握和控制另一方所需要的资源，比如物理空间、工作、预算权或者原材料，或者是控制住另一方所极力逃避的惩罚措施。正如我们所指出的那样，这些奖励和惩罚可以是有形的，也可以是无形的，比如喜欢、赞许、尊重等。要想成功实现对资源的控制，还要求对方必须与权力拥有者直接接触。最后，由权力拥有者根据大家对他的意愿的顺从、合作程度来决定资源的分配。各类资源的日益稀缺已经导致了新的黄金规则的出现：“谁拥有黄金，谁制定规则。”

2. 关系网络中的权力

第二种主要的结构性权力同样来自于一个人在组织结构中所处的位置，但是不一定是等级制组织结构。在这种情况下，权力源自于从组织中流经某一特定职位的一切事物（通常包括信息及资源，比如金钱）。占据某一职位的人也许并没有一个正式的头衔或官职，他的杠杆就是控制、管理流经该职位的事物的能力。比如，办事员或数据输入操作员，他们可以接触到大量的信息，或者是收集、管理、分配关键资源（金钱、原材料、许可、授权），那么他们就会拥有权力。这些工作也许没有一个傲人的头衔、一群追随的下属，也没有宽敞的办公室，但由于大量的信息及资源都需要经过它，因此它能赋予人们极大的权力。再比如说，某发展中国家的汽车驾驶员拥有极大的权力，即使他们的头衔并不显赫。如果司机不喜欢某个乘客，或者不想前往某个地方，他可以给乘客的生活带来很大的不方便，以及造成一些严重的后果（比如，延迟发车时间、开车速度放慢、绕路前进等）。

⊖　1 英亩 = 4 046. 856 422 4 平方米。

　　这些例子说明，即使没有高的职位及头衔，只要一个人的行为及职责与信息、商品、服务，或者合同的流动联系在一起，那么他就会拥有极大的权力。

　　可以这样来理解这种权力，它源自于组织中的人际关系而不是组织中的等级结构。关系图中用圆圈或者节点代表关键人物，用横线代表个体间的人际关系（见图8-1）。

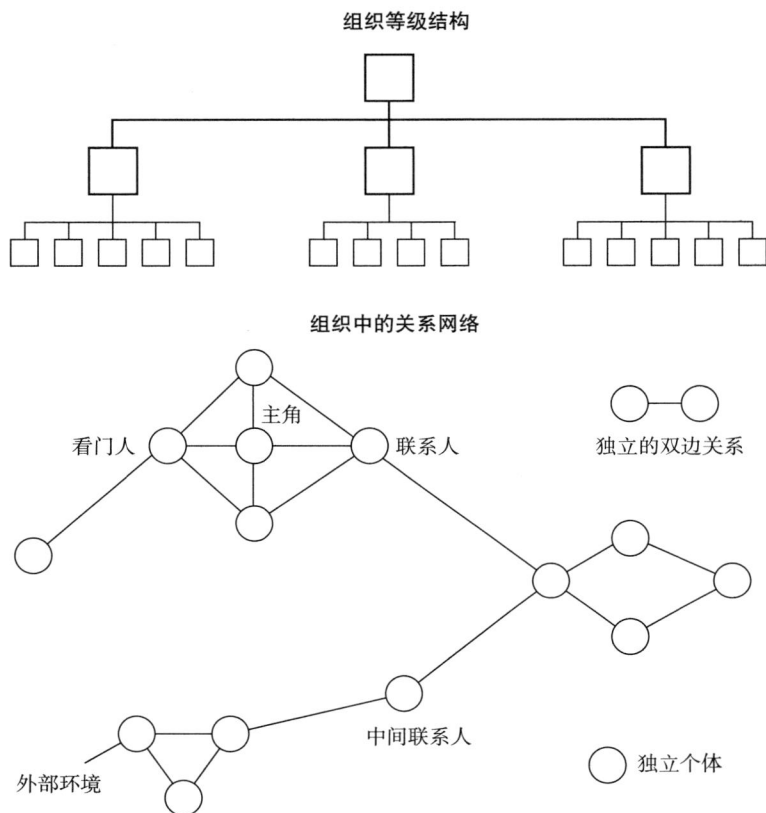

图 8-1　组织等级结构与关系网络比较

　　这些横线（关系）将组织中相互作用或需要相互作用的个人及组织（节点）联结在一起。信息及资源可看成是交易、人际关系、参照权的主要聚焦点，"压力"也能通过这些网络来谈判。在正式的等级结构中，权力直接与个人在等级结构中所处地位的高低及向他报告的下属人数的多少联系在一起。相反，在关系网络中，权力是由该职位在关系网络中的位置及经过该节点的资源所决定的。权力的大小由关系网中的这几个方面决定：关系强度、关系内容、关系的网络结构。

关系强度

　　这是一个衡量个体与他人间关系的强度及质量的指标。这种质量可以由你们之间的亲密度、你们分享私人信息的程度、你们愿意为对方做出让步的程度来衡量。个体之间的关系强度则由双方交往的频次、互相认识的时间、个人间的密切程度、交往的方式、关系网络中互惠的多寡来决定。与另一方的关系越牢固，意味着让对方接受你的请求的权力越大。

关系内容

关系内容就是你可以与他们分享的资源，包括金钱或者其他资源，比如信息、支持、情感、喜好等。关系内容越丰富，人际关系就越强，你获得的信任及尊重就越多，关系也就越牢固。

关系的网络结构

关系强度及关系内容都是针对关系网络内个人间的关系而言的。关系的网络结构则是一个社会系统内（比如，工作场所、所处部门、学校或者其他社会环境）所有关系的总和。关系的网络结构中的某些方面决定了一个权力的大小，具体包括以下几个方面：

（1）中心性。一个节点在交换及关系网络中越居中心位置，则占据该节点的人就会拥有越大的权力。该节点的中心性由流经它的信息量、交易量，以及该节点对这些信息流的控制力度决定。在图 8-1 中，主角的中心性相对较强，因此拥有更多的权力。有研究者指出，无论是在工作网络中、非正式的交流网络中，还是在朋友圈中，处于信息流的中心位置都很重要。一个新的教职工也许会自愿担当教师研讨会中"发言人"的角色，因为这样做他将会成为每周教职工讨论会中的中心人物。

（2）关键性和相关性。在关系网络结构中，权力的第二大来源是节点的关键性。虽然很多信息及资源不会流经某个节点，但流经的那些信息及资源对于完成组织任务、主要工作或关键产品都是不可或缺的。对于那些高度依赖他人的人，若他们的职责是聚集多方面的信息，那么他们也有可能成为关键人物；也就是说，他们可能会经常与一些重要的人物接触，并把接触过程中获得的信息进行整合，进而形成一个建议、一套行动战略，或者一项决策。在图 8-1 中，联系人及中间人担当的就是这种角色。因此，这里建议那些想要迅速获得成功的应聘者，可以去应聘那些在组织中处于中心或关键位置的职位，在这些职位中你可以得到快速晋升的经验和必要的知识。成为关键，甚至是不可替代的，是获取并保持权力的一个核心要素。

（3）灵活性。关系网络中权力的第三个来源是职位的灵活性，或者说主要人物在多大程度上对于某一决策或任务分配具有自行决定权。灵活性经常与关键性联系在一起。一个经典的关于灵活性的例子是看门人的角色（见图 8-1），这里的看门人可以控制谁可以接近关键人物或团体。任何想接近主角的人必须先通过看门人，比如若你想见老板，你必须得到秘书的许可。

（4）可见性。不同的节点具有不同的可见性，即组织中其他的人在多大程度上能够看见你的工作绩效。如果谈判者争取让对方做出了很大的让步，并且其他人也看到了谈判者的努力及成绩，团队就会给予该谈判者高度的肯定。中心性和关键性都很高的节点，它的可见性也许并不高，若是这样的话，它被认可及奖励的可能性就会下降。

（5）联盟中的会员身份。最后，就像关系网络中的一个节点一样，你也许是一个或者多个小群体或联盟中的成员。联盟往往会通过共同行动来代表同一个观点或是促进某种行动及改变；你隶属的联盟越多，你越有可能找到帮你接近关键人物、获得重要信息（经常指的是"内幕信息"）、实现目标的"朋友"。

8.3.4　权力的关系来源

下面讨论两种类型的权力：目标的相互依赖、参照权力。

1. 目标的相互依赖

谈判各方如何看待他们的目标，他们目标的实现在多大程度上取决于对方的行为，对于谈判方如何建设性地使用权力有很大的影响。合作型目标往往会促成"分权"的导向，即使在上下级间也是如此，这些目标包括"期望更多的帮助，更大的支持，多劝服少强迫，多信任以及友好的态度"。相反，竞争型目标则会导致双方追求"强权"，以加强双方间权力的差距，从而利用这种"强权"来最大化地实现自己的目标，这种方式往往是以牺牲另一方的利益为代价的。比如，关系及目标的相互依赖是工资谈判中一种关键的权力来源（见专栏8-3）。

🌐 **专栏 8-3**
....

工资谈判中的关系权力

来自怪物网站（Monster. com）的工资及谈判专家保罗·巴达拉（Paul Barada）指出谈判力是谈判中最容易被忽视，但又很重要的一种作用机制。他指出，谈判力将决定哪一方更为有利。雇主往往处于一个更有利的位置，因为他们拥有应聘者想要的东西：工作，而往往会有很多人需要这份工作（一个最佳替代方案）。但是，如果应聘者拥有雇主所需要的某项独一无二的技能，或者说某一领域缺乏这方面的人才，那么此时应聘者将拥有更大的谈判力（处于一个更为有利的位置）。一个工作应聘者可以从以下几个方面增强他的谈判力：

- 确定他拥有哪种技能，哪项技能与他所申请的职位相匹配。
- 调查需要这些技能的工作及行业。
- 根据行业市场情况及工作地点情况，了解公平、合理的工资水平是多少。
- 让你的雇主相信你将为他带来价值。
- 确定一个公平的补偿率（目标水平）及一个最低的补偿率（出走点）。

如果求职者发现他们不具备合适的技能、教育及经历，那么他必须考虑如何获取这些技能或经历以在工作谈判中获取更多的谈判力。

资料来源：Paul W. Barada, "Power Relationships and Negotiation," 2008, www. career-advice. monster. com/salary-negotiation/Power-Relationships-and-Negotiation/home. asp.

2. 参照权力

正如之前所定义的，参照权力来源于人们对一个人的人格、品质、人际交往风格、喜好的尊重及赞赏。如果说 A 对于 B 具有参照权力，那么意味着 B 认可 A 或者说 B 希望与 A 有进一步的关系。参照权力往往建立在共同的经历、相似的过去、共同的命运，或者是同一群体中的成员关系的基础上。谈判一方在设法增强自己对于对方的权力（通常是劝服）的过程中，若一方发现双方具有某种共同性时，这种参照权力的作用就会十分明显。因此，谈判可以从相互了解开始，努力发现他们之间的某些共同点（家乡、大学、喜欢的运动队、政治观点等），一旦发现了这些共同点，他们之间就很有可能建立起有助于达成协议的联系。与专家权力类似，参照权力同样具有负面效应。并且，负面的参照权力经常被使用，尤其是当谈判一方试图在他们间保持距离或划清界限时，或者是给对方贴上标签时。因此，政治对手经常相互给对方贴上"自由党"或"右翼分子"的标签，以使得对方在即将到来的选举中不那么受欢迎。

8.3.5　权力的情境来源

权力不仅仅存在于个体及个体间的人际关系中，同样也根植于谈判所处的环境及情境中。然而这些形式的权力在短时间内往往无法被人们所认识，因为我们都倾向于将权力看作是永久性的，由个人的特质和情境的结构差异来反映，而不是包含于一个冲突的结构及情境中。但是在一次谈判中，这种短期情境来源却是至关重要的，建议那些感到没有影响力的谈判者通过加强短期权力基础来加强他们的影响力。

1. 最佳替代方案

在第 3 章、第 4 章中，我们已经讨论过了谈判中最佳替代方案的角色，即如果与另一方不能达成一致，谈判者可能进行的另外一场交易。拥有最佳替代方案给谈判者带来了重要的权力，因为它意味着谈判者除了接受对方的提议外，还有其他可选方案。任何可行的最佳替代方案无疑为谈判者提供了更多的选择，可以放弃当前的交易，或是利用最佳替代方案作为杠杆来促成一项更有利于己方的决议。比如，当一位学生获得两所研究生院提供的助学金时，与那些只获得一种助学金的学生相比，他将更具有权力来获得一份更好的助学金。

几项研究强调了一个强大的最佳替代方案作为权力来源的重要性。首先，有一个强大的最佳替代方案增加了成为首轮出价者的可能性。其次，相比于没有替代方案者而言，一个好的最佳替代方案能增加谈判者的收入。而且，好的替代方案不仅给了谈判者影响对方的能力，同时也给了他们信心拥有可行的选择，而不是听从别人提出的解决方案。最近一项研究表明，（协议选择之外的）可替代性方案使谈判者拥有高度的权力感和更高的战胜目前对手的斗志，进而激励谈判者采取更具机会性的行为。

2. 文化

文化决定了一个社会环境的"含义系统"。文化就是一个包含了基本假设、规范和共同价值观的系统，这份共同的价值观是团队或组织中的个体共享的关于如何与人交往、共事，如何面对外部环境，以及把组织推向未来的价值观念。文化理所当然存在于不同的国家中，但它们也同时存在于不同的组织、群体或家庭中。

文化也决定了哪些权力是合法的、哪些是非法的，以及人们如何利用影响力、如何对其做出反应等。比如，在一个本书作者很熟悉的组织中，其首席执行官（CEO）在管理小组会议上提出了对商业战略做出重大改变的想法。对此，高层管理者几乎没表示任何批评意见，但在随后他们彼此之间或是与 CEO 的"一对一"的谈话中，他们积极地表达出了反对意见。这种在公共场合缺乏公开及坦率的精神已经成为这个组织的一种文化价值观，它导致了很多由大家一致做出的决策却在私下里被这些做出决策的人所不断破坏。文化常常包含了许多有关权力使用的"潜规则"，比如使用"强权"更合适，还是

"分权"更合适。

民族文化在"强权"还是"分权"上面哪个做主导对于不同民族有所不同，民族文化形成了人们与他人产生联系的方式。比如，"权力距离"就是区分不同民族文化的关键维度。权力距离大的文化接受他们社会结构中内在的不平等，即文化中的一些人对别人有"强权"，比如，地方或政府领导人、老人、智者等。相反，权力距离较小的文化包含广泛"分权"的规范，决策制定的权力通过文化广泛传播，人们更愿意接受以民主决策以及投票的方式选举那些有专业技能或独特技能的人，而不太愿意被少数老人、智者或世袭头衔的人所管理。

最后，不管是组织文化还是民族文化，常常会转变为社会结构上的不平等。在一个社会中，妇女、宗教团体或种族团体、某些社会阶层以及其他少数民族利益在多大程度上被不公平对待，映射出了这个社会结构及制度中权力不平等的历史演变过程。许多重大的社会问题以及关于如何转变这些问题的谈判，都可以追溯到文化系统中对于这些问题的历史演变，要想实现有意义的改变必须经过多年的努力及持续的关注。

3. 代理、委托人及旁观者

本书中描述的谈判大部分是一对一的形式，即只发生在你与另一位谈判者之间。但是，当谈判者代表的是其他人的观点（比如作为组织的代表人或是由另一人所代表），或是有多个谈判方、媒体、旁观者在场观察、评论、评估时，谈判将变得很复杂。当所有这些团体都参与进来时，他们也可能成为谈判过程中的一部分，对谈判方形成正式的或者非正式的压力，从而改变权力的动态过程。

8.4　与权力较强的一方谈判

到目前为止，我们已经重点讨论了多种在谈判中利用权力来获取优势的方法。但是，谈判者在权力方面却往往处于劣势。有关谈判者应该如何与那些权力较强的对手（权力来自于前文中提到的那些来源）进行交涉的研究还比较鲜见。本章最后，我们将对那些处于劣势地位的谈判者提供一些建议。迈克尔·沃特金斯（Michael Watkins）专门探讨了"与大象共舞"的问题（与比你的权力强很多的对手交锋），并且指出了权力处于劣势地位的谈判者在商业交易及合作中应对强势对手的方法，下面是他的几条建议：

（1）绝不做孤注一掷的交易。只依赖于一位谈判对手并与其达成一项破釜沉舟的决议，将使得劣势方处于一个极度脆弱的境地。比如，一家小公司如果同意让沃尔玛成为它的唯一客户，那么它将承担被沃尔玛完全控制的风险。处于劣势地位的谈判者，应该与多方进行合作以分散自己的风险，从而避免自己被唯一的合作伙伴消灭掉。

（2）削弱对方。在应对强权方时，尤其是当对方是一个团队或组织时，弱势方应该设法建立多边关系并展开多场谈判。通过与强权方的多个个体及部门进行交涉，弱势方可以在这些小组织中建立多样性的关系、呈现多样化的利益，最终通过分化来实现自己的目标。

（3）强化己方力量。类似地，弱势方可以与其他弱势方合作，从而增强他们共同的权力。这件事情做起来要小心谨慎，研究者建议，如果弱势方试图通过变得更具挑战性来强化己方力量，他获得的收入将会比直接接受弱势地位少得多。

（4）通过逐步达成协议来提高自己的权力。初期的交易可以是为了建立双方关系，巩固自己与强权方的关系，或是为获取资源（信息、技术、原始资本等）而展开。选择能够让你获取最大好处的强权方，并且让其他方看见你达成了这些协议。

（5）利用竞争力获得权力，这是最佳替代方案的变形。如果你能够提供某项资源，那么一定要把它提供给多家强权方。如果你可以使这些强权方为了获取你拥有的这项资源而展开竞争，那么有些强权方就可能仅仅为了你不与其他的强权方达成协议，而与你达成你所需要的协议。

（6）约束你自己。通过限制自己的业务方式及业务对象来约束自己，虽然这样做能够减少你的竞争对手，但同样也束缚了你自己的行为。

（7）好的信息永远是权力的源泉。寻找能够加强你的谈判地位的信息。抢先使用对对方最具说服力的信息，但要注意组织好这些信息，以便你能最快地利用它来达到最具说服力的效果。

（8）多问问题以获取更多的信息。研究表明，弱势方在谈判中倾向于询问诊断性问题而非领导性问题，并始终如一地表现出他们合作的意愿。当然，这些行为往往能产生更好的结果。

（9）尽自己所能控制谈判过程。如果强权方控制了谈判过程（日程、节奏、时间以及地点），他就会确保以自己想要的方式展开谈判，以确保自己想要的结果。如果弱势方控制了谈判过程，他就有可能驾驭这场谈判朝着有利于他的方向进行。

◘ 本章小结

本章讨论了权力的属性。我们提出了两种理解权力的方式：一种是"强权"，意味着权力的本质是支配性或强制性的；另一种是"分权"，意味着为了达到共同的目标，权力是可以共享的。一般我们都倾向于从第一个角度去看待权力、定义权力，但通过本章分析，我们发现"权力共享"在促成合作型谈判的成功中至关重要。我们回顾一下权力的五种主要来源：

（1）权力的信息来源（信息及专业知识）。

（2）权力的个体来源（心理取向、认知取向、动机取向、性格、道德取向以及技能）。

（3）权力的职位来源（法定权力及资源控制力）。

（4）权力的关系来源（目标的相互依赖、参照权力及关系网络）。

（5）权力的情境来源（最佳替代方案、代理人、谈判所处的组织及社会文化）。

最后总结一下，我们强调两个关键点：第一，虽然在本章我们介绍了很多获取权力的方式，但必须认识到，权力很难捕捉到，并且在谈判中稍纵即逝。只要能够为一方提供暂时性的优势，几乎所有事物都能看成是权力的来源（比如最佳替代方案，或者是一条至关重要的信息）。第二，权力只是一种影响能力，利用权力并有技巧地发挥它的影响力需要熟练的技能和丰富的经验。

第9章

谈判中的关系

:: 学习目标

1. 理解谈判中关系的存在将会如何改变谈判的本质。
2. 探索谈判中可能出现的几种不同形式的关系。
3. 考虑名誉、信任和公平在谈判关系中所扮演的重要角色。
4. 考察如何重建信任，以及修复受损的关系。

至此，本书把谈判过程描述成：发生在之前毫无关系，也互不认识的两方之间的交易过程，其目的是为了达成交易，而且一旦交易达成后，双方就不存在任何关系了。换句话说，谈判过程只是时间和情景的"快照"。然而现实中真正的谈判并不是这样的。丰富多彩、错综复杂的社会环境对谈判各方的互动以及谈判过程的发展都有重大影响。

环境影响谈判的一种主要方式是关系，即人们在过去、现在和将来的一些关系。本章我们将重点探讨过去和将来的人际关系影响当前谈判的方式。我们将分两个部分对关系进行讨论：首先，我们阐述的是谈判者之间过去、现在或将来的关系是如何影响谈判过程的。这些探讨将会对许多谈判理论和实践所做的普遍假设提出挑战——这些假设没有考虑谈判各方之间的任何关系，并对许多谈判理论在人际关系情景下的适用性给出了批评性评价。我们提出了一种分类方法，这种方法可以对各种不同的关系以及可能发生在这些关系之下的谈判进行分类。此外，我们还大量描述了在现存的关系内进行谈判的一些相关研究。最后，我们讨论了三个主题——声誉、信任和公正，它们对在关系情景下进行有效的谈判尤为重要。

9.1 已有谈判研究在关系情景下的适用性

传统上，研究者用两种方式来研究谈判过程。一方面，他们研究真正的谈判者在"实战"环境下的谈判，比如劳资关系谈判。另一方面，他们只是简单地在试验室内模拟这些复杂的谈判。他们创造一些简单的谈判游戏和模拟，由自愿的学生作为参与者，然后在可控的实验室环境下探究谈判问题和谈判情景。

后一种方式（实验室研究）在过去的 50 年里在谈判研究领域占据了主导地位有这样几个理由。第一，这种研究方式远比在"实战"情景下研究错综复杂的真实谈判要容易得多。真实谈判里，很多外部因素会影响谈判结果，因此相对于研究真正谈判中的谈判者而言，给大学生创造一场讨价还价的游戏、开展问卷调查要更简单。同时，找到正在进行紧张谈判的双方，让他们允许研究者的观察、采访、询问或者公开谈判胜负，也很有难度。第二，部分研究问题最好能在可控的试验条件下进行，因为在真实的谈判中，重复遇到或连续模拟相同的环境是不太可能的。例如，要研究制造威胁能否增加谈判中的对抗，几乎不太可能实现在真实的谈判中让其中某些谈判者对另一些谈判者施加威胁，因为双方如果没有采取这种试验方法的倾向，威胁行为就不会发生。最后，相比于实战情景，试验的设置使得研究者能够更有效地收集数据、控制环境中的外来因素，而且能够对试验结构的信度和效度更有信心。

然而，这种传统的实验室研究带来了一些严重的问题。我们所取得的关于在复杂谈判中什么是有效的大多数结论都来自有局限性的、简单的谈判游戏和课堂模拟。这些在简单的实验室研究中形成的理论被广泛用于指导谈判者在复杂的环境中应该如何行动。因此，许多著作（包括本书）都利用这些理论来指导谈判者该怎么做以及该如何谈判，而不是仅仅描述人们在谈判中（真实的和模拟的）的真正做法。人们有理由提出疑问，这些结论是否全部准确和恰当，因为大多数的谈判都出现在有关系的双方之间，因此双方的过去就极其重要，当然双方也希望今后能与对方保持关系。直到最近，研究人员才开始研究在双方之间存在关系的条件下所进行的实际谈判，以便针对双方深深嵌入关系时该如何进行谈判给出更好的指导。

一个研究小组已经探讨了现有谈判理论在关系情景下的不足。他们所举出的示例如下：

一对新婚夫妇就与哪方父母共度圣诞假期的问题展开了讨论。宝洁和沃尔玛讨论在新建立的关系下谁会拥有库存。普华永道会计师事务所正和一位极其重要的审计客户讨论成本过大的问题。在一个新建立的工作小组中成员们正在讨论他们的新角色，以便找到愿意做同种工作的两个人。这些讨论都可以被归为一种问题：分配式谈判。其中涉及两方：一个极其重要的问题和相反的立场。每次谈判的主要部分都是想办法发现对方的底价以及隐藏自己的底价。但是这些谈判往往比问题的分配式谈判复杂得多。

正如我们指出的，他们所争论的问题正是研究者们从简单的试验室研究（"交易型谈判"）到关系情景下的谈判研究进程中所要概括的问题。这里我们概括了关系对谈判过程的影响：

（1）关系情景下的谈判经常发生。在第 3 章中，我们指出把分配式谈判转化为整合式谈判的一种方式是各方轮流获取收益或回报。在关系情景下的谈判双方可以轻松完成这件事。夫妻二人可以在假期轮流看望双方的父母。时间成为在关系情景下进行谈判的一个尤为重要的变量。理解随着时间的推移，谈判各方将如何增加或放弃某些谈判议题，对处理困难的谈判局面极其重要。

（2）谈判通常不是讨论某个议题的方式，而是更多地了解对方和增强双方彼此依赖性的途径。在交易型谈判中，各方都希望获得更多的有关彼此的信息以便达成更好的交易。短期交易需要各方或者按照自己的偏好行动，或者在行动之前收集一点关于对方的信息。而在关系型谈判中，收集有关对方的想法、偏好、优先考虑事项等信息是非常重要的。这些信息有助于了解对方的思想、工作习惯等，这样就能够提高谈判方的协调能力并巩固双方目前的关系。简而言之，在交易型谈判中，最重要的主题通常是交易；在关系型谈判中，最重要的主题是保持和增强关系。

（3）对于简单的分配式问题的解决方法在未来有着重要影响。时间可能成为一种资产，也可能成为一种灾祸。任何一个谈判议题的解决都可能为今后创造一种不理想或者不想要的先例。宝洁公司对于库存的问题该如何处理可能会影响今后类似问题的解决。这对已婚夫妇在头两年假期对双方父母的轮流看望并不意味着他们永远不能改变这样的安排，也并不意味着他们在今后任何有不同意见的问题上都必须采取轮流的方法解决。但是他们可能必须要明确地讨论某些先例何时适用、何时不适用，并向对方解释他们的决定。这些谈判也可能会改变他们的谈判力，以及在未来关系中的相互依赖性。谈判各方对彼此了解越多，相互之间依赖性就越强，就越容易受对方影响。分配式谈判会在今后对双方产生声誉问题，我们将在本章后面的内容中详细讨论声誉的影响。

（4）关系情景下的谈判所涉及的分配问题会使谈判者情绪激动。如果谈判一方对某个问题有强烈的感受或者对方的行为具有挑衅性，那么谈判者就会变得很气愤。很明显，把愤怒表现出来会使双方在对其他问题进行谈判时也变得很困难（我们在第5章已经讨论了情绪是如何影响谈判的）。谈判各方可能会说一些他们本无意说出的话，做一些伤人的评论，中断谈判，甚至拒绝进一步的谈判。因此在谈判继续下去之前，各方至少要冷静下来或者互相道歉。在极端的情况下，各方可能会把争执持续多年，并且将这些情绪包袱从一场谈判带到另一场谈判中去，却从不解决问题。当然双方也就不可能讨论任何具有实质性关系的问题。

（5）在关系情景下进行的谈判永远不会结束。谈判游戏或者谈判模拟的一个优点是一定会有一个结尾。实际上，许多在实验室进行谈判的参与者可能都对如何"结束谈判游戏"制定了具体策略。通常，他们会放弃合作策略，只为在最后一步战胜对方。然而在许多关系中，谈判永远不会结束，各方经常会持续地就过去那些没有完全解决的协议或议题（或者解决时只获得了一方的欢心而没有使另一方满意）再次进行谈判。这样做可能会产生如下几种后果：

- 谈判双方可能会推迟对困难问题的谈判，以便使谈判步入正轨。如果已婚夫妇认为他们的关系在两年内将会结束，那么他们就会努力得到自己想要的东西，尽管他们已经结婚了。此外，他们还可能就关系结束时谁会得到什么财产的问题达成协议。但是，如果这对夫妇希望婚姻永久持续，他们可能只会简单地把财产都混合起来，并希望未来"一切事情都取得好结果"。

- 试图预测未来并把所有事情都预先谈好，通常情况下是不可能的。两位年轻的企业家决定一起创业，他们不可能完全预期到在共同努力之后会得到什么，或者如果他们5年之内决定"分家"应该考虑哪些问题。目前来说，谁又能知道他们的创业是否能够成功，或者什么将成为最重要的问题？至多，他们所能做的就是保证在遇到问题时能够相互沟通和讨论。

- 谈判各方存在异议的问题可能永远不会消失。正如我们之前指出的，在关系情景下一些谈判永远不会结束。有两位室友，他们的卫生标准不同——一个爱干净，一个很邋遢，两人可能永远也解决不了，究竟应该按照谁的喜好来管理房间卫生的问题。邋遢的人总会把东西到处乱放，而爱干净的人则总会对乱七八糟的东西反感。只要他们住在一起就会面临这个问题；有关卫生情况的协议通常不能达成，尽管他们可能已经想尽了所有不同的办法，来适应彼此的喜好和习惯。

（6）在许多谈判中，对方就是焦点问题。一个广为人知的整合式谈判理论指出，为了进行有效的谈判，谈判者必须要"对事不对人"。但是当谈判对方就是问题本身时会发生什么呢？回到我们之前提到的一些例子：一个人与另一个在价值观和生活方式上存在很大差异的人在一起时，可能会带入一系列情绪问题，将会产生超出单一问题的谈判。在那两个室友的例子中，爱干净的一方很可能会不把另一方的邋遢行为当作简单的生活方式差异问题，而是当作故意的行为或者是挑衅行为："他之所以把这儿弄得如此混乱，是因为他知道当我看到这里像垃圾场时，会很生气。他这样做只是为了刁难我而已。"这已经不仅仅是一个有关多久打扫一次卫生或者是一个人是否对对方的生活习惯足够容忍的问题了。现在来说，这已经成为一个一方把另一方的行为视为刁难性和挑衅性的问题了，而问题的原因仅仅是他们生活在同一个空间里。当双方都尽可能做到"对事不对人"以及寻找可行的解决方法时，另一方的存在、喜好、生活方式以及激怒另一方的行为等事实就成为棘手的谈判问题，而问题的唯一解决方案可能就是永远地分开或者关系的破裂。

（7）在一些谈判中，维持关系是谈判更重要的目标，各方可能会就许多问题做出让步以便维持和提高关系。对于"人本身就是问题所在"的谈判而言，潜在的解决方法是一方或者双方都在实质性问题上做出一些让步，而且仅仅是为了维持关系。当谈判各方处在传统的分配式谈判中时，他们通常会以报出一个低价或高价，然后再渐渐地向中间价移动的方式做出让步。即使是这种彼此都赞成的让步也很好理解，因为各方首先把两个独立议题所涉及的利益等同起来，然后以对一个议题的让步换取对方对另一个议题的让步。然而，双方是如何用实质利益来换取关系利益的却让人难以理解。假设我有一辆二手车，其市场价值是 5 000 美元，然而，我妈妈正需要一辆车偶尔到城里兜一圈或者去看自己的孙子，于是我决定把它卖给我妈妈。这就不再是一个简单的市场交易了。我能说服自己卖给妈妈与卖给陌生人一样的价钱吗？我能说服自己这样做吗？很明显，我认为自己与妈妈之间过去和将来的关系价值至少是车子的市场价值（也很有可能不止这个价）。这将会对以上问题给出一个答案。在第 1 章中，我们讨论过当与对方的关系很重要但实质性的谈判议题并不重要时，顺从最有可能被作为一种策略选择；顺从在关系下的谈判中比在市场交易中更有可能被作为一种策略。

总之，我们已经明确关系下的谈判与存在于过去和将来都不会有任何关系的双方之间的分配式和整合式谈判非常不同，而且前者更有挑战性。对于如何将市场交易中的那些观点建议应用于关系下的谈判，并不总是那么明确。

9.2　共同分享关系下的谈判

某种程度上，有更多关于谈判的研究是有关共同分享的关系的。这些研究表明，有着共同分享关系的谈判双方更加合作和感同身受。他们同时关注对方和自己的结果，更有可能与对方分享信息。在解决冲突方面，他们更有可能把妥协和解决问题作为策略，因此，以某些标准来判断，他们在决策制定和绩效合作型任务上做得更好。丹尼尔·夏皮罗（Danial Shapiro）最近的一项研究强调了公共谈判的独特性。丹尼尔开发出了一种基础广泛的用来理解群体内或群体间的谈判的方法——群体是指共同的道德、经济或政治倾向定义的民族、州或群体——称之为"关系认同理论"。丹尼尔说这些团队跟部落差不多，被一种强大的共同认同驱使着聚在一起，这种强大的共同认同感在它周围制造出如此严格的边界，以至于试图使用传统谈判技术（指那些强调事件而不是认同的技术）来了结争端几乎注定是失败的。另外，通常伴随着团队间冲突的强情绪会使谈判者们盲目选择工具来帮助他们识别兴趣、管理情绪以便有效达成冲突解决方案。

然而，还不明确的是关系亲密的谈判者是否会比其他的谈判者产生更好的解决方案。许多研究发现，那些没有亲密关系的谈判双方会提出更好的整合式方案。这可能是由于关系情景中的谈判双方可能不会去强力推行自己所偏好的方案，目的是为了最大程度地减少双方关系的冲突水平，或者是谈判双方可能牺牲了自己的偏好以便维系关系。

最后，研究者开始探索处于关系中的谈判各方可能会采取不同的关系形式，以及不同关系所产生的结果。在一项研究中，一对以色列夫妇选择了调解离婚。在解除婚姻关系的过程中，男方在处理问题和冲突时倾向于用法律和惯例的准则作为依据，而女方则倾向于用双方对彼此的责任作为依据。男方会更加冷淡和非情绪化，而女方则表现出深深地受伤和伤痛。想要进一步了解在关系下的冲突管理，请参见专栏 9-1。

🌐 专栏 9-1
....
在紧张、复杂的关系下解决冲突

心理学家约翰·戈特曼（John Gottman）在他的整个职业生涯中一直在研究有关解决婚姻中的冲突问题。通过观看成千上万对夫妻就婚姻中存在分歧的问题进行讨论的录像，他提出了以下几种有关如何构造一种有效关系的观点：

（1）成功的夫妻总会寻找积极的方式，并且会尽量经常说"是"。他们时常对对方的想法、贡献、观点和喜好表示肯定。这点对于那些经常不愿意接受女人感受的男人来说尤为重要。

（2）他们把冲突作为一种解决问题的方式，而不是避免和屈服于冲突。关系中的典型冲突一般包括对工作和休息的不同偏好、守时以及当他们对一件重要的事情有分歧时如何来解决。

（3）要维持良好的关系不仅需要知道如何去斗争，还要知道如何在斗争后修复关系。幽默、感染、道歉以及能让双方进行真正"接触"的其他形式的"积极情感"都是非常重要的。戈特曼强调这些事在关系中都不是大事——它们通常是简单的、转瞬即逝的，甚至是不重要的瞬间，但对关系管理来说却很重要。

（4）希望维持长期的关系需要持续强调一方对于对方的喜欢、重视、赞美和尊敬。相反，表明关系不会长久的最好指标是经常批评对方，当对方在评论时进行防御，拒绝向对方妥协和让步，以及对对方及其观点表示蔑视和厌恶。戈特曼把蔑视看作导致关系迅速由好转坏的最坏因素。

资料来源：John M. Gottman and Nan Silver, *The seven principles for making marriage work: A practical guide from the country's foremost relationship expert* （New York: Three Rivers Press, 1999）, pp. 45 - 50, and Diane Coutu, "Making Relationships Work: A Conversation with Psychologist John Gottman," *Harvard Business Review 85*, no. 12 （2007）, pp. 45 - 52.

9.3　管理关系谈判的关键要素

考虑到大部分亲密的个人关系的复杂性，很难知道哪些维度可能与谈判最为相关。在最近一项关于二元工作关系的研究中——大概是指不同类型的谈判正在进行——作者指出了八种关键的关系维度：信任、支持、情绪、忠诚、责任、途径（从一次社会交换中预期能得到多少价值）、尊重和灵活性。这些维度有些对关系的开始至关重要（比如途径、情绪和尊重），而有些（事实上所有的八个）则对关系的成熟至关重要。在大量不同种类的关系类型中——比如领导、控制、组织网络、联系、友谊等——信任是最常见也是最重要的维度。声誉（过去的经历，包括直接和间接的经历）和公平对待也在塑造关系发展中扮演着重要角色。这一部分，我们将讨论这三个重要的关系组成成分的作用。

9.3.1　声誉

你的声誉就是指其他人是如何记忆与你共事的经历的。声誉是谈判者与对手谈判结束后所留下的印记。声誉是一种"感知的认同，个体的突出特征与成就的联合反射，长久以来所维持的示范行为和预期印象，是能够直接观察到的或者由间接渠道所报告的"。基于这种定义，我们能够概括出有关声誉重要性的几个方面：

- 声誉是感知到的和高主观性的。它并不是指我们希望别人怎样看待我们，或者是我们认为别人怎样看待我们，而是指他人是如何真正看待我们的以及他们对我们的评价，这些才是有价值的。一旦形成了一种声誉，这种声誉就会像镜头或者"图式"一样，人们总是通过它来形成对今后行为的预期。

- 就算是同一个人也会有许多不同的声誉，这些声誉有时甚至是冲突的，因为在不同的情境下一个人的行为也会非常不同。她可能会跟路边旧货销售的人进行分配式谈判，而与经常帮她维修电脑的人进行整合式谈判。尽管个体在不同环境中会拥有不同的声誉，但是更普遍的情况是人们在不同环境中以及与不同的人交往时所呈现出来的是单一的声誉和一致的形象——大多数情况下，人们对于我们是怎样的人以及如何看待我们的想法通常是一致的。

- 声誉是由过去的行为塑造的。一方面，我们通过过去与某人交往的经历（如合作或竞争）了解其声誉。另一方面，他对他人的行为塑造了我们对他的期望。因此，"直接"声誉（来自我们自己的经历）可能与"听说"声誉（来自其他人的经历）不同。个体倾向于更加信任经验声誉，并且在决定是否信任一个人时更加依靠经验声誉。

- 声誉受个人特征和所取得成就的影响。其中包括年龄、种族、性别、教育背景和经历、个人品质、技能和行为。它们经长时间共同作用建立起基本声誉，即人们一般是如何记住我们的。还有一个具体声誉，即我们过去和某个特定人交往所形成的看法。

- 声誉是随着时间发展的，一旦建立起来我们很难去改变它。我们以前与另一个人交往的经历或者从他人那里听到的，塑造了我们对他人的看法，我们将进入一个对他人带有期望的新情境。这些期望会在下一次的经历中得到证实或驳斥。因此，第一印象和早期与他人的经历在塑造个人期望中是很重要的；一旦期望形成，就很难改变。在以前就已经有分配式"鲨鱼"声誉的谈判者将很难说服其他人相信他是诚实的、值得信任的，并且想要努力达成多方满意协议的人。相反，有良好声誉的人往往被看作更有竞争力，值得信任，常被给予更高地位。

- 其他人的声誉可以塑造情绪状态和他们的期望。听到他人好的声誉可以创造积极的情绪，坏的声誉可以诱发消极的情绪。

- 最后，不良声誉是很难"修复的"。处在负面声誉的时间越长，想要将其改变成良好声誉就越困难。声誉需要以他人的视角进行积极的维护和更新。特别是当别人以负面的眼光看待一件事时，我们要努力维护和保护好我们的声誉，并且其他人不会以一种负面的方式记得这件事。我们怎样解释过去的行为，怎样道歉和怎样要求他人忽略和不计较过去，或如何用借口和理由解释为什么我们会做令他人不愉快的事情，这些将会影响他人如何去记得我们以及与我们一起的经历。下一部分，我们将更加详细地讨论关于道歉、理由和其他"解释"的作用。

9.3.2　信任

许多从事关系研究的学者都认为信任在任何关系中都处于中心位置。丹尼尔·麦卡利斯特（Daniel McAllister）将信任定义为"一个人相信并乐意按照他人的语言、行动和决议而行事的意愿"。可能有三个方面可以影响谈判者取得他人的信任：个人对信任的性格倾向（个性的不同使一些人更加容易信任他人），情境因素（如谈判者彼此充分交流的机会），谈判者之间关系的时间长短。

1. 关于信任和谈判的最新研究

许多研究者开始研究谈判中的信任问题。早期的研究经常是从信任的基本概念出发，并且相应进行了简单的试验，因此，本质上，成果是相当有局限性的。正如预料的一样，早期的研究表明高信任度会使谈判更加容易，而低信任度会使谈判更加困难。也就是说，整合式谈判过程倾向于提高信任度，而分配式谈判过程可能会降低信任度。近十年来，又开展了大量新的研究，这些不同的研究发现在表9-1里做出了总结。

表9-1　信任在谈判中的角色

信任在谈判中的个人影响因素
- 人们通常会以高水平的信任开始对待谈判，即使在毫无关于情景或另一方数据的情况下
- 个人动机塑造了对信任的期望
- 个人差异也塑造了期望。有些个体对信任有较强的倾向，而另一些则倾向于不信任
- 情绪对信任或不信任有影响。愤怒能导致不信任和更具竞争性的行为，而希望和积极的情绪则能导致信任和更具合作性的行为
信任在谈判中的情景影响因素
- 谈判过程中的本质塑造了对信任的期望。期待更多分配式谈判的谈判方相比于期待整合式谈判的谈判方而言没有那么多信任

（续）

- 相对于在线谈判，面对面谈判鼓励更多地发展信任
- 在一个机构里，代表他人利益的谈判者往往没有那些代表自身利益的谈判者那样值得信任

信任和谈判过程

- 对重视不同事物的强调被谈判双方期待的谈判类型所放大
  - 如果他们期待一个分配式谈判，委托人往往会关注因为公开信息他们会面临的风险，而受托人则会关注他们从另一方身上学到的东西及获得的利益
  - 如果他们想开展一次整合式谈判，委托人往往更多地关注他们能给对方提供哪些信息，而受托人则关注他们需要从别人那儿获得哪种信息来满足共同的利益
- 信任往往会增加围绕共同利益的积极转折点的数目，而减少可能使谈判僵在事态极端化或消极情绪的状态下的消极转折点

信任带来的结果

- 信任给人以合作性行为的暗示
- 信任加强了谈判中的信息共享，更好的信息共享通常会达到更好的谈判结果
- 彼此信任的谈判双方更多地通过使用问题和答案来交流，以便共享信息，理解双方的观点
- 不太相互信任的谈判双方往往会为了自己的偏好争论、辩护，更少地倾听他人，因此也不太可能信任对方观点，而更有可能把自己的观点"强加"给对方

2. 信任的修复

之前的研究回顾清晰地表明信任可以改善谈判过程，引起更多的整合式谈判，并且产生更好的谈判结果；同样，失信能阻止谈判，导致更多的分配式谈判，并且无法取得好的结果。由于信任、积极的谈判过程之间的联系和结果是十分重要的，为了能够再次进行谈判以达成更多的好结果，我们必须对破裂的信任关系进行修复。

研究表明有三种主要策略来修复信任。第一，口头说明。谈判者可以使用语言或情感表达来修复信任。道歉、解释、说明等都能表达违背信任者的用意，也就是他违背信任的原因，这些用语有"对不起""失误""我不是有意的""我说错了"。第二，信任违背者可以支付赔偿以便管理一些诸如金钱、商品等特殊有形资源的损失带来的结果，赔偿这些不信任行为可能对牺牲者带来的损失。第三，违背信任者和牺牲者可以尝试利用新的结构来最小化未来可能发生信任违背行为的可能性，比如合约、建议规定、探测违反行为的监控系统或者是控制不好行为的调解人。

第一种修复信任的方法是做出某种语言上的陈述。比如解释、道歉或表达后悔。道歉是最常见的。一个好的道歉可能包含六个主要因素：表达对冒犯的后悔，解释违背信任产生的原因，承认对导致的行为负责，声明悔改，主动提出修复信任违背带来的影响，请求原谅。如果缺少其中的一个或多个因素，那么道歉就不太可能被认为是有效的。有关道歉的影响的研究表明，道歉是修复信任非常有效的方法。表 9-2 总结了一些关于道歉的影响。

表 9-2　道歉对信任修复的影响

道歉是谈判者在出现失信时常会用到的一种主要的策略

- 道歉或是承认失信的某种语言陈述比什么也不说更有效
- 失信后道歉越快越好
- 道歉越真诚，修复信任越有效

（续）

- 对于失信行为，以自己承担责任的方式道歉要比以归罪于外界因素（坏运气、意外或者别人）的方式道歉更有效
- 如果能够说明只是偶然的事情而不是习惯的或经常发生的失信，道歉更有可能被接受
- 如果导致失信的不是欺骗性行为，道歉更有可能被接受。欺骗行为（谎言、恐吓、错误信息——基于弱正直性的失信）要比低竞争或低平衡性的失信更加有害

第二种修复信任的行为是通过"赔偿"来补偿由于失信对牺牲者造成的后果。有人说道歉和别的口头表达仅仅是"廉价的谈话"，直接的补偿是修复信任唯一有效的方法。有研究表明，尽管道歉提高了信任修复的有效性，但是提供经济上的忏悔对任何信任修复都是必不可少的，而且提供补偿的数目没有补偿本身重要，小量的补偿跟更大量的补偿同等有效。另一项研究会帮助我们更好地理解这个发现。另一项研究表明，当赔偿的数目稍微比失信造成的损失要多的时候，赔偿的数目就非常重要；然而当发现失信是由欺骗行为造成的之后，这个结果就完全失效了。

第三种修复信任的方法是"结构解决方案"或者努力制造规则、规定和程序来最小化未来发生失信行为的可能性。这些规则和程度也可以通过给违反规则者制定惩罚得到加强。如果受害者能够清楚这些目的真实地表达了失信者意图中的忏悔，那么赔偿和规定都可以是有效的。结构解决方案的一种形式是一个称为"公布抵押品"的程序，在这个程序中，谈判双方会公布保证金，失信方会向对方提供保证金。

9.3.3　公平

关系中的第三个主要问题是公平或者公正。公平在组织研究中已成为主要问题；组织中的个体时常会讨论他们的报酬是否公平，是否得到了公平对待，或者组织中是否某些人（如妇女、少数民族、来自其他文化背景的人）有不公平的待遇。

公平有以下几种方式：

- 分配公平，即结果的分配公平。谈判者们可能会认为对方正在接受比他应得的那部分要多的东西和结果，并且认为结果应该是平均分配或按需分配的。一项研究显示，在分配式谈判中，谈判的公平点一般被确定在双方公开讨论的立场的中间（见第 2 章）。这一明显的方案点的存在增加了双方做出让步和解决问题的可能性。
- 程序公平，即取得结果的过程要公平。谈判者可能担心在谈判中他们没有被公平对待，没有给他们发言的机会，或者没有被尊重。因为谈判是一种环境，在这种环境中，谈判者被允许给出他们能接受的结果，因此程序公平在大多数谈判中都是重要的。当谈判者对第三方的行为进行判定时，对程序公平的关注更可能提升，如将第三方视为中立，认为他们是值得信赖的，接受他们的决议，并且对于正式的权威如警察而言，自愿地接受他们的决议和指导。
- 人际互动公平，即谈判者在一对一的关系中如何对待彼此。研究显示谈判者对于对方对待他们的方式有很强烈的期望；当他们的标准被反驳时，谈判者会感到被不公平地对待。对方暗地里实施不友善的欺骗，行为粗鲁，提出不恰当的问题，

做出带有偏见和歧视的陈述或者做出非公平的决议或冒险行为，谈判者都会感到公平的标准已被打破。

- 最后，系统的公平，即组织如何对待个人团体以及发展出的他们如何被对待的标准。当一些团队成员被歧视，剥夺了权利或者系统性地被给予较低的薪水和较差的工作条件时，谈判者可能会更少关注具体的程序，并且更多关心整个系统对特定的群体带有的偏见和歧视。

在谈判动态因素中，有研究者正系统地研究公平的问题。最近的研究结论如下：

- 参与制定谈判策略的过程，更有利于策略的实施和自觉采取该策略。"程序公平效应"使得参与制定决议的谈判者有更多的责任。帮助制定团队谈判策略的谈判者将会对谈判目标负有更大的责任。

- 程序公平对谈判者处理谈判过程的方式有影响。在一个对 11 个政府间谈判的历史案例的复杂分析中，有研究表示，程序公平与问题解决型过程和归档整合式结果有着很强的关联。另一方面，谈判协议的持续性与分配式公平强烈相关。

- 在分配式谈判中，那些被鼓励去思考公平的谈判者（市场交易中的买方）更加趋于合作。他们会做出很大的让步，行为也更加公平，并且很快达成协议，而且对对方有强烈的积极态度。反过来，他们也要求来自对方的公平对待。然而，当对方没有回馈合作行为时，谈判者则会进行报复，并且惩罚对方的竞争行为。因此，陈述自己公平的意愿和鼓励对方也要求公平是进行公平交换的最好方式。但要留心那些在公平的姿态下进行欺骗的谈判者。

- 同样，谈判者认为对方的报价不公平时，可能会拒绝成交，即使报价可能会优于备选方案。我们在这里看一下影响谈判的无形因素。经济学家预测，如果备选方案的收益是零，那么任何高于零的交易都应被接受。但研究显示，谈判者常常拒绝有利的备选方案。很明显，不公平的方案使他们感到生气和有伤自尊，并且谈判者时常会冲动地否定整个交易，而不接受有利的解决方案。

- 确定一些客观的公平标准对谈判的达成有积极影响。我们在第 3 章已经讨论过设置一项公平的"客观标准"的作用。在参加公司接管模拟试验的学生中，知道公司公平报价的买方对报价更加满意，更乐意购买该公司，并且愿意与对方未来继续做生意。另外，对对手最佳解决方案的了解和谈判目标所估算的市场价格决定了谈判者对公平的判定。

- 公平的判定是受前面所描述的认知偏差影响的。例如，即使平均分配是明显的公平，但大多数谈判者都有自我中心偏差，他们会认为将大多数利益分给自己是公平的。研究表明，自我中心偏差可以被强烈的人际互动公平降低。即对他人公平对待的承诺和实际公平地对待他人会引起更小的自我中心偏差、更加稳定的资源分配、更快的解决方案和更少的谈判僵局。

- 毫不奇怪，自我中心偏差随文化的变化而变化。研究显示，自我中心偏差在个人主义文化中（如美国）较强。在这种文化中，为了表现突出或者优于他人，个人更关注自我。而大多数集体主义文化（如日本），更强调谦虚谨慎，和人和谐相处。

人们普遍认为，公平指的是谈判者如何看待结果的分配，如何看待达成决议的过程，或者他们如何看待彼此。很明显，并没有在谈判内容上对公平问题进行过多的讨论。例如，在组织内部谈判时，如制定统一具体的工作职务和责任安排，公平的问题也会出现。为了不破坏其他人的公平感，"专有交易"必须被有效地管理。一些人可能认为经过谈判的交易才能显示出程序上的公平，因为谈判各方共同做出决议，预先知道决议条款，互相同意这个过程并且做出具有约束力的决议。至少一项研究表明，协议签订后，谈判者会认为对方是不公平的并且不愿意在未来和他们进行进一步的交易。因此，经过谈判的交易可能会加剧不清楚自己偏见的谈判者之间的冲突，使谈判者更倾向于以负面的眼光看待对方，而不是使事情变得更加公平。

9.3.4　声誉、信任、公平之间的关系

不仅各种形式的公平之间相互联系，而且声誉、信任和公平之间在决定对他人的预期方面也是相互作用的。例如，当谈判的一方感到对方过去是公平行事的，或者在今后也将会是公平的，那么他更可能信任对方。我们还预测，公平行事可导致被信任并且能够提高积极的声誉。相反，理论和实践的研究发现，当谈判方被不公平对待时，他们时常会愤怒并且会对不公平的事或者造成不公平的人进行报复。不公平的待遇很可能导致失信和坏的声誉产生。信任、公平和声誉对关系谈判很重要并且相互影响，如果不在那些尺度上显著地考虑我们如何判定对方（和自身），那么我们就不能理解具有复杂关系的谈判。

9.3.5　关系修复

修复关系有几个步骤：尝试消除坏名声，重建信任，或者恢复公平，这些易说而不易做。费希尔（Fisher）和厄特尔（Ertel）对于如何改善关系给出了如下几个步骤：

（1）什么可能导致目前的误解？为了更好地理解他人，我能做什么？如果关系不好，可能是什么导致的？我需要如何收集信息或观点去改善这种局面？

（2）什么可能导致缺乏信任，我们如何做才能修复失去的信任？信任修复是一个漫长的过程，我们需要对过去的行为做出足够的解释，道歉甚至是赔偿（见专栏9-2）。

专栏9-2
···
捷蓝航空公司的道歉

2007 年 2 月 14 日（美国的情人节），捷蓝航空公司遇到一个危机。在纽约的 JFK 机场，由于两英寸⊖的积雪和冰冻导致 1 000 个航班被取消，大量航班延期，许多乘客滞留在机场达 9 小时。这件事引起了媒体的广泛关注。并且 1 周后，捷蓝航空公司才恢复正常运营。虽然其他航空公司也遭到严重的破坏，但捷蓝航空公司却更引人关注——主要是因为在过去的 7 年里，捷蓝航空公司的忠实顾客对该公司已经有了一个具有良好服务的印象。

捷蓝航空公司创始人和 CEO——大卫·尼尔曼（David Neeleman）面临着如何以一种加强公

⊖　1 英寸 = 0.025 4 米。

司已经创立的良好品牌的方式，去修复公众的信任。在 1 周的危机中，他出现在地区和国家新闻媒体中，为糟糕的决议和组织问题负责。他不断地道歉，承诺对滞留的乘客进行补偿，并承诺调查灾难发生的根源。同时，他还提出了顾客"权利法案"。灾难的两周之后，43% 访问捷蓝航空网站的人认为，该公司仍然是他们的首选。

在那一段时间里，顾客对大多数航空公司失去信心，尼尔曼展示了一个成功创造值得信赖的品牌并在危机中坚持下来的例子。国际危机管理的 CEO——布鲁斯·布莱斯（Bruce Blythe）总结说："公司在危机中展现的最重要的东西就是关心。那不是一种感觉，而是一种习惯。"

这里是捷蓝道歉的略写，被很多人奉为一个好的道歉的"黄金标准"。

"语言无法表达我有多么难过，我真心为您、您的家人、朋友、同事所经历的焦虑、沮丧和不适感到抱歉，捷蓝承诺要为我们公司挽回颜面，使您拥有更愉快的旅途。我们知道上周我们没有成功地履行承诺，您值得，非常值得接受更好的服务。我们让您失望了……"

资料来源：Chuck Salter, "Lessons from the Tarmac," *Fast Company*, May 2007, pp. 31 – 32.

（3）什么可能会导致一方或双方感到受强迫。我们如何做才能把焦点放在说服对方，而不是强迫对方上？我们如何才能消除压力，我们能彼此自由地谈论已经发生的事，并改善彼此间的关系吗？

（4）什么使我们感到不被尊重？自己如何做才能显示赞同和尊重？我们如何才能感激别人的贡献？我们如何尊重和重视彼此的贡献？

（5）什么可能导致一方或我们双方感到心烦，如何做才能平衡情感和理智？我们如何表露内心深处所感受到的沮丧、压抑和失望情绪？我们如何才能有效地发泄情绪，了解它们产生的原因，以驾驭它们？

○ 本章小结

在本章中，我们讨论了现存的关系如何影响谈判。许多谈判的原理和研究都是我们从试验研究中得到的成果，包括两个彼此不熟悉，不期望在今后再有交易的谈判方，从事于对价格和数量的市场交易。但是在商业、法律、政府、社区和国际事务中发生的专业谈判是在双方过去（和将来）有一定关系的背景下进行的，并且这种关系强烈地影响了谈判过程。

此外，我们不能认为谈判者只参与了有关商品服务交换的独立市场交易。许多谈判者关注的是如何长时间地有效合作，如何协调行动和分配责任，或者如何管理关系中出现的问题。在本章中，我们评估了之前仅仅关注市场交易关系的谈判研究，并评估了不同关系类型的状况，特别是共同分享关系和权力等级关系。在这些关系中，我们可以看到谈判者改变了他们的关注点，由单一地对价格和交易的关注转向了对今后关系的关注，包括谈判者之间的信任程度和公平问题，以及建立一个好的声誉。我们认为大多数谈判都是在那些关系背景下发生的，并且今后的工作将必须考虑它独特的复杂性。

第 10 章

多方谈判、群体谈判和团队谈判

:: 学习目标

1. 理解为什么多方谈判在协商中比双方谈判更复杂。
2. 理解团队有效发展对于多方谈判的影响。
3. 明确管理有效多方谈判所经历的阶段。

本章的目的是理解当谈判桌前有两个以上的谈判代表时，谈判方式有何变化。前面的章节大多数讨论的是"一对一"的谈判情况。在本章中，我们需要明确当团队、特别小组中的成员不得不就某个问题、计划或者所需采取的行动提出个人观点并达成集体协议时，会发生的动态变化。

10.1 多方谈判的本质

多方谈判是指两方以上的谈判代表为了取得一致的目标而进行的协商。下面我们举例来说明多方谈判的本质。一个由 4 名同学组成的团体正在出售一套音响，并且在宿舍和餐厅张贴了告示。1 年前，为了购买该音响每人投入了 200 美元，现在他们对于如何处理该音响有不同的意见。Aaron（A）想要卖掉音响然后把钱分掉，因为他想要买一辆新的自行车；Bill（B）想要卖掉它，然后买一个便宜的新的音响；Chuck（C）想要卖掉后每人再添加一些钱，买一个高级音响；Dan（D）不想卖掉它，并且认为卖掉是愚蠢的想法。每个人都有自己的观点和优先选择，然而，4 名同学作为一个团体必须就是否以及什么时候卖掉该音响达成一致的意见。他们可能会同意就下一步该做什么达成一致决定，或者同意在小组内集资，或者可能按照各自的想法行事。当谈判者同意举行会议讨论问题并达成一致协议时，这就是一个多方谈判，它涉及在达成一致决议过程中各方力量的角逐。

多方谈判的一般模型，如图 10-1 所示。

谈判各方（可能是 3 个或者多个人）都有自己的利益。在另一个不同的境况下（如他们可能代表不同的部门为了一个共同的任务而一起开

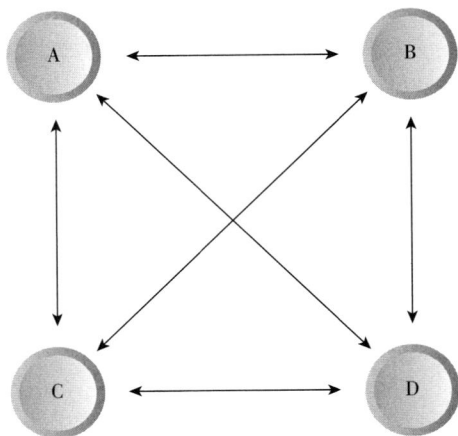

图 10-1 多方谈判

会），他们可能代表他人的利益（见图10-2）。随着更多的参与者、赞助者和观众的加入，谈判的复杂性如果不是呈指数增长也会呈线性增长。

在本章中，我们将描述多方谈判比一对一谈判更加难以掌控的因素。我们还会对多方谈判的一些关键时期和阶段加以评论。对于每一个时期，我们会考虑能够用于有效掌控多方谈判的各种策略。多方谈判是错综复杂的，并且容易导致谈判破裂。为了有效地操作谈判，需要有意识的参与者和中介者，他们一起致力于达成一个有效的多方协议。

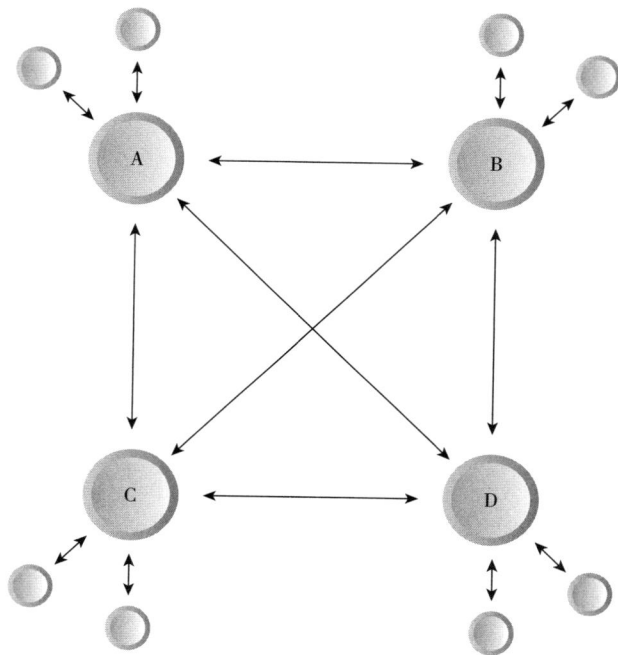

图 10-2　作为代理人参加的多方谈判

10.1.1　双方谈判与多方谈判的区别

多方谈判与双方谈判的区别在于以下几个重要方面。这种差异使得多方谈判更加复杂，更具有挑战性，并且很难去操作。

1. 谈判方的数量

第一个区别，即最明显的不同是：多方谈判中有更多的谈判者参与，因此，谈判人数扩大了。这样，对于掌控几种不同的观点并且确保每一位谈判者有足够的时间来表达自己的观点显得更加困难。每一位参与者都可能像主角一样表演，即代表个人的利益（见图10-1），或者作为代理人，代表至少一位谈判者的利益（支持者，见图10-2）。此外，谈判者在谈判之外可能担当不同的社会角色（如校长、副校长、主管、董事长），这样可能会导致在谈判中所处地位和权力水平的差异（见第8章）。如果所有谈判者都是平等的（如所有的副校长），那么他们在谈判中的交流要比存在一个地位或权力高的参与者时更加开放。

2. 信息和计算的复杂性

多方谈判与双方谈判的第二个区别是有更多的问题，以及关于这些问题的更多观点和更多的信息（事实、材料、观点、参数、证明材料）。"谈判者数量增加的一个最基本的结果就是谈判境况趋于更加错综复杂，因此，在某些方面产生更多的要求。随着谈判者数量的增加，将有更多的价值、利益和观点被融合和采纳。"对于谈判者来说，实时了解所有的信息、每一方的观点以及找到一个适合该情境的协议是一个巨大的挑战。

3. 人际交往的复杂性

第三个区别是随着谈判者人数的增加，人际交往环境由一对一的对话变成了小组内的讨论。结果是，小组内的所有力量开始影响谈判者的行为习惯。首先，谈判过程的发展取决于谈判者对其他人的动机倾向。具有合作动机的谈判者（相对于具有自我意识的谈判者）在谈判中更加能够取得更高质量的结果，并且具有合作动机的谈判者要比那些具有自我意识的谈判者更加能够彼此信任，减少争论。这种倾向似乎也影响到谈判者对问题的讨论方式（本章随后讨论）。

其次，团体压力可能会使团队行为保持一致。但是除非找到一个大家都可以接受的解决方案，否则成员之间将会出现冲突且不能团结一致。成员常常与他人进行比较，以他人为标准来评估自己，并尝试用各种有影响力的策略去说服别人接受自己的观点。团体压力产生于团体成员对其他成员所施加的压力，迫使其对共同问题采取一致的观点，或达成一致的解决方案。此外，这样的团体也可能会产生不良的团队动力学。例如，肯尼迪政府时期美国入侵古巴猪湾或者美国航空航天局对挑战者号发射的决议都受到制定决策的关键团队的影响，以至于小组成员在有关项目上为避免冲突而犹豫不决，不能表达他们真实的意见。这种犹豫产生了一致性的错误观念，即每个成员都认为对于下一步所要采取的行动，自己是唯一一个持有不同观点的成员。担心自己成为弱势或被认为是愚蠢的，他们害怕表达自己的异议（这是要面子的问题），常常自我审查自己所保留的意见，而这也更加强了一致性错误观念的外表，从而导致具有灾难性的决策的产生。

4. 程序上的复杂性

第四个区别是参与多方谈判的谈判者比双方谈判的谈判者要遵守更复杂的程序。在一对一谈判中，成员仅仅是按次序表达自己的问题和观点，反驳对方的观点，或依照从谈判前期到后期的顺序逐步进行。当有更多谈判者参与谈判时，谈判规则变得更不清晰。该轮到谁去做什么？在谈判中的成员应该如何协调（例如，开场白、观点的陈述以及逐步达成协议）？错综复杂的程序可能会产生几个结果：首先，谈判时间的延长，因此必须允许有更多的谈判时间可用。其次，谈判成员数量越多，谈判就越复杂、越难以控制，特别是当一些谈判者采用强硬的讨价还价手段时，或在谈判进程中通过施加不正当压力来使自己的观点得到认可时。再次，因为前两个因素所导致的结果，谈判者可能会不得不投入更多的讨论时间来明确自己应该怎样掌控谈判程序才能达到他们所想要的解决方案或协议。最后，谈判者必须决定是否要在谈判桌上讨论多个问题。谈判者同时讨论多个问题，即同时考虑所有的问题，并寻找能与对方进行商谈的一种方式，以便取得高效果、高质量的协议。而这种方式要比按顺序讨论问题（一次一个，以一个固定的或协商的顺序）的团队达成协议的可能性高。同时讨论多个问题的团队在谈判时也能交流更多信息，并更好地洞察出对方的优先选择。

5. 逻辑的复杂性

第五个方面是多方谈判可能变得情况更复杂，参与者由于身体间隔的原因使得他们还需要尝试消除差异和达成一致。如果参与者们相互之间不在同一个地方，他们主要通过电子媒体，例如手机、视频会议、邮件还有网络聊天等交流。由于相互之间所处的距离问题，他们彼此之间会感到社交隔阂并且对彼此也很少有积极的影响。距离间隔可以影响谈判参与者的信任度，以及会使得他们对于其他的参与者不能清楚地判断，产生模糊不清的行为。这种隔阂——无论是身体的还是心理的——似乎影响着谈判参与者对其他人在做什么以及他们所做的是合作行为还是竞争行为的"暗示"判断。因此，多方谈判可以对搜集到的结论整合起到促进作用，它可以使参与者相互之间近距离接触，并且帮助他们随时对其他参与者正在做的事情进行判断。这是面对面讨论可能做不到的。

6. 战略的复杂性

最后，多方谈判的战略要比双方谈判复杂。在一对一谈判中，谈判者只需注意对方的行为，根据对方的目的、行动以及所采取的策略来选择相应的战略。多方谈判的复杂程度明显加强。谈判者必须考虑谈判桌上所有谈判人员的战略，并决定是跟他们单独谈判还是将他们作为一个团体进行谈判。与他们进行谈判时，会包含一系列的一对一谈判。但这个过程是在其他小组成员的关注下进行的。在这种被关注的情况下，一系列的一对一谈判可能会产生下面几个结果：

（1）他们之间的交流会受到在场人员的关注。在这种被关注的情境下，谈判者会变得敏感，并可能会感觉应该以强硬的态度来展现自己的坚定和决心（既展现给其他谈判者，又展现给旁观者或观众）。在这种环境下，谈判者可能会采取分配式战略和策略，即使他们并没有打算这么做，而只是向他人展现自己的强硬和决心。这可能会导致团队的谈判者强烈坚持自己的立场，除非采取特殊行动来使团队避免竞争升级。一旦对方强硬地坚持自己的立场，谈判者将不得不改变自己的立场，例如，做出让步或妥协并达成一致，以找到一个既令人满意又不丢面子的方式来向支持者做出解释。即使没有支持者，谈判者也不想在其他谈判者面前丢面子。当谈判者有支持者时（如图 10-2 所示），更是如此。

（2）那些有办法控制谈判桌前（或者是室内）人数的谈判者从一开始可能就依据战略采取行动，用这种控制来为自己的目标服务。所采用的策略是由战略利益决定的，而战略利益又可以通过增加谈判者的数量来实现。此外，谈判者也可能会邀请那些对自己的谈判立场予以支持和信任的谈判方，来提供"独立的"证词，以支持自己的观点或仅仅是为了展示自己的实力。例如，当团队争辩是否要建立一所超市或学校、改变社区法律或发布一项新征税方案时，那些代理人会在公共场合陈述这些问题，并安排一些支持者在公众中偶尔展示一下自己对这一立场的热情支持（或反对），这种现象是常见的。因此，谈判者想要在谈判中战略性地增加谈判者数量，要么通过单纯数量的增加来加强权力或支持者的声望，要么表现出如果谈判者达不到目标就会导致一些严重的后果。

（3）谈判者可以公开加入联盟，增加自己的支持者。谈判者可以公开也可以暗中彼此支持对方的立场，以此来增加他们的共同观点的支持率，然后利用这个联盟在谈判中占据主导地位，或者达成所期望的协议。联盟可以在谈判之前成立，也可以在谈判休会和破裂期间形成，还可以在谈判的过程中建立。在多方谈判中，联盟的成员可以用如下几种方式来发挥自己的力量：团结一致的表述，同意帮助彼此以达到他们的共同或个人目标，在讨论中占主导地位，当特别的解决方案或谈判协议出现时同意相互帮助支持。一位作者提出团体一致性的出现就如同"滚雪球"，每次都有谈判者加入联盟。因此，在多方谈判中，当谈判者们共享信息进而商议一个可能方案时，有几个人将提出共同观点，然后暗地里或公开地支持彼此的观点。当那些以个体形式存在的谈判者与形成的联盟进行谈判时，如果不乐意谈判或改变自己的观点，那么将最终被排挤，并被排除于决策团队之外。

被置于联盟之外的人面临的风险是在讨论中将会成为没有积极性的参与者。而其中的一些成员可能会在主要谈判会议之外形成小团体。被排除于多方谈判之外的谈判者将会比一直参加讨论的人获得较少的成果。对于被排挤的成员来说，他错过了后一阶段的讨论将是一个明显的利益损失。因此讨论关键问题时，特别是在后一阶段谈判方修订最终决议时，一定要参加。

最后，在多方谈判中，谈判参与者之间的关系会对哪些人形成联盟有很重要的作用。当关系较好时，谈判者会将大量的时间用于商议并相互谈判。因此，谈判者过去为彼此做过什么，将来打算为对方做什么，对当前的谈判有很大影响。此外，正如我们在第9章提到的，关系会令谈判者的表现相似，强烈关心别人，并渴望帮助别人取得成果，而且相互之间会保持着强烈的信任。

10.1.2　什么是一个有效的团队

多方谈判看起来很像一个制定决策的团队，因为会有一群谈判者寻求一致的协议，而这个共同协议所包含的各方利益可能会出现分歧。因此，在某种程度上，理解多方谈判就意味着理解了有效团队的特征。有效团队及其成员可能会做以下事情：

（1）验证假设和推理。在有效团队中，每个成员能清晰地表达出他的假设和推理，并与他人一起加以验证。没有验证的假设和推理会产生没有事实根据的结论。

（2）尽可能地分享信息。在分配式谈判中，谈判者可能会有战略地使用信息——不与其他谈判者共享信息，并试图从他人那里获取更多的信息。然而，有效团队需要像整合式谈判那样共享信息，并使团队的可用信息最大化，以找到能满足所有谈判者利益的方案。因此，除了公然地离开或公开他们的最佳选择方案之外，谈判者应该讨论自己的利益。

（3）关注利益而不是立场。在整合式谈判中，团队应该考虑使用一定的程序使个体成员的潜在利益得以显现，而不是仅仅考虑他们所表现出来的立场：分享信息，提出问题，并寻找其他潜在的利益或需要。

（4）在陈述了问题和答案后解释原因。公开利益需要别人了解什么对我们是最重要的，而且我们也要说明为什么它们是最重要的。

（5）要详细表述——使用例子。谈判者应该尝试使用具体的表述方式，比如可以直接观察到的行为、人、地点和事件。笼统的说法可能导致误解和含糊，从而偏离解决问题的轨道。

（6）对重要的句子含义要取得一致的观点。谈判者应该充分解释和定义那些可能成为谈判协议的句子和话语。例如，如果团队成员都同意在取得一致意见后再做出决议，那么他们应该对团队中什么是"一致意见"有一个相同的定义——是投票决议获得多数人的支持，还是获得全体成员的支持。

（7）公开辩驳团队内的任何成员。如果谈判者保留自己的异议，冲突将会被隐藏，最终导致不能达成一致意见或不能实施一项大家可能同意的计划。异议的提出应该是有效果的，并且是不带有任何敌意的。

（8）做出陈述，并听取问题和评论。对于持有异议的人我们不应该让他们保留观点，而应让他们表达出来：鼓励他们阐明对你所表述的利益和需求的理解。

（9）共同寻找方法检验异议和方案。找到一种方法来确定事实，明确事件的解释，并公开提出异议的原因，这样才能解决问题。这一方法对那些不能直接参与关键谈论的人来说是有帮助的。后面的章节我们还会讨论这个问题。

（10）讨论那些尚未讨论的问题。团队常常认为有几个问题是不可以讨论的：谈判成员没有达到人们的期望（或举止不得体）或者在谈判中顶撞上级。在谈判中讨论这些问题对于取得成果可能是至关重要的。解决这个问题的一种方式就是探讨一项基准、规则或问题的不可讨论性，并表明不公开讨论那些话题的隐含影响。

（11）使谈论按照正轨进行。团队领导应该确保对话按轨道进行，直到每位成员发出的呼声都能被听到。制定议事日程，并由会议主席掌控程序，以确保讨论的话题没有脱离正轨。

（12）不要用恶意中伤或其他方式分散团队注意力。干扰、嘲笑、谈不相干的事情都是分散团体注意力的行为，会导致偏离团队的任务和焦点。在彼此熟悉的团队或冲突强烈的团队中，虽然有些行为习惯是不可避免的，但有效的团队应努力将这种分散注意力的行为降低到最低程度。

（13）希望在讨论的所有阶段中所有成员都参加。所有成员必须乐于尽力参与谈判的所有阶段——共享相关信息，帮助团队最终解决问题，或帮助管理整个谈判进程。

（14）与组外的成员交流相关信息。如果外界人员以专家或重要信息来源的身份被邀请加入谈判，那么他们应该被告知有关团队操作的基本法则，并要求其服从。

（15）通过一致意见来制定决策。虽然做出一个无异议的决议对团队来说基本上是不可能的，但无论何时，团队都应努力争取达成一致。我们在后面的章节将讨论团队决策的制定规则。

（16）开展自我批评。最后，在做出决策和讨论问题之间，团队应该花更多的时间分析评估自己的工作过程和效率，相反，做得不好的团队是很少花时间来评估他们的过程的，或许是因为他们想避免那些可能来自讨论的冲突。毫无疑问，没有争端通常会更糟。

10.2　管理多方谈判

鉴于多方谈判中出现的这些错综复杂性，究竟什么才是最有效的应对方式？多方谈判有三个关键时期：谈判前、正式谈判、达成协议。在解释这三个时期时，我们也要明确处在下面的情境中时，一个单独的谈判者能做什么。

- 个体仅仅是多方谈判中的一员，但是希望能保证他自己的问题和利益被清楚地包含于协议中。
- 谈判者想要确保团队尽可能达成高质量协议。
- 谈判者必须负责管理多方谈判的程序，以确保战略和程序上的复杂性得以有效解决。

10.2.1　谈判前阶段

在这一阶段中，谈判各方有一些非正式的接触。谈判者倾向于讨论几个重要问题：参与者是谁？联盟是否已经形成？不同的参与者需要遵守怎样的成员规则？

1. 参与者

谈判方必须赞同谁将被邀参加谈判。如果团队准备充分，这将是一个简单的问题。然而，许多复杂的国际谈判要花大量时间去讨论谁将出席会议和谁能发言支持他人的问题。关于参与者的问题要基于以下情况来确定：

- 如果要达成协议，谁必须参加（关键的联盟成员）？
- 谁被排除后将不能达成协议（可能的否决者）？
- 谁的出席可能会帮助其他谈判者取得目标（令人满意的联盟成员）？
- 谁的出席可能会阻止其他谈判者取得目标（联盟的关键阻碍者）？
- 某位参与者在谈判中出现时，谁的地位将会提高（在巴勒斯坦和以色列的谈判中，以及在终止越南战争的巴黎和平谈判中，这个问题是关键问题）？

2. 联盟

联盟会在谈判之前存在（参与者有可能是想要互相了解彼此之间的利益需求），或者鉴于所有谈判方的期望而形成，这种现象并不是罕见的。当然形成的联盟将推动或阻碍某项谈判议事日程。

3. 确定组内成员的角色

如果团队已经有了框架，那么角色，例如，领导、调节者、记录员等也要被确定。但是，如果团队成员之前没有会面，那么谈判者可能会耍手段以取得关键角色。有些人可能想成为领导，以便在谈判中发挥积极作用，并推进某些议事日程；而其他人可能希望保持沉默并且不引起他人注意；当然也有一些谈判者希望扮演第三方角色，例如，调解者或促进者。团队成员可以在团队中扮演各种不同角色。表 10-1 描述了成员所扮演的三种角色类型——任务导向角色，即促进团队做出决议或结论的角色；关系导向角色，即管理和维持成员间良好关系的角色；自我导向角色，即负责把注意力引向个体成员的角色，但这时往往会以团队的效率为代价。

表 10-1　团队成员通常扮演的角色

任务导向角色	关系导向角色	自我导向角色
发起/提出——提出新思路	鼓励——支持他人的评论、贡献	阻碍——起反作用，经常积极地反对他人
寻求信息——询问他人的意见	协调——缓和冲突，加强团队"一体感"	寻求认可者——吸引团队注意力，寻求他人的认可
寻求观点——询问他人的观点、判断	折中——改变某人的立场，以找到多人中的中间地带	支配者——不断发言，主导会话，管理团队达到预期的结果
阐释——阐明，扩展主题	防御——鼓励未发言者，阻止常发言者	逃避者——保持沉默，保留对任务和关系问题的看法
评估——提出对主题的评判	设置标准——要求或提出团队的有效评判标准	—
协调——统一各方提出的观点	—	—
激励——激发讨论议题的兴趣	—	—

资料来源：Kenneth D. Benne and Paul Sheats, "Functional Roles of Group Members," *Journal of Social Issues 4*, no. 2（1948），41-49.

4. 理解没有达成协议的代价和后果

谈判者应该理解团队达不成协议所产生的代价和后果。在本书前面的章节中，我们讨论了达成谈判协议的最佳选择方案（第 2~4 章），给一对一的谈判者提供了一些建议。例如，假设一家电脑公司的几位副总裁希望明年能够建设个人电脑生产线的新型号，以及每个类型的数量。为了有效地做出决议，他们必须考虑到，如果没有达成一致意见，后果将如何。一些人是否将介入（如总裁）或赞成他们的做法？如果不能达成一致意见，总裁会怎么看待这个团队？这种僵局的代价对于每位谈判者是相同的吗？通常情况下是这样的：不同的代理人对没有达成一致意见的代价是不同的。例如，如果副总裁不能达成一致意见，那么总裁可能会决定生产线的型号和数量，这样工程和生产部门（可能不得不彻底改变）要比市场和销售部门（不得不抛弃以往所做的，并设计新的市场和广告活动）付出更大的代价。有更多代替僵局选择的团队成员在谈判中可能有更大的权力，因为他们并不关心团队是否达成某项协议。最后，团队成员能否准确地感知到达成或不达成协议这两种选择意味着什么呢？有证据表明，谈判者更倾向于感知偏差，从而使他们相信：自己要比其他人优秀（第 6 章中有所提及），选择要比其他人的好，比其他人更可能取得成果，比其他人对结果有更多的控制权。在多方谈判中，偏差会通过增强谈判者对权力和获胜能力的感知来影响谈判者——导致他们相信不达成协议的选择是更好的。与他人一起讨论实际情况对于控制偏差是很重要的。例如，团队成员真的愿意承受不达成协议的代价吗？团队在什么情况下才会情愿认可这种可能呢？

5. 熟悉问题并制定议事日程

最后，谈判者要花大量时间熟悉他们的主题，吸收信息，并尝试理解他人的利益。谈判者也必须花费时间去制定议事日程。以下原因表明议事日程能有效地帮助做出决策：

- 它确定了所要讨论的问题。
- 根据问题的描述，确定每个问题是怎样确定的和怎样构建框架的（参照第 6 章中我们对框架的讨论）。
- 它能确定讨论的问题的顺序。
- 它能引入程序问题（制定规则、基准、成员角色以及动力），并列入实质性问题。
- 它能对各种问题进行时间限制，从而凸显出所要讨论的重要问题。

除了制定议事日程外，谈判者可能也会同意遵守一套"基本规则"——谈判中自我控制的方式，况且"建立关系模型"已经被证明是一种建立有效团队关系的方法。建立关系模型和建立关系的需求，见表 10-2。

表 10-2　建立关系模型和建立关系的需求

四种需求	程序模式
我们是否同意进行建设性的对话	建立关系——表明你决定去解决问题，并确保这是值得做的事情 优化安全感——你将尽最大努力去确保他人没有抵触感，并且尊重他人提出的观点
我们的对话能否有效地产生足够的影响	需要局限讨论的问题——以非胁迫的方式确定一个问题 消除抵触——尽量避免使用能使他人产生抵触的话、术语和描述
我们能否理解和尊重彼此的观点	解释和响应每一个观点——告诉他们你所注意到的、你的感觉
我们能否致力于做出改进	改变行为——想要达成协议，你们每个人都将要改变自己的行为 跟踪了解——制定监控过程的方式

资料来源：Frank LaFasto and Carl Larson, *When Teams Work Best*：*6 000 Team Members and Leaders Tell What It Takes to Succeed*（Thousand Oaks，CA：Sage Publications，2001），p. 51.

10.2.2　正式谈判阶段——管理团队的程序和结果

多方谈判程序大部分都是团队讨论、双边谈判和本书前面描述的建成联盟的结合，当然还包括我们所了解的如何构建一个团队，才能取得有效的、大家认可的结果。以下几种方式可以确保高质量的团队决策。

1. 任命一位合适的负责人

当每位参加者都知道谁负责和推进程序时，多方谈判会更加顺利地进行。这一角色通常由利益相关的谈判方担任，并且在多方谈判中，中立负责人的参与将会使谈判更加顺利。当任命负责人被认为可行时，谈判者会考虑指定一名负责人，这个人必须对结果没有相关利益，但却有很大的兴趣来确保团队取得最好的成果。而实际上，负责人通常会在利益相关方中选出。记住，如果负责人也拥护某一特定的立场或偏好某种结果，那么负责人被看作是独立行为者或是中立的是很困难的。因为他所希望达成的协议可能会威胁（或者说被认为危害到）进程的中立性或客观性。

专栏 10-1

主持一项多方谈判

多方谈判的负责人必须要牢牢控制团队进程，同时不会直接影响团队成果。当团队想要取得一致意见或统一决策时，负责人的责任就是时常关注谈判进程。关于多方谈判的负责人要如何有效地管理谈判，建议如下：

（1）清楚地声明你将作为负责人的职责，明确你仅仅是管理程序，结果是由团队决定的。

（2）提出议事日程或根据团队关心的话题、优先考虑的问题制定议事日程。确保在谈判开始前，团队有机会对议事日程进行讨论、修订或提出异议。

（3）制定合理的布局，这将有助于谈判的进行。安排挂图、黑板或投影仪，以显示要讨论的问题和利益。谈判者发现，在谈判中对问题、提议和其他信息的直接观察是有益的。

（4）提出基本规章或由谈判者提出规章。会议持续多久？最终的结果和协议是什么？用时多少？休会多久？谈判地点在哪里？团队成员何时、如何商议他们各自的事情？

（5）制定和复审决策标准、规章。制定一个谈判各方都认可的公平标准。该方案是否是公平的、合理的和有效的？团队最终如何达成协议？

（6）确保个体成员在谈判中能公开陈述自己的观点或以其他方式提出自己所关心的问题。要明白，谈判者一旦熟悉了某些问题，同时进行几个问题的讨论也是可以的。这是在问题中的权衡，而不是在每个问题上的折中。

（7）做一个积极的防御者。确保每个人都有机会发言，以防话多的人占据主导地位，而使话少的人保持沉默甚至退出谈判。要求话多的人暂停，明确邀请话少的人发表评论和提出建议。通常，当团队趋于达成某种形式的协议时，有些人很少参与。确保他们选择不参与，不是因为他们认为自己的观点没有价值或不重要而中途退出。

（8）听取人们利益并探究其共性。鼓励人们表达自己的利益，并告知他们不但需要明确自己想要什么，而且要知道为什么想要。听取人们优先考虑的问题和关心的问题，一旦问题和利益被确定了，就留出时间来讨论。用头脑风暴法和其他团队的决策技巧来产生备选方案并进行评估。

（9）引入可以帮助解释问题的外部信息（学习、报告、数据统计、事实、专家证词）。要求硬性数据来支持论断（但要避免卷入有损你中立性，并带有争斗性的"互相责问"中）。

（10）经常总结，特别是当谈判中止、混乱或紧张时。陈述一下你认为团队进展到了什么位置，已经完成了什么，下一步要做什么。通过阐述和总结将团队带回到现实任务中。

2. 应用和重新制定议事日程

控制谈判流程和方向的关键方式是制定议事日程。负责人或谈判方都可以引入和协商议事日程。议事日程可以增强结构性、组织性和对问题的协商性。假设这些问题都在议事日程中，那么议事日程将会提供给低权利和处于不利地位的团体阐述和解决自己问题的媒介。然而，议事日程由谁制定（会前一致通过，还是由一个人来制定）可能会对谈判的流程有很大影响。除非团队成员能够从容地反驳那个首先制定议事日程的人，否则议事日程将无异议地通过，并且它所包含的隐含谈判结构和形式也会盛行。当参与多方谈判的谈判者进入一个预先设定的议事日程（未被接受）时，他们会考虑让其他谈判方提前知道议事日程，并做公开的讨论和修订。换句话说，确定议事日程的可能修订部分是议事日程的一部分。

虽然议事日程增加了多方谈判的条理性，但它的缺点是，可能会人为地分割相关的问题；结果可能导致问题被单独讨论，而不是一起讨论或综合权衡考虑。使用议事日程的谈判者必须对议事日程所隐含的结构敏感，并且如果修订议事日程会对一致性协议的产生有利，那么谈判者应该乐于去挑战和修订议事日程。

3. 确保信息和观点的多样性

确保团队能够广泛接受有关谈判任务的不同信息来源。由于信息性质的变化取决于团队的任务（例如，规划和实施一项改革，找到问题的最佳解决方案，或者只是找到一个在政治上赞助者可以接受的方案），因此预知什么信息是最重要的和确保团队能够获取它是很困难的，确保每位参与者的意见都能被陈述也是一个问题。

如果负责人想要确保团队接收来自每个人的信息，确保许多赞助者和股票持有者有机会提供信息（通过写评论或者通过会前的公开陈述机会），确保相关的报告、文件或统计分析资料能被传阅和讨论，他可以应用五个关键步骤，以确保友善异议的存在：

（1）说话前要镇定，理清思路，避免带有情绪性的鲁莽行事，而是据理力争。

（2）尝试理解他人的立场。在第 7 章和第 9 章中，我们讨论了一些技巧，如倾听技巧、反馈技巧和换位思考。

（3）寻找你们都能获胜的方式。

（4）考虑某个问题对你来说是否是重要的。在谈判中，你的问题是最重要的吗？你能否在这一问题上牺牲你的全部或部分立场，以换取在其他问题上的胜利？

（5）记住，将来你可能不得不和其他人一起工作。即使出于愤怒和挫折，也不要使用让你将来后悔的手段。

4. 确保对所有可利用的信息都加以考虑

确保团队能够讨论所有可利用信息的方式就是监测讨论规范。讨论规范反映了团队分享和评估已经吸收的信息的方式。

虽然这样做很值得，但团队却很少预先考虑他们会遵循什么样的讨论规范。在许多案例中，失败可能是由于缺乏对遵守讨论规范和规则的审议意见的理解所造成的。以下几种团队规范可能会破坏有效的谈判：

- 不愿忍受冲突的观点和看法。有许多原因可能会导致这种现象：一个或多个成员不喜欢冲突，害怕冲突难以控制，或者认为冲突会破坏团队的凝聚力。但是正如我们前面所提到的，缺乏冲突将会导致灾难性决策的产生。

- 单独交谈。一个团队中的两三名成员之间的单独交谈有时是有益的，有时是有害的。当人们与两三个人的对话比与整个团队的对话更加舒适时，单独交谈可能会破坏团队的整体感和达成协议的能力，尤其是在需要一致通过的关键时刻。当一项决策对统一的观点和提出的建议有益时，单独交谈是有益的。然而，当团队必须保持统一结论时，单独交谈可能会制造更多危害并降低达成协议的可能性。

- 无法平息讨论中的冲动情绪，除非有一种方式可以释放这种冲动情绪，否则生气、挫折或者怨恨将会与大量实质性问题搅和在一起，妨碍团队的效率。虽然大量的著作提出，谈判者应随时保持沉着和理智，但做到这一点是很多人望尘莫及的。越多的人关注某个特定问题，就越可能产生情绪。因此，必须有一种媒介来使所有的谈判者发泄产生的情绪。

- 无准备地参加会议。很不应该的是，对会议根本没有准备或仅仅准备自己的个人立场。关注他人立场，对潜在利益和优先选择进行评价都需要做充分的准备。

存在几种策略可以应对谈判规范遭到破坏。谈判者必须以充分了解的方式提出和交换观点，并允许每个人都能发言，从而避免一些破坏性冲突和情绪的产生。存在几种团队决策和头脑风暴法技巧来达到这个目的：

（1）德尔菲技术。仲裁人制定基本的调查问卷，发放给每位谈判者，要求其填写信息。谈判者输入自己的信息并反馈给仲裁者。然后仲裁者总结信息再反馈给谈判者。谈判者对信息做评估报告，进一步进行信息输入，并交给仲裁人。经过几个循环后，仲裁人对问题和需求进行总结。这样谈判者之间就能交换大量的信息并共享一些不同的观点。

（2）头脑风暴。在头脑风暴法中，谈判者们被要求确定问题，然后尽可能多地提出解决方案，当然，不要批评任何人的观点，这个问题我们在第 3 章中讨论过。专栏 10-2 列出了用于头脑风暴法的几条重要规则。

专栏 10-2

头脑风暴法的规则

- 不允许批评。其他成员不可以评论某种观点的好坏。
- 提问题仅仅是为了澄清观点。
- 鼓励无拘束。疯狂的想法是受欢迎的，并且事实上，这些想法还可能激发团队其他成员的想法。不要考虑你的想法是好还是坏、愚蠢还是现实，尽管说出来。
- 努力获取数量多的想法。从团队中得到的想法越多，对团队的成果越有利。
- 改善观点。在某人观点的基础上提出更好的。

资料来源：Charles C. Manz, Christopher P. Neck, James Mancuso, and Karen P. Manz, *For Team Members Only*：*Making Your Workplace Team Productive and Hassle-Free*（New York：AMACOM, 1997），p. 135.

（3）名义团队法。名义团队法往往被用于头脑风暴法之后。一旦头脑风暴法列出了可供选择的方案清单，团队成员就可以对方案进行排列、评价和评估，以决定哪个方案可以解决问题。负责人收集、公布和记录成员们的评价，以使所有团队成员都能正式地评估方案并投票支持他们认为最有效的一个。

5. 有效控制冲突

正如在整个章节中所提建议的隐含意思一样，团队必须产生许多观点和解决问题的方法——尽管这样可能会产生冲突，但不允许冲突造成信息流动中断或产生个人恩怨。当一切都进行良好时，冲突是团队生活中很自然的一部分，它能提高团队成员完成任务、协作和维持关系的能力。如果在这方面做得不好，冲突将会不断破坏进程。有学者在一项研究中，对高绩效工作团队对冲突的发展和管理进行了调查。作者研究了工作团队的三种不同类型冲突：关系冲突（人与人之间关系的不和睦，团队成员间的厌恶，关系紧张、摩擦、烦恼、挫折和厌恶感等）、任务冲突（对团队任务的不同看法）和过程冲突（对任务如何完成——谁将做什么，每人将分配到多少报酬等的争论）。高绩效团队具有低的却不断增长的过程冲突，关系冲突保持在最低水平，任务冲突处于中等水平。想要建立理想冲突的团队，就要预先制定与工作相关的价值体系，包括高水平的信任和尊重，在谈判中间阶段围绕冲突进行公开讨论。

研究发现如果一个团体想要保持或者提升他们的最佳效能，他们应该使用如下三个冲突解决战略：①采用可以与其他组织派别合作的方式远胜于直接交于其他派别；②明确讨论任何实施决定和分配工作的原因；③将工作分配给有相关经验的人远胜于将工作交付给基于方便性和意愿性工作的人。有效团队都会预期到他们不得不处理冲突，并且当这些冲突出现时，必须寻求多种处理它们的策略。

6. 检查和管理决策规则

除了有效监测讨论规范和管理冲突过程之外，谈判者也要管理制定决策的规则，即团队决定用什么方式来做什么。在制定决策的团队中，主要观点被作为规则，但有时是由全体成员投票，获得投票超过50%的选项就是所要的方案。很明显，选择不止一个，团队可以通过独裁（一个人决定）、寡头集团（占主导地位的少数联盟决定）、简单多数（过半的人决定）、2/3多数、类似一致通过（团队多数人赞同，而且那些有不同意见的人并不抗议或提出反对意见）、一致同意或全体通过（每个人都同意）来制定决策。在谈判前所决定的团队规则还会对谈判过程产生重大影响。例如，如果在一个5人团队中通过简单多数制定决策，那么仅仅需要3个人同意。因此，在谈判期间，甚至在谈判前，任何3个人都能聚在一起形成联盟。相反，假如这项决策规则是需要全体一致通过的，那么团队需要一起努力工作以确保所有谈判者的利益都能被提出、讨论并整合到团队决议中。无论是决定采用建立联盟的策略还是决定采用完全共享立场、利益和方案的策略，都需要应用不同的方法。

7. 努力达成初次协议

如果目标是达成一致协议或者最好的解决方案，谈判者不应努力追求谈判的一气呵成。相反，他们应该努力达成初次协议，并对其进行修正、提升和改善。正如我们所讨论的，多方谈判的复杂性增加了问题的复杂性、谈判对话中断的可能性和谈判者更坚定自己立场的可能性（或者是因为竞争力的影响，或者是因为观众和其他成员的影响）。考虑到这些条件，即使存在能被通过的解决方案，在谈判者中取得真正的一致通过也会变得更加复杂。因此通常来说，为这些谈判者设置更加适度的目标会更好：达成初步协议或者临时的一致协议，然后在"二次谈判"中系统地改善，即把初次协议作为一个在下次谈判中能够被修订、改造、调整和改进的平台。

当然，缺点是团队可能对初次协议表示了满意——因为它已经包含了他们的观点或者因为达成协议花费了太多时间和精力，使他们已经精力衰竭。初次协议反映了团队大多数成员的立场或者少数掌权者的观点，这些人可能不愿意再去接受不同的观点，而这些观点往往可能刺激更多的可供选择的产生。

那些乐于接受初次协议的谈判者，对进一步进行改善的反对意见可能会被初次协议达成后的中断所消除，鼓励团队批评和评估初次协议，并明确地计划进行二次谈判（再谈判）。此外，如果团队是通过大量的分歧和冲突而达成协议的，那么再次谈判必须专门致力于改变和管理冲突程序。

8. 管理问题成员

团队成员的个人行为可能是团队谈判障碍的源泉。有的成员可能会开会迟到，对会议未做充分的准备，用不着边际的话和幽默分散团队注意力，或者忽略了他们的分内之事。然而不幸的是，许多团队都有一种趋势，即他们会忽略个体行为而不是正视个人行为并改正它。以下是应对问题成员的策略：

（1）明确问题行为——给出清晰、具体的例子。

（2）指出问题影响的可能是团队而不仅仅是你。用"我们"代替"你们"，"你们"听起来有更多的指责，并且可能使其产生其他防御。

（3）关注他人的可控行为。目的并不是批评他人或使他人尴尬，而是强调个人能够控制和改正行为。

（4）给出建设性评论，直至个人能听懂并接受。私下里与问题成员商量，并且在他没有任何压力的情况下执行或处理主要问题。

（5）保持反馈的专业性。用礼貌的语气专门描述防御行为和它的影响。进行一次成人对成人的对话，而不是父母对子女。

（6）确信他人已经听懂和理解了你的观点。要求他重复或再次描述观点，这样你就知道自己的观点是否已被听懂。

10.2.3　达成协议阶段

管理多方谈判的第三个阶段，也就是最后一个阶段是达成协议阶段。在该阶段中，谈判者必须在谈判的所有可替代方案中做出选择。他们可能会遇到几个问题，如最后期限的压力、之前未讨论过的新问题的出现、对有关特定问题和关注点的更多信息的需求，以及一些谈判者存在威胁行使否决权的趋势以企图说服最终协议中包含他们的观点或项目。在该阶段中，解决问题的步骤如下：

- 选择最好的方案。团队必须权衡他们已经考虑过的选择，可以进行单一选择，也可以几项一起选择，尽可能地使大多数成员满意。
- 制订行动计划。这会增加方案被全面、有效、及时实施的可能性。例如，一项好的行动计划可能包含以下几个关键步骤：每一步要取得什么目标，每一步何时开始和结束，完成每一步需要什么资源以及谁负责该步的执行。按这种计划进行工作也可能会使那些模糊的或者疏忽的问题浮出水面，这样可以避免方案实施后产生更大的冲突。
- 实施行动计划。这可能会在团队解散之后或团队范围之外进行，但需要依照团队所确立的方针行动。如果没有一项有效的行动计划，那么之前已经认识到的问题就会在这个过程中发生。

- 评估结果和过程。对谈判结果和过程的评估对衡量团队工作的有效性来说是至关重要的。该过程不需要与谈判同时进行，也不需要作为会议决议来安排，但它不应该被推迟或遗漏。如果团队的成员不想引起公众的批评，那么我们可以做一些总结性的调查问卷，然后由负责人或调解人反馈给团队，再由团队分析他们最担心的错误过程或未完成的结果。

负责人所起的作用

除了专栏10-1中列出的负责人的责任外，这里还有一些团队促进者能使团队走向成功的做法。

- 督促团队选择一项或更多项决议。使用我们之前已经讨论过的程序规则，还有第3章所述的取得整合式协议的技巧。了解关键成员之间临时联盟的出现。允许和鼓励对多个问题同时进行讨论并交换观点，或对初期达成的协议、临时协议进行修订。如果决议是在冲突的基础上制定的，那么达成初次协议后中断会议，并过些时间再开始二次谈判。

- 制定和起草临时协议。记录临时协议，以文字的形式写在黑板、挂图上，或用投影仪展现给整个团队。这样，所有人都能看到并对其进行修正。确定所有的谈判者都理解该协议以及它的实施结果。此外，要明确，书写协议的人要比其他人拥有更大的权力，因为他是用自己的话来书写的，而且这里面可能会带有偏差或者选择性地记下一些条例传阅给他人。

- 讨论何时实施以及下一步要做什么。确保谈判中每个起作用的人都能了解他们要做什么。分配给每个人任务，以确保对关键步骤进行设定和执行。写出下次会议的安排，计划评估协议效果的下次会议。

- 感谢团队成员的参与、辛苦工作和成效。如果讨论过程很困难或者花费了很多时间和精力，那么组织一场小型的庆祝晚会或给大家发送正式的感谢信或者小礼物是必需的。举行一场聚会来庆祝所有艰苦工作的完成。

- 组织和设置事后检验。组织团队成员讨论该次谈判的过程和结果，并对他们在下次谈判中可能做得更好或不同的地方进行讨论，这将使团队和负责人都有收获。

通过专栏10-3我们可以发现一种有用的多方谈判方式，可以用来解决这些复杂的社会问题。

专栏 10-3

促使多方谈判成功的一种方式——协同管理

现如今越来越多的经济、社会和政治问题需要通过组织策划一场成功的多方谈判来解决。使组织集结和执行多方谈判，则需要协同管理来达到。

协同管理的作用是通过所有部门的共同合作解决公共问题。

协同管理四要素

1. 一个推动者：其是可以得到邀请并且取得支持的一个中介、一个基金会、一个社会组织、一个公私联合组织等。

2. 一个会议召集人/领导者：其要有足够大的力量聚集不同层级的人来解决同一个问题。

例如，管理者、立法者、当地官方、令人尊敬的社会组织领导人等。

3. 一个中立的第三方：它应该是一个可以提供和确保谈判公平的组织或者审判所。

4. 多方参与者：确保提案能包含所有的利益和观点。

协同管理的实施步骤

1. 确定推动者和提出问题。

2. 评估达成合作与参与的可能性。

3. 领导者召集所有有必要参加的参与者。

4. 参与者采用协同管理框架来提出各自的问题。

5. 会议召集者和所有参与者共同审议问题框架。

6. 主持人设计谈判过程从而使所有资源和利益得到整合。

7. 记录所有整合过的结论、谁负责解决问题以及做出的承诺。

协同管理模式在任何地方、任何情况下都适用，具有如下原则：透明性、公平性、包容性、效力、效率、责任、可计量、基于公共决定。

许多例子也证明了协同管理在很多领域会取得成效，例如社会发展、能源、环境、健康保护、人性化服务、电信业和运输业。

● 本章小结

许多谈判理论都是在谈判的定义上发展起来的，谈判是双边过程，即仅有两个谈判者或者两个团队参加的相互反驳。许多谈判是多方谈判或团队谈判，即超过两个谈判者，他们都有各自的利益和立场，并且团队必须达成某种意见来规范计划、决议或行动程序。在本章中，我们对影响多方谈判的两种形式进行了讨论：多方谈判者何时会为了达成一致决议或共同协议而在一起工作，以及何时两个或两个以上的团队会参与谈判。

贯穿于整个多方谈判的主题是要积极地监测和管理谈判过程，多方谈判的过程明显要比双方谈判更复杂。我们给出了几个任何联盟、多方谈判者或团队谈判者都应记住的简短问题：

- 由于复杂性的增加，谈判失败的谈判者后果会如何？如果未达成协议将会发生什么？
- 现实中谈判者如何制定决议？即制定决议的规则是什么？为什么它们是最好的规则？

- 谈判者如何使用反复的方法（即多轮谈判）取得目标（这可能特别适合制定规则是一致通过的决策，或是需要取得最高质量协议的谈判。因为一致通过的决策并不能在一轮谈判中取得）？

- 我们是否需要安排负责人或者调解者？他是独立的外人还是在谈判中扮演一定角色的谈判者？调解者使用何种策略来管理谈判过程并确保达成最好的决议（所使用的策略要确保团队有各种信息来源、考虑和讨论所有有用的信息、用心制定团队议事日程）？

如果能够提出这些问题并充分考虑，那么这种谈判者将会比缺少这些因素的谈判者对谈判过程感到更加舒适并达成有效结果。

第 11 章

国际谈判与跨文化谈判

:: 学习目标

1. 理解国际谈判与跨文化谈判是如何区别于国内谈判与同一文化内谈判的。
2. 探索文化的不同定义与意义。
3. 思考文化对谈判的影响机制。
4. 掌握谈判者应对文化差异的战略。

尽管人们对国际谈判的研究兴趣持续了几个世纪，但在过去的 20 年间，学术界和实践中关于国际谈判的研究才开始迅速兴起。现在人们能够更加频繁地跨越国界、经常地进行国内外旅游，随之商业活动也变得愈加国际化。对许多个体和组织而言，国际谈判已经成为一种常规活动，而不再是一种偶尔才会发生的新鲜事物。人们已经出版并发表了大量的书籍和文章，从学术和实践的角度来探讨和论述国际谈判的复杂性，这种国际谈判往往会涉及来自不同国家、文化和地域的个体。尽管学者对"文化"有多种不同的定义，但本书中我们将其定义为："一群人所共享的价值观、信念和行为。"一个国家所拥有的文化可能不止一种，而一种文化也可以同时存在于多个国家。正如我们在第 1 章和第 9 章中所定义的："谈判"是一种内嵌于更广大背景下的社会互动过程。当涉及谈判活动的国家与文化逐渐增多时，谈判的情境复杂性也随之增加，这就使得国际谈判成为一种高度复杂的社会互动过程。

关于本书有一个很重要的前提是本书写于美国北部，并且这里的文化习惯影响着我们对于谈判的理解和我们所认为的谈判方式以及我们所倡导的怎样成为一名优秀的谈判者。同理，此书也同样影响着我们对于自身文化的思考，因为我们谈判所做出的选择都是美国文化与其他文化之间的交融。同理，在所有的美国人中我们的文化价值观也不尽相同，或者那些来自与美国或者加拿大文化相似的地区的人们谈判风格也不尽相同，这一点已被事实证明。那些在美国或者加拿大内部的人们，虽然他们属于同一根源，但是他们的文化也并不相同（例如，生存在美国或者加拿大的英国人和法裔加拿大人、西班牙裔、非裔美国人、美国南部人、纽约人和来自美国其他地区的人）。然而，在某些程度上，美国人所分享的（或多或少）共同的文化也不同于其他的国家。认识到了这些不同，我们就可以通过彼此间共同的方面来讨论国际谈判和跨文化谈判。

专栏 11-1

在美国的跨文化谈判

我有一个顾客，他拥有一个他祖父在一个小镇上建立的家族企业，并且这个企业现在已经发展成为这个小镇的主要雇主。我们已经建立了很要好的关系，每隔几个月我都会组织一场旅行从北卡罗来纳州去看望他，就这样过了一段时间后，只要我每隔几个月去拜访他，他就会向我发出一些订单。当我们在一起相处时，起初我们会谈论任何事情，除了事业，一段时间后，我们之间互相提问，我询问他关于生活、生意、家庭以及这个城镇等的问题，而他则会询问我生活工作的地方北卡罗纳州，以及我的公司和生活。聊到兴头上我们就会开始认真讨论一些商业问题，通常达到这种契合一般是在午餐后，每次探讨这些问题总会花费几个小时的时间，但是我每次也总会留下一个订单，这种行为对我来说的意义在于至少可以在繁忙的工作节奏中寻求一份愉悦的小憩。

有一天，我打电话给他，问他是否有时间会面，以及定下个会面的时间。这时他告诉我当我下一次拜访他的时候他将带我去见一位朋友，他说他这位朋友对于我们公司正在销售的产品很感兴趣，认为我们应该去见见他。当然，我很高兴，并且安排了个方便的时间来进行我们的三方会面。

当我到达我们的客户办公室的时候，他的朋友 Carl 已经在那儿了。我们随意地介绍下彼此，我的客户介绍了 Carl 的工作以及 Carl 对于我公司正在出售的产品怎样会对他有用的想法。紧接着 Carl 介绍了他正在做什么。在这一瞬间，我认为我们可以开始直接进入商业谈话。然而，过了一会儿，我们之间的谈话很快回到生活、家庭、个人兴趣爱好的问题上。Carl 喜欢打猎，他和我的客户打猎冒险的故事使我感兴趣。我思索了一会儿，接着与他们分享我的故事，一件接着一件，很快我们讨论到了假期、篮球的问题。

有时，我们会做一个简短的总结，然后回到我们手头的商业上，但是它总是连接着一小段谈话。就像这样：我们讨论我们是怎么制作工具的，又或者我们使用手枪狩猎时怎么像机器一样精准。我意识到即使没有讨论商业问题，通过我们彼此间对于工作、需求的讨论也可以交换大量的信息。我想起了我和我客户许多年前的前几次会面——我们之间在彼此了解，就像现在一样。我陷入了这种奇怪的感觉，它与我之前做销售方式不同，但是我非常喜欢这种工作方式。

我们就这样交谈了一上午的时间，彼此间通过这种非正式的闲聊来获取自己所需的商业信息。仅仅在午饭前，我的客户就了解到了很多东西，似乎开始做一些非正式谈话总结。例如我是谁，我在做什么，以及我怎么做才可以使 Carl 和他的公司获利。我的客户站在我的立场上想向 Carl 提几个问题，Carl 同意了。我的客户问 Carl 他要订购多少，Carl 思考了一会儿接着给了我一份像在西弗吉尼亚得到的那样的大单。我的客户说："现在我们的事情做完了，什么时候可以去吃午饭？"我们都很想去之前我在西弗吉尼亚谈生活、工作以及商业的地方。下午 3 点左右的时候我对他们说我不得不回去了，在那之后我们一直保持联络，并且这两位现在也成了当我去西弗吉尼亚的时候都会拜访的两位顾客。

本章将以如下方式展开论述。首先我们会考虑一些令国际谈判区别于国内谈判的因素，包括环境因素（宏观政治因素）和直接因素（微观战略因素）。我们转而讨论目前国际谈判研究领域中的热点：文化的影响，以及文化的国家性、区域性和组织性。随后我们讨论如何定义文化，以及谈判的研究者和实践者运用文化的四种路径。然后我们还从管理和研究的角度分析了文化对谈判的影响。本章在最后列举了当人们参与国际谈判、面临文化方面的问题时所能够采取的战略。

11.1　究竟是什么令国际谈判如此不同

费塔科（Phatak）和哈比卜（Habib）提出，存在两大因素影响国际谈判：环境因素和直接因素（见图11-1）。环境因素是指"任何一方谈判者都无法控制但确实影响着谈判进程的环境因素"，直接因素是指"谈判者似乎有一定控制能力的因素"。理解环境因素和直接因素的作用对掌握国际谈判进程及成果是非常重要的。

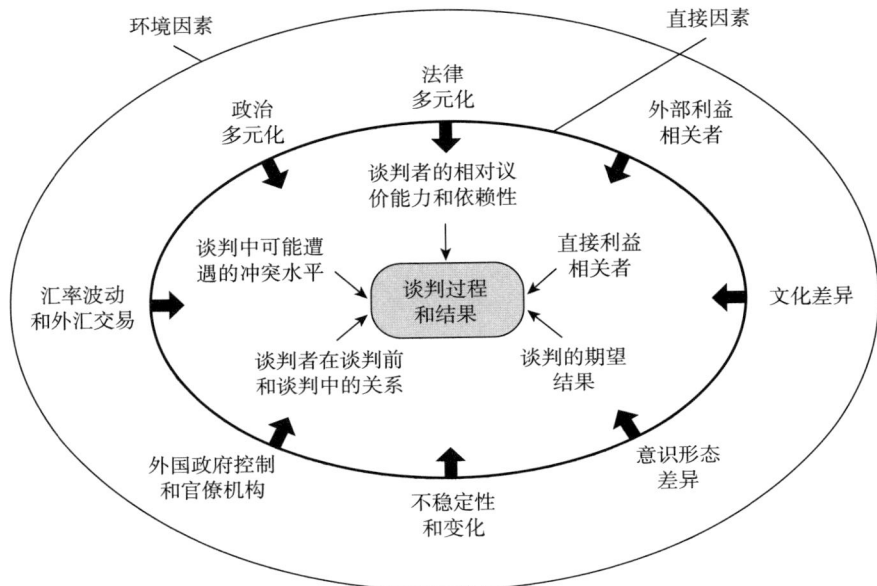

图 11-1　国际谈判的环境

资料来源：Arvind V. Phatak and Mohammed M. Habib，"The Dynamics of International Business Negotiations，" *Business Horizons 39*，no. 3（1996），pp. 30 – 8；and Jeswald W. Salacuse，"Making Deals in Strange Places：A Beginner's Guide to International Business Negotiations，" *Negotiation Journal*，4 no. 1（1988），pp. 5 – 13.

11.1.1　环境因素

萨拉库斯（Salacuse）认为在环境因素中使国际谈判比国内谈判更具有挑战性的六个方面是：政治和法律多元化、国际经济、外国政府和官僚机构、不稳定性，以及意识形态和文化（其中，文化因素是目前为止最能吸引研究人士注意的因素，本章最后一节将对其进行单独讨论）。费塔科和哈比卜提出了另外一个因素：外部利益相关者。这些因素限制或制约了那些进行国际化运营的组织的发展，因此谈判者了解并意识到这些因素所能产生的影响极其重要。

1. 政治和法律多元化

与不同国家建立贸易关系的企业会与不同的法律和政治体系打交道。企业支付的各项税种、必须遵循的劳动法或标准、合同法的不同法规以及强制执行标准等（如案例法、习惯法和非职能性法律体系等）可能会有多种不同的含义。此外，在不同国家的不同时期，政治方面的考虑也可能会对商业谈判产生促进或抑制作用。例如，如今俄罗斯的开放式商业环境与苏联在 20 世纪 60 年代的封闭式环境大不相同，而如今在中国做生意的情况也与 10 年前大不相同。国家现在使用国际贸易条约［例如北美自由贸易协定（NAFTA）］，或者世界贸易组织（WTO）去影响其他边缘因素，例如美国为了影响在联合国安全理事会上智利对于伊拉克问题的投票，从而延期与智利进行贸易谈判。

2. 国际经济

国际货币的汇率经常波动，因此在不同的国家进行谈判时必须考虑这个因素。协议将采用何种货币形式？对某一方谈判者而言，如果他必须以另一国家的货币形式进行支付，那么他就要承担更大的汇率风险。货币越不稳定，谈判双方所需承担的风险就越大。此外，货币内在价值的波动（上升或下降）也会严重影响协议给谈判双方所带来的价值，它能把一个原本互惠的协议变成对一方来说像是飞来横财，而对另一方来说则是损失惨重的协议。许多国家都会严格控制货币的国际性流动。通常而言，人们在这些国家购买东西时必须使用国外谈判方所带进来的货币，而且当地的组织机构无法购买外国产品，协议也不能用外汇进行支付。

3. 外国政府和官僚机构

不同的国家政府对行业和公司的管制程度也不尽相同。相对而言，美国的企业基本不受政府干预，尽管有的行业会比其他行业受到更严厉的规制（如能源和国防等），而且许多州比其他州受到更强硬的环境保护政策的制约。一般来说，在美国进行商业谈判并不需要获得政府批准，只需依据商业因素由谈判各方决定是否达成协议。相反，许多发展中国家则会监控进口和合资企业，而且通常会有一个政府代理机构来负责处理本国与外国的商贸业务。此外，考虑到政治方面的情况，比如谈判对政府财政的影响以及对国家总体经济的影响，相对于仅考虑商业因素的西方公司而言，这些情况给谈判者带来的影响要大得多。

4. 不稳定性

世界上其他地区并非如北美的商业谈判环境一样稳定。环境的不稳定性表现为多种形式，包括在商业谈判中缺少一些美国人通常都希望能够提供的东西（纸张、电力以及计算机），缺少其他的物品以及服务（食品、可靠的交通、瓶装水），还有政治的不稳定（叛乱、政府政策的突然转变、主要的货币规制）。国际谈判者所面临的挑战就是要准确地预见这些变化，并有足够的时间针对可能出现的变化提前做出调整。萨拉库斯建议，当谈判者面临环境中的不稳定性时，可以在他们的合同上附加一些条款，以便他们能够取消合同、寻求中立仲裁或考虑购买保险来保障合同能得到及时履行。而所提供的这些建议的前提条件是谈判双方会执行合同，并且合同条款在文化上也能被谈判的另一方接受。

5. 意识形态

一般来说，美国的谈判者享有类似的意识形态：他们崇尚个人主义和资本主义。

美国人高度信奉个人权利，看重个人的投资以及从生意中获取利润。但其他国家的谈判者并不一定会有与美国人相同的意识形态。比如，有些国家的谈判者可能会更信奉集体主义而非个人主义，并认为相对于私人投资而言公共投资能更好地分配资源；而且他们在获取以及共享利润方面也有不同的理念。国际谈判中的意识形态冲突会使谈判双方的有效沟通面临广泛挑战，因为他们对所要谈判的问题在基本层次上就存在分歧。

6. 文化

我们对于文化对谈判的影响都是基于美国视角。并且我们也很清晰地意识到这是对我们基于基本理念来解释谈判的一种挑战，我们已经意识到了它们的不同。在现如今的国际谈判中，文化已经在其中起到了关键性的作用，在本章我们也着重强调文化对于谈判的影响。

来自不同文化背景的谈判者有着不尽相同的谈判方式。除了行为不同之外，不同文化背景的人对谈判的基本流程也可能会有不同看法（比如什么因素是可以谈的、谈判目的是什么）。萨拉库斯认为，某些文化背景的谈判者会以演绎的方式（从一般到个别）进行谈判，而其他文化背景的谈判者则采用归纳的方式（他们先设定一系列的个别问题进行谈判，最后再达成普遍性的协议）。某些文化背景中的谈判者极为重视实质性的问题，而容易忽略谈判方之间的关系；另一些文化中的谈判者则把谈判方之间的关系列为谈判工作的重点，实质性问题对谈判本身而言则显得无关紧要。有证据表明，文化的不同也会导致解决谈判冲突的方式有所差异。

7. 外部利益相关者

费塔科和哈比卜定义外部利益相关者为"其利益与谈判结果利害相关的各种人和组织"。主要包括商会、工会、大使馆、行业协会及其他。例如，工会之所以会反对与外国公司的谈判，是因为担心造成国内的失业问题。国际谈判可能会通过大使馆的贸易部以及通过一些专业的行业协会（如谈判所处国家的商会），分别从政府和商业人士那里获得大量的支持与指导。

11.1.2　直接因素

我们在本书中多次讨论了与谈判相关的直接因素，但并未探讨其在国际谈判中的作用。本节我们将讨论费塔科和哈比卜所提出的国际谈判模式中的相关概念，并强调直接因素对谈判的重要影响。

1. 相对谈判力

在国际谈判中有关谈判双方的相对谈判力问题往往能引起人们的研究兴趣。因为合资企业常常被作为学者们研究国际谈判的主体，所以相对谈判力往往会被认为是由谈判双方愿意为这个新合资企业投入多少产权（资金或其他投资）来决定的。这种假定认为投入更多产权的一方会在谈判中拥有更大的谈判力，也能对谈判过程和谈判结果有更大的影响。然而扬（Yan）和格雷（Gray）的研究对这一假定提出了质疑，他们指出相对谈判力并不只是产权的函数，似乎取决于对某一项目的管理控制，而这又受到谈判的极大影响。此外，还有许多因素也可能会影响相对谈判力，包括进入市场的专门通道、分销系统（比如在亚洲建立一个新的分销系统是非常昂贵的，而这也可能成为进入市场的障碍）、管理与政府的关系（比如在那些语言和文化很不同的地区）。

2. 冲突的层次

在跨文化谈判中，谈判各方的冲突层次以及相互依赖程度也会影响谈判的过程和结果。高层次冲突的情境——那些基于种族、身份或地理边界的冲突会更难解决。如今北爱尔兰、中东和苏丹正在上演的冲突就是其中的几个例子。但也有历史证据表明，通过达成禁止使用强权、促进资源和政治力量公平分配之类的一些广泛、制度化的协议来结束内战会更稳定。另外，谈判者是怎样构建谈判框架的或者如何定义谈判重点也很重要（参见第 6 章对框架的深度讨论），而这点与谈判者应对冲突时采用何种方式一样，也因文化背景的不同而不同。例如，费希尔、尤里和巴顿指出中东地区的冲突多年来都难以解决的原因是不同的谈判方对纠纷的症结所在（比如安全、主权、历史权利）有不同的概念。秘密地进行老练的"反向通道"谈判或许有助于解决类似的高冲突情境，但无法确保成功。

3. 谈判者之间的关系

费塔科和哈比卜指出，主要谈判方在真正的谈判开始之前就已经建立起来的关系也会极大地影响谈判过程和结果。谈判只是双方之间建立更广泛关系的一部分。谈判各方的关系历史将会影响当前的谈判活动（如谈判各方是如何构建谈判框架的），正如当前的谈判也将成为谈判双方未来谈判的一部分一样（见第 9 章对这点进行的详细讨论）。

4. 期望结果

在决定国际谈判的结果问题上，一些有形和无形因素也担任了重要角色。许多国家通常会使用国际谈判来获得其在国内和国际上的政治目标。例如，在为了结束越南战争而召开的巴黎和会期间，北约的一个主要目标就是得到参会各方的正式承认。同样，在最近发生的全球种族冲突中，许多谈判方都威胁说，除非他们能在正式谈判中得到承认，否则将会中止执行那个能够解决冲突的成功方案。谈判一方在当前谈判中的短期目标与该目标对谈判各方的长期关系之间存在着相互制约。在美国与日本之间的贸易谈判中，双方通常都不会对其所期望取得的短期成果抱有太高的要求，因为维护双方之间的良好长期关系是很重要的。

5. 直接利益相关者

谈判中的直接利益相关者包括谈判者自己以及他们所直接代表的人，比如他们的管理者、雇主以及董事会。利益相关者能够以多种方式影响谈判者（见第 9 章）。谈判者自身所具有的技巧、能力和国际经验都能显著地影响国际谈判的过程和结果。此外，主要谈判者和其他直接利益相关者的个人动机也能对谈判过程和结果产生重要影响。在谈判中人们可能会被一些无形的因素所影响，比如谈判的过程和结果会使他们在谈判对手以及主管眼中的形象变得如何，以及其他的一些类似个人晋职前景的无形因素。

11.1.3　总结

总之，像费塔科和哈比卜所提出的这类模型是我们理解国际谈判的一种很好的指导工具。然而还有一点是很重要的，就是谈判过程和结果会被多种因素所影响，而且这些因素的影响效果会随时间而变化。每位国际谈判者都需面临的挑战是要理解存在多种因素会对谈判过程和结果同时产生多重影响，而且要随着环境的变化定期更新这种理解。这也意味着为国际谈判做好计划是很重要的，而且也有必要利用监测环境和直接因素来获取新信息，并对计划做出调整。

11.2　概念化文化与谈判

国际谈判中最频繁的研究领域就是文化，而且在过去的 20 年间有关文化对谈判的影响文献也大量增长。文化这个概念存在多种不同的定义，但是所有定义都包含两个重要方面：第一，文化是一种基于群体层次的现象。这也就意味着一个群体中的人共享同种信仰、价值观以及行为预期。第二，文化中的信念、价值观和行为预期等普遍元素都是习得的，并传承给群体中的新成员。

我们一定要分清所要进行的谈判是国内的谈判还是国际的谈判，因为对于不同的谈判，有与之相适应的不同的促进因素。虽然文化差异对于谈判来说十分重要，但是我们也要警惕过度重视文化差异。戴阿丁（Dialdin）、科佩尔曼（Kopelman）、阿代尔（Adair）、布瑞特·奥村（Breet Okumura）、莱特尔（Lytle）把这种忽略有利于文化解释的情景因素的重要行为，标记为文化归因错误（见专栏 11-2）。我们应该意识到文化可以用来描述群体的共性水平，但是所有人不可能拥有同样的文化认知，也不可能基于文化差异来对不同的个体行为进行预测。事实上，这应该是站在同一文化视角下还是不同文化视角下来解释谈判者行为的问题。尽管首先了解其他参与者的文化不同点可以使我们在头脑风暴中掌握其谈判所要达成的目的的线索，但是这需要谈判者具有非常强大的吸收转化新信息的能力。

罗伯特（Robert）和扬希克（Janosik）认为国际谈判中的文化可以用如下四种方式定义：作为习得行为、作为共享价值观、作为辩证法、作为背景。虽然这四种方式既存在相同之处，又存在相异之处，但每一种方式都强调了理解文化对谈判影响的重要性。

专栏 11-2

在旁观者的角度观察文化与谈判的关系

试想一下如下情况，正在与你谈判的是一名与你文化观念截然不同的男人，在谈判过程中他答应可做出很大的让步，虽然你很乐意见到这种情形，但是你还是很想弄明白对方的行为产生的因素是什么。你或许会认为有如下几种不同的解释：

第一种解释是，这个谈判者是一个喜欢做出让步的人，也就是，在其他情形发生时他也会通过做出让步来解决这个问题。第二种解释是，谈判者认为如果继续谈判下去有可能会造成更大的冲突。第三种解释是这也许是一种对于谈判者而言比较特殊的谈判方式，而不仅仅是你所认为的让步。最后一种解释认为，一系列的谈判行为大多数还是来源于彼此的文化。有可能这个谈判者的文化背景倾向于调和谈判行为。

毫无疑问，每个原因都可以解释对方谈判者所做出的行为决策。然而，我们猜测文化的倾向应该高于其他原因的解释，所以我们认为文化的倾向是主要原因。如果我们重新开始假设文化是谈判行为来源，那么所有的影响因素有可能都会被发现。

资料来源：Jeffrey Z. Rubin and Frank E. A. Sander, "Culture, Negotiation, and the Eye of the Beholder," *Negotiation Journal 7*, no. 3 (1991), pp. 249 – 54.

11.2.1　文化作为习得行为

第一种理解文化影响谈判的方式描述了不同文化中人的系统性谈判行为。与其关注某种特定文化中的人们为何有如此行为，还不如用一种实用、具体的方式来创建一个有关当国际谈判者进入所在国时所被期望的应有行为目录。许多有关国际谈判的畅销书籍和文章都把文化作为一种习得行为，提供了当与不同文化中的人进行谈判时所应遵守的该做的事与不该做的事的目录。例如，所罗门（Solomon）认为国际谈判者应该意识到中国的谈判者会以寻找广泛原则和建立良好关系的方式启动谈判。随之而来的是对双方关系界限的一个较长时期的探索和评估；关于是否会达成协议的决定将会在最后才做出，而且这个协议将会成为更大的让步和修改的基础。与此观点相一致的研究检验了在谈判中文化对谈判者所表现出来的情绪，以及对顾全面子的影响。

11.2.2　文化作为共享价值观

第二种定义文化的方式关注于理解核心价值观和规范，然后建立一个模式来描述在特定文化背景下这些规范和价值观是如何影响谈判的。通过找出使两种文化相异的那些重要规范和价值观，来进行跨文化比较，然后理解这些相异之处将会如何影响国际谈判。

霍夫施泰德的文化维度模型

吉尔特·霍夫施泰德（Geert Hofstede）对有关国际商务中的文化维度进行了广泛的研究。霍夫施泰德对收集到的来自全球 IBM 公司的 100 000 多名员工的价值观数据进行了检验，其中在初始研究中包含 50 多种文化。对这些数据的统计分析表明，在研究中可用四个维度来描述文化中的主要差异：个人主义/集体主义、权力距离、职业成功/生活质量以及不确定性规避。表 11-1 列出了每个文化维度的前 10 名，下面将对每个维度进行讨论。

表 11-1　霍夫施泰德（1991 年）所列出的在文化维度上的前 10 名

个人主义/集体主义	权力距离	职业成功/生活质量	不确定性规避
1. 美国	1. 马来西亚	1. 瑞典	1. 希腊
2. 澳大利亚	2. 危地马拉	2. 挪威	2. 葡萄牙
3. 英国	巴拿马	3. 荷兰	3. 危地马拉
4. 加拿大	4. 菲律宾	4. 丹麦	4. 乌拉圭
荷兰	5. 墨西哥	5. 哥斯达黎加	5. 比利时

（续）

个人主义	权力距离	生活质量	不确定性规避
6. 新西兰	委内瑞拉	南斯拉夫①	萨尔瓦多
7. 意大利	7. 阿拉伯国家	7. 芬兰	7. 日本
8. 比利时	8. 厄瓜多尔	8. 智利	8. 南斯拉夫①
9. 丹麦	印度尼西亚	9. 葡萄牙	9. 秘鲁
10. 法国	10. 印度	10. 泰国	10. 阿根廷
瑞典	西非		智利
			哥斯达黎加
			巴拿马
			西班牙

①南斯拉夫是 1929～2003 年建立于南欧巴尔干半岛的国家，现已不存在。

资料来源：Geert Hofstede, *Cultures and Organizations: Software of the Mind* (London: McGraw-Hill, 1991).

（1）个人主义/集体主义。个人主义/集体主义维度描述了一个社会围绕个体或群体而组织起来的程度。个人主义的社会鼓励年轻人要独立，并照顾好自己。集体主义社会则把个体整合为一个有凝聚力的群体，而且群体要为每个成员的福利负责。霍夫施泰德认为，在集体主义社会中对关系的注重这一点在谈判中担任了重要角色——与同一谈判方的谈判可能会持续多年，而且更换谈判方也会随之改变之前的关系，从而要花费一段很长的时间来重新建立双边关系。与此相反，在个人主义社会中，当谈判者选择谈判另一方时会重点考虑对方的可互换性及能力（而不是关系）。这就意味着来自集体主义文化中的谈判者会强烈依赖于培养和保持长期关系，而来自个人主义文化中的谈判者则更可能会更换谈判者，使用任何一种看起来合适的短期标准。

（2）权力距离。权力距离维度被描述为："组织和机构（比如家庭）中的低权力成员所能接受和预料到的权力不公平分配的程度。"霍夫施泰德认为，权力距离大的文化更有可能在机构的顶层做出决策，所有重大决定都必须由领导来完成。权力距离小的文化更有可能把决策权分散至组织内部，尽管领导会受到尊重，但他们所做出的决定也可以受到质疑。权力距离对国际谈判的影响就是来自权力距离较大文化背景中的谈判者可能会更需要就更多的问题经常性地寻求其上级的批准，从而使谈判进程变得缓慢。

（3）职业成功/生活质量。霍夫施泰德发现文化的不同还存在于人们所持有的有关提升职业成功程度还是提高生活质量程度的价值观。崇尚提升职业成功的文化特征是"获取金钱和物质，不用关心他人、生活质量以及人民"。崇尚提升生活质量的文化特征是注重关系和教育。霍夫施泰德认为文化的这一维度对谈判所产生的影响在于：当谈判者都来自崇尚职业成功的文化背景时，谈判的竞争性会增加；当谈判者都来自崇尚生活质量的文化背景时，又都更有可能对另一方产生同情，从而做出让步。

（4）不确定性规避。不确定性规避"表明了某种文化下的成员在非结构化情境中时所感到的适应或者不适应程度"。非结构化情境是以快速的变化和新情况的出现为特征的，而结构化的情境则是比较稳定和安全的。来自高不确定性规避文化背景中的谈判者对模糊不定的环境会不太适应，也更有可能会在谈判中寻求一些确定的规则和步骤；而来自低不确定性规避文化背景中的谈判者则可能会适应迅速变化的环境，而且当谈判规则模糊不清或转变时，也不太会感到不适应。

尽管霍夫施泰德的模型存在一些疑点，但此模型已成为国际商务中跨文化研究的主力。对这个模型的最主要批判提出研究样本中的参与者并不能真实地代表各种丰富的不同文化。因为样本中男性比例太高、位于中层的员工过多、受教育程度超过了平均水平，而且参与者都来自同一公司（IBM）。换句话说，霍夫施泰德模型恐怕会低估了文化价值观差异的丰富性。

总结

文化作为共享价值观的这一观点可以解释为何跨文化谈判会很困难且容易破裂。例如，美国的核心价值观是个人主义。人们认为美国人会做出个人的决定、为自己的观点做辩护，而且还会在那些对自己来说重要的问题上坚持强硬立场。与此持相反价值观的是中国——集体主义价值观。人们认为中国的谈判者会做出集体决策、为集体而胜于为个人辩护，会在对集体来说重要的问题上保持立场强硬。当美国人与中国人谈判时，这种个人主义/集体主义文化价值观的不同可能会通过多种方式影响谈判。文化价值观已经颇具影响力和重要性，并且这种价值观念也在以一种超出我们的认知方式在改变。Miyahara、Kim、Shin 和 Yoon 曾对集体主义国家中的日本和韩国做过研究，研究发现韩国和日本的表现方式十分不同，韩国人更倾向于对避免不公平以及避免厌恶做出回应，而日本人更倾向于对问题做出清晰回应。基于这些原因，当我们解释在谈判中文化价值维度的影响时要谨慎考虑。

11.2.3　文化作为辩证法

第三种通过文化来理解国际谈判的方式是由扬希克定义的，他指出文化中所包含的维度和制约关系被称作辩证法。这种制约关系可以由犹太—基督传统中的一些谚语很好地阐述出来。考虑以下几个例子："厨子多了烧坏汤""一人不及二人智"。这些谚语为那些考虑应该单独完成任务还是依靠团队的人们提供了相互冲突的指示。这就反映了犹太—基督传统中对独立和团队价值观的辩证法或制约关系。完全的独立和完全的依靠团队不可能在任何时候都起作用；每一种方式都有其优点和缺点，它们会随环境的不同而改变（比如所要做出的决策类型和所要完成的任务类型）。扬希克指出把文化作为辩证法的这种方式比把文化作为共享价值观的方式更有优势，因为它能够解释文化内的差异性（比如并不是同一种文化中的每个人都对同种价值观有相同的崇尚程度）。文化作为辩证法的这种方式并没有简单地为国际谈判者提供有关如何在谈判中表现的建议。而是建议那些想要在国际谈判中成功的谈判者领会他们将要与之打交道的文化的丰富性。

从事于理论研究的盖尔芬德（Gelfand）和麦克卡斯柯（McCusker）提出了一个类似的方法，通过检验文化隐喻而非辩证来证明文化对于谈判的影响。所谓的文化隐喻要具有如下特点：连贯的、完整的、有意义的系统（这个系统可以在特定的社会环境中得到发展和培养，并且具有解释、构建、组织谈判中社会行为的功能）。在谈判中的文化隐喻可以帮助人们理解和弄清楚谈判中所发生的事情。谈判就像一场运动，这是理解美式谈判的主导隐喻（谈判者倾向于个人的表现和获胜，并且谈判风格是变化无常的）。而日本的文化隐喻则与美国相反，日式谈判就像 ie（传统的家庭）一样，传统家庭的基本挑战就是连续性和继承性，谈判者更注重团队关系和集体存活，谈判对他们来说只是整体的一部分。由上可知，不同的文化隐喻之间是有很大的距离的，这样就会使谈判者彼此之间互不了解，那么在这种情况下谈判者们就要做些改变，以使谈判结果趋近于积极的一面。

"文化作为辩证法"始于对文化的深刻理解，运用这种理解对谈判进行比喻，以帮助人们了解谈判中发生的事情并能给出合理的解释。谈判者对文化中的谈判理解得越透彻，就越有可能在谈判中取得成功。

11.2.4　文化作为背景

理解文化影响国际谈判的第四种方式是将文化视为背景变量，该论点认为人类行为并非由一种简单的因素决定。相反，所有的行为都需要同时在不同的层次上加以理解，而且像谈判这种复杂的社会行为也是由多种因素共同决定的，其中之一便是文化。其他影响谈判行为的决定性因素还有个性、社会背景、环境因素等。支持该观点的人们认为，谈判行为是由多种因素共同决定的，把文化视为影响谈判行为的唯一变量会使这一社会化过程过于简单化。库马尔和奥村简洁地阐述道："虽然谈判是发生于现在的当前行为，但它也会受影响于过去所发生的事和受制于可能对未来留下的阴影。"

最近有关国际谈判的理论和研究也采用了将文化作为背景的这种方式。例如，廷斯利、布雷特、夏皮罗和奥村提出的"文化复杂论"指出文化价值观会在某些环境下直接影响谈判活动，而在另外一些环境中对谈判活动只有调节作用。当价值观在几种不同的背景下（如美国的个体主义）都对谈判活动有强烈影响时，文化价值观就被认为对谈判活动有直接影响；而在具有不同背景激励者的文化中，价值观则对谈判活动只有调节作用。例如，法国同时拥有君主制传统和民主制传统，两者都可以对谈判产生影响，但产生何种影响却要依情况而定。有关文化作为背景这种方式的另一个例子来自亚代尔和布雷特，他们发现沟通模式在不同的谈判阶段对高环境依赖型谈判者和低环境依赖型谈判者也有不同影响。

"文化作为背景"的模型变得越来越复杂，这样才能解释跨文化谈判中的微妙差异。然而，随着这种复杂性的增加，其对谈判者的实际指导意义却渐趋缩小。不过其优势在于能够促进人们对跨文化谈判运作方式形成更深刻的理解，并以此作为更活跃地参与国际谈判的基础。

11.3　文化对谈判活动的影响：管理角度

文化差异能以几种不同的方式影响谈判，在该部分，我们将讨论文化影响谈判的 10 种不同方式。具体参见表 11-2。

表 11-2　文化影响谈判的 10 种不同的方式

谈判因素	文化响应范畴
谈判的定义	契约 ⟵⟶ 关系
谈判时机	分配的 ⟵⟶ 整合的
谈判者的选择	期望 ⟵⟶ 信任伙伴
礼仪	正式 ⟵⟶ 非正式
交流	直接 ⟵⟶ 间接
时间敏感性	高 ⟵⟶ 低
风险倾向	高 ⟵⟶ 低
集体与个体	集体主义 ⟵⟶ 个人主义
协议的本质	特殊 ⟵⟶ 一般
感情主义	高 ⟵⟶ 低

资料来源：Foster（1992）；Hendon and Hendon（1990）；Moran and Stripp（1991）；and Salacuse（1998）.

11.3.1　谈判的定义

谈判的基本定义，即什么是谈判，以及在谈判中会发生什么都会随着文化的不同而不同。例如，"美国人倾向于将谈判视为讨价还价的过程，而日本人则将其视为信息共享的机会"。

11.3.2　谈判时机

谈判者把谈判时机视为是分配式的还是整合式的会受到文化的影响。北美的谈判者预先会将谈判视为基本的分配式。而这种情况在北美以外就不同了，不管怎样，在某种程度上谈判起初被看作是分配式的还是整合式的，似乎会因文化的不同而不同。来自不同文化的谈判者在有关谈判是分配式的还是整合式的观点上是否相同将会影响跨文化谈判。

11.3.3　谈判者的选择

用于选择谈判人员的标准随文化的不同而不同。这些标准包括主要谈判问题的知识、资历、家庭关系、性别、年龄、经验和地位。不同的文化重视的标准不同，导致在不同类型的谈判中对合适的选项会有不同期望。例如，在一些国家，在谈判过程的早期建立一种关系连接是重要的，并且选择合适的谈判人员对其也有帮助。

11.3.4　礼仪

文化使得谈判的礼仪或者谈判双方的关系形式不同，认识到这一点是很重要的。美国的文化在世界上是最不拘于形式的文化。一种亲近的交际风格是相当常见的。例如，直接称呼对方的名字而不加姓氏和头衔。这与其他一些国家形成鲜明对比。许多欧洲国家（如法国、德国、英国）是非常正式的，称呼某人而没有用合适的称谓（如先生、博士、教授、男爵）就被认为是侮辱。在环太平洋地区的国家（如中国和日本）介绍自己时，使用正规的名片是十分重要的。那些没有带名片或者在名片上涂写信息的谈判者通常被认为是破坏礼仪者或污蔑对方。甚至于递名片的方式、握手的方式、着装方式等都是有讲究的，并且是反映一个人背景和个性的基础（例如，在亚洲国家，在交换名片的时候都使用双手，单手递名片被认为无理）。

专栏 11-3

在国际谈判中一些交流规则的案例

切勿触摸马来西亚人的头顶，因为他们认为这是灵魂之所在；不要在阿拉伯人面前露出鞋底，他们认为这是人的最底部，比较肮脏；不要在穆斯林面前使用你的左手，因为他们认为左手是用来解决生理卫生的；在意大利文化中触摸鼻子的一侧，表示你对当前的事情有所怀疑；法国人很看重在交流中目不转睛地直视人的眼睛，而在东南亚国家只有你与一个人关系足够牢靠时才可以直视；如果一个日本人咬着牙齿深深地吸气，那么你一定会遇到一个比较大的问题；墨西哥人喜欢用拥抱的方式来结束一个很长但是很成功的谈判，而欧洲中部和东部的人们则会给你一个熊抱且交替亲吻脸颊三次。在与人谈话时，美国人通常比拉丁人和阿拉伯人站得更远，但是比亚洲人站得近。在美国，人们对于握手更倾向于有力和持久，而在欧洲通常是轻轻一点并且很迅速，而在亚洲更是很轻柔。大笑和轻笑在印度西部代表很幽默，在亚洲这通常代表着窘迫和谦卑。此外，在环太平洋的许多国家中，在公共场所表达深情被认为是没有礼貌的，因为这些国家的人们对于私人和公共有很明晰的划分。然而，如果在拉丁美洲选择隐藏情感，那么则表示你对其不信任。

资料来源：Dean Allen Foster, *Bargaining across Borders：How to Negotiate Business Successfully Anywhere in the World* (New York：McGraw-Hill, 1992), p. 281.

11.3.5　交流

文化影响人们如何交流，包括语言交流和非语言交流。不同文化中的肢体语言交流也有所不同；在一种文化里被视为极大侮辱的行为在另一种文化里可能完全是无伤大雅的。在谈判中为了避免冒犯对方，谈判者需要细心注意交流规则。例如，在美国把脚放在桌子上代表着权力和放松，而在泰国则被认为是一种极大的侮辱。显然，国际谈判者必须记住大量的关于如何交流的信息才能保证在谈判中不会侮辱、惹怒对方，也不会使其陷入窘境。一些专门阐述文化的书或文章可以为国际谈判者提供一些关于不同文化间如何进行交流的建议，寻找这些信息是国际谈判中最重要的准备工作。

11.3.6　时间敏感性

文化在很大程度上能决定时间意味着什么以及时间会如何影响谈判。在美国，人们通常以如下方式来遵守时间：准时出席会议、不浪费别人的时间、坚持"快"比"慢"好——因为它象征着高效率。在其他文化中对于时间有不同的观点。在更加传统的社会里，尤其是热带国家，生活节奏要比美国慢。这就易于减少对时间的关注，至少短期内是这样的。以阿拉伯语为官方语言的伊斯兰文化更倾向于关注"事件—时间"而非"时钟—时间"，在"时钟—时间"文化中，人们根据时钟来安排各种事务；在"事件—时间"文化中，则依据各种事件安排人们的日程。美国人被其他文化的人看作是被时钟所奴役的，因为他们非常关注时间，并将其视为一种珍贵的资源。在其他国家，时间并不重要。谈判的重点是谈判任务，而不顾完成任务所需的时间。由于在跨文化谈判中具有不同的时间观念，因而使得误解的概率很大。美国人被认为一直都是忙碌的，并且穿梭于不同的任务之间，而某些国家的谈判者在美国人看来则是无所事事，浪费时间。

11.3.7　风险倾向

文化影响人们愿意承担风险的程度。一些文化会倾向于产生官僚的、保守的决策者，他们在做出决议前需要搜集大量的信息。其他文化则产生更加中立的谈判者，并且当他们拥有不完备的信息时，他们乐意去采取行动和承担风险（如"无风险就无收获"）。福斯特认为，美国人在承担风险的连续区间内居于最高点，亚洲文化也是如此，而一些欧洲文化相对保守（如希腊）。某种文化对风险的态度极大地影响着谈判问题和谈判结果的内容。风险偏好型文化中的谈判者愿意较早对交易采取行动，从而获取更多的机会。而风险厌恶型文化中的谈判者则会寻求更多的信息，并采取等等看的姿态。

11.3.8　集体与个体

强调个体还是集体会因文化的不同而不同。美国是一种个人导向的文化，在该文化中，独立和自信被认为是宝贵和值得赞扬的。相反，集体导向的文化更加赞同集体的优越性，并且将个人的需要列于集体需要之后。集体导向的文化重视融入集体并对忠诚的团队成员予以奖励；而那些敢于挑战集体文化的人则受到社会的排斥——这在集体导向的社会中是一个巨大的代价。文化的不同会对谈判产生各种各样的影响。美国人更加可能出现个人主义，一个人为最终决议负责，而在集体导向的文化中，更可能是集体决议。在集体导向的文化中决议的做出可能会涉及一致通过，并且要比美国谈判者花费更多的时间。此外，由于在集体导向的文化中涉及许多谈判者，并且他们是按顺序参加而不是同时，因此美国的谈判者可能会在同样的问题和材料上和许多不同的人进行一连串的讨论。在中国的一次谈判中，本书的作者在连续几天内会见了不下 6 个不同的人，围绕着同一问题与不同的谈判者和翻译人员进行协商，直到达成协议。

11.3.9　协议的本质

文化对所达成的协议和协议的形式方面也有重要的影响。在美国，协议通常以逻辑为基础（如低成本的生产商达成的协议），并且通常是正式的，而且如果协议未被遵守的话，将通过法律系统强制执行。然而，在其他文化中，获得的协议可能是以你是谁为基础的（如你的家庭或者政治关系），而不是以你能做什么为基础。此外，协议在各种文化中并不意味着相同的东西。福斯特认为，通常中国人会用协议的备忘录来使关系正式化，并标志着谈判的开始（彼此之间的支持和让步）。然而，美国人会将协议备忘录看作谈判的完成，并且具有法律强制性。总之，文化的不同可能会导致在协议的达成和协议确切的含义上产生一些困惑和误解。

11.3.10　感情主义

　　文化在某种程度上也影响着谈判者情绪的表达。这些情绪可能是针对使用的策略，也可能是对谈判期间各种积极的和消极的环境的一种本能反应。在表达情绪上，尽管个人也起到一定的作用，但文化间的不同似乎也应考虑在内，而且在某种文化中控制情绪流露的规则也可能在谈判中体现出来。

　　总之，关于文化的重要性已经给出了大量的实用性建议。尽管"文化"代表了多种不同含义，但它是国际谈判中的一个重要概念，并影响了国际谈判进程和结果的许多方面。现在我们从研究角度分析文化是如何影响谈判的。

11.4　谈判文化的影响：研究前沿

　　珍妮·布雷特所发现的文化对于谈判影响的模型（图 11-2）也许解释了这个观点。布雷特的模型认为文化介于两个谈判者之间可以影响谈判者的优先选择和战略，统一意见的可能性也同样影响着谈判者之间的相互作用。布雷特同样认为文化的价值也体现在其对于谈判者的利益和优先选择的重要作用，因为文化可以影响谈判战略和谈判者之间的交流方式。而谈判者之间的交流方式和战略选择也同样影响着谈判者的心理进程，所以说文化的影响都体现在这些方面。

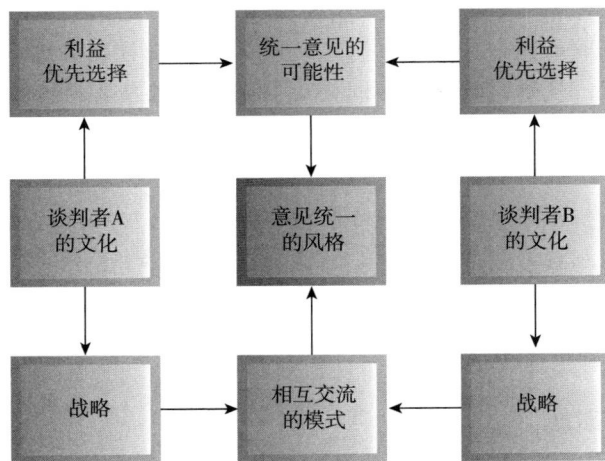

图 11-2　文化是如何影响谈判的

11.4.1　文化对于谈判结果的影响

　　研究者面临的最基本的问题是如何解释文化对于谈判结果的影响。我们可以通过如下两个研究过程做出解释。第一个研究过程是研究者比较在相同情境下的谈判结果，条件是谈判者只使用自己的文化与其他谈判者进行谈判。这样做的目的在于在同文化的前提下，研究来自不同文化的谈判者当他们提供了同样的文化条件时是否可以达成一致的谈判结果。第二个研究过程是如何解释在同文化和跨文化谈判中文化对于谈判结果的影响。在这个过程中研究者比较同一个谈判者在同文化以及跨文化谈判中与其他谈判者所达成的谈判结果。例如，一个日本谈判者如何做才可以与日本谈判者或者美国谈判者达成相同的谈判结果。

约翰·格雷厄姆（John Graham）以及他的同事做过一系列关于在不同文化下，内文化谈判的研究，他们使用了一个很简单的关于三种物品（电视、打字机、空调）价格的买卖双方的谈判模型，发现不同文化背景下的谈判者——美国人、日本人、中国人、加拿大人、巴西人，以及墨西哥人——对于利益的限度并没有什么不同。

然而，调查者已经发现，集体主义的谈判者比个人主义的谈判者更有可能收获积极的结果。比如，里特奇（Lituchy）报道了集体主义文化（日本）比个人主义文化（美国）得到更积极的解决。阿鲁纳恰拉姆（Arunachalam）、沃尔（Wall）和尚（Chan）发现集体主义文化（中国香港）比个人主义文化（美国）在综合谈判任务上达到更高的利益结果。

珍妮·布雷特及其同事采用了更复杂的情景模型进行研究并且也意识到谈判者在不同文化下所存在的个体差异对于谈判结果的影响。例如，布瑞特（Breet）、阿代尔（Adair）、朗珀勒（Lempereur）、奥村（Okumura）、史可基列夫（Shihkirev）、汀丝丽（Tinsely）和莱特尔（Lytle）通过比较六种不同的文化之间的差异（法国、俄罗斯、日本、中国香港、英国、美国）发现了彼此之间的获益不同。另外，戴阿丁（Dialdin）、科佩尔曼（Kopelman）、布瑞特、阿代尔、奥村和莱特尔也研究了五种不同的文化（美国、中国香港、德国、以色列、日本）在谈判上的个人利益。通过这两个研究不难发现文化确实对谈判结果有影响，并且是通过复杂的方式来达成的。也就是说，跨文化谈判对于谈判结果是存在影响的，而并不是文化本身的作用（接下来讨论）。

还有一些研究通过同文化以及跨文化谈判的对比来解释文化对于谈判结果的影响。阿德勒（Adler）和格雷厄姆发现日本人和英裔加拿大人，当他们处于跨文化谈判中时比在内文化谈判中更容易接受较低的利益；美国和法裔加拿大谈判者在谈判时无论是同文化谈判还是跨文化谈判所追求的结果是利益的互相平等。这些结果支持了阿德勒和格雷厄姆的假设，在同文化以及跨文化谈判中，跨文化谈判更容易产生比较差的结果。另外，阿德勒和格雷厄姆发现在跨文化谈判中存在一些很特别的习惯。例如，法裔加拿大谈判者在跨文化谈判中更易使用合作战略，而美国谈判者则倾向于在跨文化谈判中获得比较高的利益。

纳特兰德斯麦尔（Natlandsmyr）、罗根尼（Rognes）、里特奇、布雷特（Brett）和奥村拓展了阿德勒和格雷厄姆的结论。纳特兰德斯麦尔和罗根尼发现，当处于同文化谈判时，挪威谈判者比墨西哥谈判者更注重高收益谈判结果。然而墨西哥—挪威的谈判组合更容易在同文化谈判中与墨西哥一方达成一致而不是挪威一方。纳特兰德斯麦尔和罗根尼与此同时还发现在与墨西哥人和挪威人谈判的过程中也有不同，他们表明有可能文化在谈判过程中有特别重要的地位。里特奇发现日本内部谈判可以比美国—日本跨文化谈判更容易获得有力的结果，并且布雷特和奥村发现，日本和美国谈判者在大多数情况下跨文化谈判比同文化谈判更容易接受较低水平的利益划分。

　　总的来说，研究发现，文化对于谈判是具有影响作用的。尽管文化并不是直接作用在结果上，而是通过两国文化的差异之处作用于谈判过程中。此外，也有证据表明跨文化谈判相比同文化谈判来说，更容易获取不令人满意的结局。这个现象已经有大量的研究为我们做出了解释。接下来，我们会通过两个方法来研究这个问题。首先要做的事情是在不同的文化氛围中，文化对于谈判价值的影响对比。其次，研究文化对于谈判者心理层次的影响，即文化如何影响判断偏差以及谈判中所隐藏的理论。

11.4.2　文化对于谈判过程与信息交换的影响

　　格雷厄姆与他的同事在他们对于文化的研究中发现文化也体现在谈判战略以及战术的显著差异上。格雷厄姆认为在美式谈判中，谈判者通过使谈判对手感到不自在达到高利润的目标，而在日式谈判中，高利润的产生往往建立在使谈判对手舒适的情况下。格雷厄姆同样认同巴西谈判者倾向于使用强势和欺骗战略来收获高水平利润。奥尔德、格雷厄姆、施瓦茨进一步的研究发现，"获取信息"这样的代表性战略，与墨西哥人和法国—加拿大谈判者之间利益的获取负相关，而与美国谈判者获得的利润不相关。此外，他们也认为美国与中国的谈判者在进行谈判时会采用相似的谈判战略，但他们所采用的交流方式却截然不同——中国人倾向于提问题，也很少说"No"，比美国谈判者更爱打断谈判。而日本谈判者则会比美国谈判者提前达成目标统一。

　　盖（Cai）就个体主义/集体主义文化对于谈判的影响做了展示，来自集体主义文化（中国台湾）占主导地位的谈判者们会花费很大的一部分时间去设定长期目标，来自个体主义文化（美国）的谈判者则会选择去做短期计划。格雷厄姆与克里斯塔科博同样也发现那些来自于个体主义文化（美国）的谈判者会比来自集体主义文化（希腊）的谈判者更易产生偏激的想法。

　　阿代尔同事发现不同文化的谈判者在信息直接分享方面同样也存在思维差异，那些来自于美国的谈判者倾向于直接进行信息分享。无论是美国还是日本谈判者都会倾向于使其联合利益最大化，但是他们所采用的方式不同，美国谈判者通常会选择直接开诚布公的信息交换方式，例如，告知他们的合作者他们的选择倾向、优先选择的排序、过去类似情况下的选择等，而日本谈判者则会选择间接信息交换来推测他们的合作者以及买方的选择倾向等。由此，可以对俄罗斯人与中国香港人为什么不能达到联合利益最大化做出解释：中国香港谈判者不会进行过多的信息交换，俄罗斯人则过于注重强势。

　　阿代尔、科佩尔曼、吉莱斯皮、布瑞特与奥村（1998）认为跨文化谈判中的信息分享对联合利益是否增长是有影响力的，并且发现那些来自于文化类似国家（美国、以色列）的谈判者比那些来自于文化相异国家的谈判者（美国、日本）在谈判中更易进行信息分享，而这些信息分享的差异恰恰是文化类似国家获得高联合收益的原因。

　　阿代尔、布瑞特与奥村对比在内文化谈判下（美国内部、日本内部）的谈判结果以及信息交换，发现无论是在美国还是日本，同文化状态谈判比跨文化状态谈判更易收获较高的联合利益，但是他们在同文化谈判时所采用的方式不同，美国同文化谈判者更倾向于直接地进行信息分享而不像日本谈判者很少进行信息交换。在跨文化谈判中，日本谈判者通常会选择使自己适应美国谈判者所提出的规范要求，且会比在同文化谈判下分享较多的信息，然而这些多出来的分享信息并不会在跨文化谈判中达到高联合收益的效果。

　　阿代尔所做的文化对于信息分享的重要性研究所采用的方法是对比在同文化谈判下高—低分化的谈判结果以及双方都涉及的跨文化谈判结果。他发现在同文化谈判中由于个体文化的差异也会存在不同的交流方式，来自于低语境文化环境的谈判者倾向于使用开门见山的交流方式，而那些来自于高语境文化环境的谈判者则会选择更为委婉的交流方式。在跨文化谈判中，开门见山的信息交流方式可以使联合利益获得增长，进而阿代尔建议谈判者们彼此之间互相坦诚以便使跨文化谈判达到一个成功的结果。

　　瑞斯特、贝瑞特、巴内斯以及莱特尔对文化如何影响高文化水平（中国香港）以及低文化水平（美国）的谈判者进行同文化与跨文化的邮件谈判进行了研究。他们发现中国香港的谈判者可以通过邮件谈判达到比面对面谈判更为有利的利益增长点，而美国谈判者并没有什么效果。中国香港的谈判者用邮件谈判所达到的高的联合利益增长点将会导致初始价的提升以及更多较为复杂的问题。在跨文化邮件谈判时，香港谈判者可以比美国谈判者取得更多的个人成果，因为他们可以使自己所提出的初始价更有竞争力，但是在处理问题价格时，美国与香港谈判者并没有什么差异，这是由于谈判者会在谈判中多次更改价格。瑞斯特及其同事的研究表明了文化通过影响邮件谈判的过程进而影响谈判结果。

　　总的来说，文化可以影响谈判过程与战略，即谈判计划的制订、谈判价格的达成、交流方式的选择、谈判过程中的信息分享，进而影响谈判结果。

11.4.3　文化对于谈判者认知的影响

　　研究者对于文化如何通过影响谈判者心理过程以及在谈判中信息处理的过程进而影响谈判进程与结果做了研究。

　　盖尔芬德（Gelfand）与瑞欧（Realo）发现文化对来自个人主义与集体主义的谈判者的影响存在差异。例如，责任作用于个体主义谈判者之间会带来更多的合作，但作用在集体主义团体上则会上升到更高的水平合作。另外，两种文化的谈判者在谈判时也会存在对于谈判的不同认知，个体主义者在谈判前会存在竞争意识，谈判中很少与其他谈判者合作，谈判后认为其合作者的存在会为谈判带来消极作用。

　　盖尔芬德、西井、霍尔库姆、戴尔等解释了来自集体主义文化（日本）与来自个体主义文化（美国）的谈判者对于冲突的差异性。他们发现日本人比美国人更倾向于妥协。盖尔芬德认为美国人与日本人解决冲突的方式不同。例如，日本人会使用一些美国人不会采用的不道德的行为（女性骚扰）。研究证明了解决冲突的方式有多种普通方式（妥协让步），也存在多种特别方式（女性骚扰）。

　　不同文化的谈判者所拥有的谈判条件也不尽相同，而这些差异的存在有可能导致不同的谈判结果。刘与威尔逊在研究中发现中国人比美国人更钟爱于使用竞争策略，这造成了彼此之间对于谈判竞争性的可能认知，进而直接影响谈判过程。谈判者可以察觉谈判状态，使谈判间的关系清晰明了，从而可以解释文化在谈判过程中的哪些地方进行影响。

　　另一种探索文化对谈判者认知的影响的方法就是，检验西方文化中确定的认知影响在多大程度上会发生在其他文化中。盖尔芬德与克瑞斯提普兰（Christakopoulou）认为，来自个人主义国家（美国）的谈判者比来自集体主义国家（希腊）的谈判者更易受定性误差（见第 6 章）的影响。在一系列解释了他文化自我服务的公平性偏差的创造性研究里，盖尔芬德和他的同事认为，个人主义文化国家（美国）的自我服务偏差远远强于集体主义国家（日本）。韦德－本佐尼（Wade-Benzoni）、奥村等人发现类似的文化差异性也体现在美国与日本人对于不平衡社会困境（如个人与团体利益取舍）的处理上。这项研究认为美国参与者比日本参与者更希望较少地与他人合作，并且希望他人也尽量避免与其合作。最后，巴伦苏埃拉（Valenzuela）、斯里瓦斯塔瓦（Srivastava）和李（Lee）等人也同样声称，集体主义文化国家（韩国）相对于个人主义国家（美国），在谈判中更不容易出现基本归因错误。

　　总的来说，由上述研究可知，文化对于谈判者的认知是存在显著影响的，谈判者不应该认为这种来自西方谈判者的认知发现也普适于其他文化。这些对谈判者认知的文化效应不仅影响着对谈判情境的理解，而且同样影响着谈判者谈判战术的选择。

11. 4. 4　文化对于谈判者道德和战术的影响

　　研究者现在更多地把他们的研究焦点转移到跨文化谈判中的道德以及所采用的战术上，进而解释不同文化的谈判者在谈判时所采用的战术是否具有相同的道德标准。例如，查克达－弗雷泽（Zarkada-Fraser）与弗雷泽（Fraser）对列维奇（Lewicki）与鲁宾逊（Robinson）的六种不同文化之间的谈判战术（见第 5 章）进行了研究。他们发现不同文化谈判者对于谈判战术有不同的容忍度。日本谈判者相对于澳大利亚、美国、英国、俄罗斯、希腊的谈判者，对于虚假谈判战术更加不可容忍。瓦克马（Volkema）与弗勒里（Fleury）在列维奇与鲁宾逊对于巴西人与美国人的调查问卷中发现，他们具有相似的谈判接受水平，但是美国人比巴西人更倾向于使用策略，尤其是夸大初始价策略。艾尔西（Elahee）和他的同事研究了美国人、墨西哥人以及加拿大人对于列维奇与鲁宾逊的策略的信任程度产生影响的理论，他们发现当谈判者使用可疑的谈判策略时会降低彼此之间的信任度，此外，墨西哥谈判者对于外国谈判者的信任度最低，他们倾向于在跨文化谈判中使用虚张声势和谎称的行为策略。加拿大谈判者与美国谈判者对于跨文化谈判及同文化谈判并不会采用什么不同的策略。

　　文化在谈判中同样也会影响对于道歉的认知和使用。玛达柯（Maddux）与布雷特（Brett）等人认为在个人主义社会下道歉发生在受责备的情况下，而在集体主义社会下道歉却用来表达悔恨。根据他们的预测发现，来自个人主义文化（美国）的谈判者会通过道歉来接受责备，而那些来自集体主义国家（日本）的谈判者会在并没有责备之感的形势下道歉，并且日本谈判者相比于美国谈判者更倾向于接受全方位的道歉。

总结

通过过去十年的研究可以得出文化对于谈判是具有影响力的。从文献中我们可以很容易地得知文化对于谈判的影响主要体现在如下几个方面：谈判结果、谈判过程、信息交换、谈判者认知、谈判者对于道德行为的界定，但是这些研究很难完全概述，因为其中包含着许多不同的文化、样例以及话题，并且这些因素在某些情况下是彼此冲突的。

现在有人认为，谈判的类似模型比最初所设想的更加多元化，又或者说现在的谈判风格正随着经济的发展以及国家的现代化而转变。在这方面，我们还需要做大量的研究。

11.5　文化敏感度高的谈判策略

尽管目前有大量的文献资料论述了国际谈判和跨文化谈判所面临的挑战，但是鲜有资料关注当谈判者面对其他文化的谈判对手时应该做什么。许多该领域的理论家给出的明确的或隐含的建议都是"入乡随俗"。换句话说，就是建议谈判者要意识到文化差异对谈判的影响，并在谈判时要重视它们。许多理论家认为管理跨文化谈判的最好办法似乎是对谈判对手的文化规范保持敏感性，并调整自己的战略使之与对方文化相一致。

考虑到以下几种因素，谈判者在进行跨文化谈判时不必对他们的方法做大量的修改：

（1）谈判者或许不能有效地修改他们的谈判方式。要花费几年的时间才能了解另一种文化，而且谈判者在谈判开始之前不可能有足够的时间透彻理解另一种文化。

（2）即使谈判者可以有效地修改他们的谈判方式，也并不意味着会相应地取得更好的谈判结果。因为谈判对方也极有可能修改他们的谈判方式。这种结果可能是灾难性的，因为谈判双方都试图假设对方好像"应该"正在做什么，而他们并不真正了解另一方正在做什么（参见专栏 11-4）。

（3）弗朗西斯的研究表明，适当地调整谈判方式可能比"入乡随俗"更有效。在一项关于美国人对来自其他国家的谈判者作何反应的模拟研究中，弗朗西斯发现，熟悉此文化的谈判者（如日本）为了适应美国人的方式而适当地调整自己的风格，人们认为这比那些不做任何改变或者做了大量修改的谈判者更加有效。

最近的研究成果对如何进行跨文化谈判给出了一些具体建议。鲁宾（Rubin）和桑德（Sander）指出，在谈判准备期间，谈判者应当关注以下三件事情：①他们自己的偏见、优势和劣势；②对方的个人情况；③其他谈判者的文化背景。布雷特和她的同事指出，跨文化谈判者应当做进一步研究，并向自己提出一系列有关文化如何影响信息共享和谈判方法的问题（如这种文化是直接共享信息还是间接共享信息，他们是单维度时间观还是多维度时间观）。了解另一种文化是如何共享信息和构建谈判过程的可以帮助谈判者更加有战略性地为谈判制订计划。最后，阿代尔、奥村和布雷特建议，参与跨文化谈判的双方需要做好准备，以对方文化所偏好的直接或间接的交流方式来交流，从而提高达成谈判成功结果的概率。

专栏 11-4

一个简单的 "Hai" 并不意味着同意

在美国一个电视节目中，针对叶利钦的评论——当日本人说是的时候通常意味着不，克林顿用轻微怀疑的语气说道：根据我对东方和西方的研究，我很同情那些说日本人深不可测的人们。其实，事实上有的时候日本所说的"是"与西方人所运用的"是"是不一致的，这样的事情发生并不一定是故意欺骗。这大概也是广播员在转播电视时所具有的困惑，这也说明了文化的差异在有的方面可以产生很大的反响。

我曾认识了一个在东京工作过的美国人，他是一个很和蔼的人，但是他在日本遭受了很严重的损失，在返回美国时勃然大怒，并说："所有的日本商人都是骗子。"我认为这可能不是真的，如果事情如他所说，那么所有的日本商人彼此之间相处可能会发疯。相反，我认为悲剧的发生有可能是彼此之间存在误解，也许我所做出的解释有可能消除误会。

日本人在最初的情况下说是仅仅意味着他人已经听到了你的话并且在冥思苦想一个答案，这是因为在他们的文化中认为让一个人等待一个答案，并且这个答案并不能立即回复是非常粗鲁的。举例来说：一个封建制度的军阀把他的姐姐嫁给另外一个军阀，紧接着他决定包围城堡消灭他在法律意义上的新姐夫。虽然这个军阀残忍暴力，但是还是很担心他的姐姐，并派了一个间谍在他姐姐身边。间谍回来后，军阀急匆匆地询问："她安全吗?"间谍弯腰回答："Hai!"如果我们认为这是"美丽的夫人还活着"的意思，或许我们可以松一口气，但是间谍紧接着说了一句："遗憾的是，她已经和她的丈夫自杀了。"Hai 有可能只是表达我们很乐意达成你的要求，即使你的要求是用一种不好的言辞表达的。这就有可能会使情况更为复杂。当我还在上学的时候，我们的英文老师是一位英国修女，她会说："孩子们，你们不会忘记家庭作业的，是吗?"我们所有人很诚恳地异口同声地回答道："是的，妈妈。"她表现得很惊讶。

Hai 的变化可能是有意的。"我懂你的期望，虽然我很乐意帮你达到，但是……"日语是一种很含蓄的语言，它需要你去琢磨和猜想他要说的下半部分，因为在日语中它常常不会被说出来。

说到这儿，日语中的 YES 符合西方人的 YES 吗? 尤其是它常常会伴随着这些短语："sodesu"（它是这样）和 "soshimasu"（我愿意这样做）。

警惕这一陈述"我会考虑它"，尽管在东京这句话可能意味着一种会认真思考的意愿，而在大阪这可能意味着一个确切的否定。这种态度可能来源于一个思想：一个很直接的不，听起来太唐突了。

当与一个日本人谈话时，最好记住，尽管他会说英语，但他在逻辑上还是日本人，在开始谈判前应该查明他来自日本的哪个地方。

资料来源：Reiko Hatsumi, "A Simple 'Hai' Won't Do," *The New York Times*, April 15, 1993, p. A21.

韦氏文化对应战略

在与来自其他文化背景中的人进行谈判时，斯蒂芬·韦斯（Stephen Weiss）提出了一个有用的办法来考虑我们的已有选择。韦斯（Weiss）注意到谈判者可能会在八种不同的文化应对战略中做出选择。这些战略可以单独地或按顺序地被使用，并且还能被转换成谈判方法。在选择谈判战略时，谈判者应当大概了解他们自己的和谈判对手的文化，理解在当前关系中的具体因素，预测或者尝试去影响对方的谈判方法。基于谈判者对谈判对手文化的熟悉程度（低、中、高），韦斯（Weiss）的文化应对战略可被分为三组。每一组中都有可以被单独使用的战略（单边战略），也有涉及其他谈判者参与时所用的战略（联合战略）。

1. 低熟悉度

（1）聘请代理或顾问（单边战略）

对对方的文化熟悉程度较低的谈判者，可以聘请对两边文化都熟悉的代理或顾问。这可能会引起一些变化，即谈判会在监督之下进行（代理），或者在谈判过程中接受定期的或临时的建议（顾问）。尽管代理或顾问可能会制造其他麻烦，但对于不熟悉对方谈判文化或没有时间做准备的人们，他们是相当有用的。

（2）请一位调解员（联合战略）

在跨文化谈判中可能会用到多种类型的调解员，范围包括在谈判伊始进行相关介绍，然后退出，接手参与全程谈判并对整个谈判过程负责。翻译人员经常会起到在谈判期间为谈判双方提供更多信息的作用，而不仅仅是语言的翻译。调解员也可以鼓励谈判的一方或者另一方接受对方的文化方式，或接受第三方的文化方式（调解员本国的文化）。

（3）引导谈判对方采用你的方法（联合战略）

另一种选择就是说服对方使用你的方法。有许多的方法可以做到这些，范围可以从礼貌的声称到强硬宣布你的办法是最好的。更加巧妙的是，谈判者可以用自己的语言来不断地应对谈判对手的要求，因为他们用其他语言"不能清楚地表达自己的意思"。虽然该战略对那些与不太熟悉的人进行谈判的谈判者来说有许多的优势，但也存在一些劣势。例如，日本谈判方可能会因他们不得不以加拿大的文化方式去和加拿大人进行谈判所付出的额外努力而感到生气和受到侮辱。并且，另一方的谈判者也可能会有战略上的优势，因为他可能会在现在尝试更为极端的战略，并于之后以他的"文化忽视"为借口来请求对方的原谅（毕竟，谈判者不能期望对手了解有关他们如何进行谈判的所有事情）。

2. 中等熟悉度

（1）采纳谈判对手的方式（单边战略）

该战略包括谈判者有意识地改变自己的谈判方式，这样可以更加吸引对方。与其试图使行为举止像对方，谈判者们还不如使用这种坚持自己方式的战略，但要做一些修整以帮助维持与对方的关系。这些方式可能包括采取不极端方式，消除一些自己的习惯，以及采取对方的习惯。使用这种战略的难点是要明确哪些习惯需要修改、消除或者采纳。此外，谈判者无法确定谈判对手是否会按照自己所期望的那样去理解他们所做的调整。

（2）相互调整（联合战略）

该战略包含谈判双方都做出多方面的调整以找到适于谈判的共同方法。虽然这些可以在暗地里完成，但明说的做法更容易发生（"你想要谈判如何进行"），而且它也可能被看作谈判进程中的一个实例。该战略要求对对方的文化有适量的了解，并且至少熟悉他的语言（即使不会说，也要充分理解）。在蒙特利尔这个说双语人数最多的北美城市（85%的蒙特利尔人都说英语和法语），相互调整的事情在日常生活中经常发生。在实质性的讨论开始之前，蒙特利尔的商人对谈判方法进行协商是经常的练习。关于谈判使用英语还是法语的谈论结果有多种，但经常是以两种语言都可以说来作为结果。谈判常以两种语言进行，并且能够较好掌握第二语言的人时常会变换使用语言以利于谈判。另一个偶尔发生的结果是双方都使用第二语言（例如，讲法语的发言人使用英语，而讲英语的发言人使用法语），以显示对对方的尊重。另一种相互调整也会发生，即为了便于谈判，双方都采用第三种文化。例如，本书的一位作者在拉丁美洲出差期间用法语与一位拉丁美洲的同事进行了谈判，而这位同事说西班牙语和法语但不说英语。后来在中国出差时，谈判用法语、英语和汉语进行，因为参加谈判的6个人都能说其中的两种语言。

3. 高熟悉度

（1）采纳对方的方法（单边战略）

该战略要求完全采纳对方的方法。为了成功地使用这种战略，谈判者需要完全掌握双边语言和双边文化。本质上，使用这种战略并不是入乡随俗，而是他是本地人。该战略花费的准备时间和费用都比较多，并且会把使用这种战略的谈判者置于相当大的压力之下，因为在两种文化之间来回快速地变换是很困难的。然而，由于使用这种战略可以接近对方并能充分理解对方的意思，因此使用这种战略也是有好处的。

（2）临时提出一种方法（联合战略）

这种战略是为谈判情境、谈判对手和谈判环境所制定的一种精巧方法。为了使用该方法，谈判双方都需要对对方的文化有相当高的熟悉度，并且非常了解谈判对手的个性特点。在以这种方法开始的谈判中，只要他们的文化是有用的，都可以被采用。这种方法在八种战略中是最灵活的一个，但它既有优势也有弱势。灵活是它的优势，因为它允许根据身边的环境来进行方法的制定，但因为几乎没有关于如何使用该战略的规定性陈述，因此这就是它的弱势。

（3）多种混用（联合战略）

这种战略允许谈判者创造一种新的方法，该方法可以包含谈判双方中任意一方的文化，也可采用第三种文化。职业外交家们之所以会使用这样的战略，因为他们超越民族界限地使用风俗、规范和语言，并形成了自己的文化（外交文化）。这种战略的使用很复杂，并且需要花费大量的时间，做出很大的努力。当参加人员对彼此和彼此的文化都熟悉，并有一个共同的谈判框架（比如像职业外交家那样）时，该战略是最有效的。使用这种战略的风险是能够引起混乱、浪费时间和为了完成工作需要花费更大的努力。

◘ 本章小结

本章讨论了谈判领域所涉及的越来越多的方面，研究了国际谈判和跨文化谈判的复杂性。在本章开始，我们讨论了谈判的艺术性和科学性。随后，我们讨论了使得国际谈判变得复杂的一些影响因素。费塔科和哈比卜指出环境因素和直接因素对国际谈判有重要影响。然后我们讨论了萨拉库斯对影响国际谈判的环境因素的描述：①政治和法律多元化；②国际经济；③外国政府和官僚机构；④不稳定性；⑤意识形态差异；⑥文化。我们又额外增加了一个环境因素——外部利益相关者，这是由费塔科和哈比卜提出的。然后我们又对费塔科和哈比卜的五个直接因素进行了讨论：①相对议价能力；②冲突水平；③谈判者之间的关系；④期望结果；⑤直接利益相关者。环境因素和直接因素中的每个因素都使国际谈判更加复杂，并且高效的国际谈判者需要理解如何去应对它们。

　　然后，我们转而讨论文化是如何定义的。罗伯特·亚诺希克指出谈判的研究者和参与者以至少四种不同的方式定义文化：①文化作为一种习得行为；②文化作为共享价值观；③文化作为辩证法；④文化作为一种背景。然后我们讨论了文化差异如何影响谈判的两种观点。从管理角度而言，我们讨论了文化影响谈判的 10 种方式：①谈判的定义；②谈判时机；③谈判者的选择；④礼仪；⑤交流；⑥时间敏感性；

⑦风险倾向；⑧集体与个体；⑨协议的本质；⑩感情主义。在研究视角部分，我们发现文化对于谈判的影响体现在谈判结果、谈判过程、信息交换、谈判认知、谈判伦理等方面。

　　本章以讨论如何管理谈判中的文化差异为结束。韦斯提出了在与来自不同文化背景的对手进行谈判时，谈判者可以使用的八种不同战略。其中一些可以单独使用，而有的则可以与对方联合使用。韦斯指出谈判者选择谈判战略的至关重要的因素就是对谈判对手文化的熟悉度（分为低、中、高）。然而，即使对另一种文化有高的熟悉度，当他们应对该种文化时，如果想要完全修改自己的战略，也是一个令人畏惧的任务。

第 12 章

谈判中的最佳实践

:: 学习目标

1. 理解谈判既是一门艺术，又是一门科学。
2. 探讨所有谈判者为了在谈判中获得成功能够使用的 10 种最佳实践。

谈判是日常生活中不可或缺的一部分，我们周围有各种各样的谈判活动。尽管有些人看起来似乎天生就适合当谈判者，但实际上每个人都能学会谈判的分析和交流技能。本书的目标就是为学习谈判的学生提供整个谈判领域的概述、谈判中各个子进程的广度和深度，以及欣赏谈判的艺术性与科学性。在本章中，我们从更广泛的层次出发，为那些希望提高自己谈判技巧的谈判者提供了 10 种最佳实践（见表 12-1）。

表 12-1　谈判者的 10 种最佳实践

1. 准备充分	• 诚实、公开与封闭、不透明
2. 对谈判的基本结构进行分析	• 信任与不信任
3. 研究最佳替代方案	6. 牢记无形因素的存在
4. 随时准备中止谈判	7. 积极管理联盟
5. 抓住谈判的主要矛盾	8. 享用并维护声誉
• 索取价值和创造价值	9. 牢记理性与公正是相对的
• 坚持原则与顺势而为	10. 不断汲取经验教训
• 坚持战略与寻求新选择的机会	

12.1　准备充分

准备的重要性不言而喻，我们强烈建议所有谈判者为他们将要进行的谈判做好合适的准备（见第 4 章）。准备工作虽然并不是一项费时或者艰巨的活动，但它却是每位谈判者的最佳谈判实践清单中最重要的实践。那些做好准备的谈判者拥有数不清的优势，包括更有效地分析其他谈判者的报价，理解做出妥协过程的微妙之处，以及更好地获得他们的谈判目标。准备工作应该在谈判开始前进行，以便使费时的谈判能够更有成果。准备意味着理解自己的目标和利益，同时尽可能巧妙地将其向其他谈判者进行描述。准备还包括理解对方的需求以寻找能够同时满足双方利益的协议。几乎没有谈判能在双方没有同时达到部分目标的情况下圆满结束，提前确定自己的需求并理解对方的需求是提高谈判成功可能性的关键步骤。

　　好的准备工作同样意味着要为谈判结果设定较高的但可达到的期望值。那些将期望值设定过低的谈判者通常只能达成不理性的协议，而将期望值设定过高的谈判者则更有可能陷入僵局，并在沮丧中终止谈判。谈判者还要仔细设计开幕词并选择好自己的立场，这样他们才会在谈判的开始阶段做好充分的准备。避免预先对整个谈判进程进行计划很重要，因为即使谈判遵循广泛的阶段式进行，也会存在各种随机的变化。提前对谈判各个阶段的具体战术进行过多计划并不是对准备时间的有效利用。更好的做法是，谈判者尽可能地去了解自己和对方各自的优势和劣势、需求和利益、相关情境，以便能够随着谈判进程的进行而随时调整策略。

12.2　对谈判的基本结构进行分析

　　谈判者应该对他们究竟面临的是分配式谈判还是整合式谈判或是两者兼有有一个清楚的判断，并据此来选择策略和战术。使用不合适的策略和战术会带来不理想的谈判结果。例如，在一个基本的整合式情境中使用过度竞争性的战术很可能使整合式的潜力得不到开发，因为谈判者这时倾向于对那些能使整合式谈判成功的信息进行保密。在这些情况下，金钱和机会往往被遗留在谈判桌上。

　　类似地，在分配式情境中使用整合式策略也可能得不到最佳结果。例如，本书的一位作者最近购买了一辆新车，销售人员花了大量的时间和精力了解这位作者的家庭情况，并保证将尽力给他最高的折扣。不幸的是，在作者询问有关车的标价以及制造商最近的促销广告信息时，这位销售人员要么保持沉默，要么转移话题。对于作者来说，这是一个完全分配式的情境，他并没有被销售人员企图采用"整合式策略"的促销所愚弄。作者最后从一位能够以直接的方式提供所要求信息的销售人员那里购买了同一款汽车，价格比最初那位销售人员提供的价格低了 1 500 美元。

　　谈判者还需要记住很多谈判是由整合式和分配式的元素同时组成的，因此对这些谈判需要采用相机策略。这一点在不同阶段之间进行过渡时尤为重要，因为转换策略时的失误会迷惑对方，并导致僵局。

　　最后，折中、回避和妥协有时也是合适的策略（见第 1 章）。好的谈判者能定义情景，并由此选择合适的策略和战术。

12.3　研究最佳替代方案

　　谈判力的一个重要来源就是如果不能达成协议，谈判者可利用的替代方案。谈判者的最佳替代方案尤为重要，因为这代表着协议不能达成时谈判者可能的选择。谈判者应该对自己的最佳替代方案保持警醒。他们需要了解自己的最佳替代方案和可能达成的协议之间的关系，并对最佳替代方案进行改进以便达成更好的协议。没有最佳替代方案的谈判者可能会发现达成好的协议很困难，因为对方会向自己施加很大的压力，因此可能强迫他们接受之后看起来并不令人满意的协议。

例如，从独家供应商那里购买商品的购买者会清晰地发现，由于可行的最佳替代方案的缺乏，他们很难获得积极的谈判结果。但是，即使在这种情形下，谈判者仍然能够在长期提高自己的最佳替代方案。比如，只有独家供应商的组织通常会对自己的产品进行纵向整合，开始在公司内部生产部分类似零件，或者重新对产品进行设计，减少对独家供应商的依赖。这些都是长期的替代选择，因此在当前进行的谈判中并不可行。然而，当与独家供应商进行谈判时可以提及这些长期的替代选择，以提醒对方你不会永远依赖于他。

谈判者同样需要清楚地了解其他谈判者的最佳替代方案，并与自己的最佳替代方案进行比较。当谈判者所能提供的协议中的潜在条款要明显优于对方的最佳替代方案时，就能在谈判中获得更多的优势。相反，当你提供的条款与对方的最佳替代方案差别很小时，谈判者能回旋的余地就会很小。想要与其他谈判者的最佳替代方案进行比较，谈判者需要做三件事：①仔细观察，以便理解和保持相对于其他谈判者替代方案来说的优势；②提醒对方你提供的条款相对于他的最佳替代方案的优势所在；③以一种微妙的方式告诉对方，他的最佳替代方案可能并没有想象的那么好（这一点可以通过两种途径进行：正面途径——强调己方优势，负面途径——突出对方劣势）。

12.4　随时准备中止谈判

大多数谈判的目的不仅仅是达成一致协议，而在于取得有价值的谈判效果。强势的谈判者总是记住这个要点，当达不成一致协议比达成一个低效的谈判协议来得好时，或当谈判过程不顺利到不值得继续谈判进程时，他们可以果断中止谈判。这个建议听起来似乎很容易实施，实际上，谈判者可能由于过分专注于达成一致而暂时忘记自己实际上的谈判目标（有效的谈判成果并不一定是达成协议）。谈判者可以把谈判的进展效果与谈判的计划阶段所制定的目标不断进行比较、不断与最佳替代方案进行比较，甚至决定是否中止谈判来锁定谈判目标。谈判者可以在谈判之初保持对谈判目标的乐观性，但在谈判进行时他们必须重新估计这些目标。不断将目前所取得的谈判进展与预期的谈判目标、暂时的中止谈判、最佳替代方案进行比较是相当重要的，并且当中止谈判或采取最佳替代方案是谈判者面对当前谈判形势的最优选择时，他们就应该果断行动。

即使在缺乏最佳替代方案的情境下，谈判者也应该很清楚地了解何时停止谈判会对自己想法的产生更为容易。有时，将很轻易得到的想法写下或者与他人交流可以使得谈判者在不同的谈判状态下将这个想法牢牢记下。在团队谈判中，拥有一个想法记录者或最终解决方案无法形成时适时地停止谈判是非常重要的。

12.5　抓住谈判的主要矛盾

出色的谈判者将谈判看作是一系列矛盾的集合——看似矛盾的因素可以同时发生。我们讨论了谈判者经常面对的五种矛盾。谈判者在处理这些矛盾时所面临的挑战是在这些矛盾中寻求平衡。在矛盾中人们总是本能地倾向于选择其中一个或另一个，但管理矛盾的最好方式是在相反的力量中获取平衡。强势的谈判者知道如何管理这种倾向。

12.5.1　索取价值和创造价值

所有的谈判都有一个价值索取的阶段，其中谈判双方决定了谁能获取多少价值；许多谈判也包含了一个价值创造的阶段，谈判双方共同努力扩大在谈判中的资源。每个价值阶段适用的技能和战略也大不相同。一般来说，分配式的谈判技能适用于价值索取阶段，而整合式的谈判技能适用于价值创造阶段。典型地，价值创造阶段往往在价值索取阶段之前，谈判者要面对的挑战就是平衡两个不同阶段所关注的重点，并能实现两个阶段的转换。但是实际谈判中不存在区分两个阶段的明显标志，谈判者必须谨慎地处理从而避免破坏在价值创造阶段与谈判对手形成合作型关系。有效管理这种转换的一个方式就是明确表达自己的观点。例如，谈判者可以这样说："看来我们应该用许多想法和替代方案来打下良好的基础，不然怎么可以继续讨论如何对预期收益进行公平分配？"此外，研究表明多数谈判者在确定谈判性质时都会存在一种偏见，认为谈判对手更多的是在索取价值而非创造价值。因此，有效管理矛盾可能需要人们探讨如何创造价值。

12.5.2　坚持原则与顺势而为

谈判的节奏与走势可以从对财务问题的激烈争论，转向同样激烈的关于公平与否或对错的讨论。这些转变形成了谈判的第二种矛盾。一方面，有效的谈判需要谈判者通过灵活应变、对新的信息进行正确评估来调整对当前谈判情势的理解。任何谈判协议的达成都需要谈判双方的妥协和让步。而另一方面，谈判者进行谈判时所遵循的核心原则是不会轻易改变的。有效率的谈判者会在必须要坚持的原则性问题和为了获得双方都能接受的结果而做出妥协或让步的其他问题之间取得平衡。一个复杂的谈判有的时候也会同时包含上述问题。

12.5.3　坚持战略与寻求新选择的机会

在谈判中经常会融入新的信息，因此谈判者要处理好坚持原有的战略与把握谈判过程中出现的新时机之间的矛盾。由于新"机会"实际上可能是一个暗藏杀机的特洛伊木马，所以这是谈判者需要处理的很具有挑战性的矛盾。另一方面，谈判环境不断变化，稍纵即逝的交易也的确存在。谈判者必须能够分清假机会和真机会。而这种辨别能力是经验丰富的谈判者的一个特征。

充足的准备对于有效处理"战略与机会"这对矛盾来说很重要。对谈判做了充分准备和对谈判环境有笃定把握的谈判者能准确定位矛盾。我们同样建议谈判者密切关注自己的"直觉"。如果感觉一项交易不对劲，或者太好了以至难以令人相信，那么这项交易很可能就不是真的，或者不是一个可以把握的机会。如果谈判者对谈判的进展方向感到不安，那么最好的方式是暂停谈判，并向他人咨询对当前谈判环境的意见。经常将机会解释给同事、朋友或委托人有助于帮助区分真正的机会和特洛伊木马。

12.5.4　诚实、公开与封闭、不透明

谈判者会遇到"诚实困境"：我应该在多大程度上向谈判对手表现出诚实与开放呢？谈判者如果完全坦诚，向谈判对手说明所有相关的问题，就会面临被谈判对手利用的风险。事实上，研究表明向对方提供超过他们所需要的信息反而会使谈判结果不尽如人意。另一方面，完全封闭不仅会对声誉带来负面影响，而且是一个无效的谈判战略，因为你没有提供足够的信息来为达成一致的谈判创造基础。处理这对矛盾的挑战是决定透漏多少信息、保留多少信息——既要出于实际的考虑，又要出于道德的考虑。

出色的谈判者早就已经意识到了这对矛盾，并找到了平衡点，而这也同样取决于谈判对手的情况。谈判者应该记住谈判是一个动态发展的过程。如果谈判进展顺利，谈判者就会与其对手建立起相互信任的关系，并有向对方透露更多信息的强烈意愿，这将对谈判者产生不利影响。也就是说，不论谈判进展如何，谈判者都不应该透露太多的信息（如分配式谈判中个体的底线）。

12.5.5　信任与不信任

与"诚实困境"一样，谈判者也同样会面临"信任困境"：对于谈判对手所提供的信息应该相信多少。如果谈判者相信谈判对手所说的所有事情，那么就很容易被对方利用。相反，如果谈判者不相信谈判对手所说的任何事情，那么他们就很难达成协议。就如"诚实困境"所说的一样，谈判者应该牢记谈判是一个随着时间而不断变化的过程。首先，通过相互的坦诚与信息共享可以获取对方对你的信任，进而对方也会使你信任他们以及为你提供可靠的信息。其次，不同的个体存在着信任差异。有些谈判者在谈判初期会比较多地信任谈判对手，但是如果谈判过程中发现对方的信息并不值得信任，那么相互之间的信任就会急剧下降。其他谈判者在对方获得了对自己的信任后会觉得很舒服，但在初期却会更加疑神疑鬼。虽然处理这一矛盾在方法上没有对错可言，但是卓越的谈判者能够认识到这一困境，并密切关注环境变化，不断提高自己应对相应挑战的能力。

12.6　牢记无形因素的存在

谈判者在谈判的过程中应该牢记一些无形因素并注意它们的潜在影响。这些无形因素时常会产生负面影响，并让谈判者措手不及。如第1章所述，无形因素指的是深层的心理因素，主要包括成功、避免损失、比别人强、公平等。例如，当你和具有上述特征的人员就某一职位进行谈判时，你会发现他很难对付，因为他会在老板面前设法留下好印象。然而，他并不会告诉你这是他想做的，事实上也许他自己都没有意识到。辨别存在哪些无形因素的最好方法是确认哪些因素不存在。换句话说，就是当你对对方的情况做了充分的分析后，发现没有什么有形因素可以解释他的行为——在特定问题上不让步、不接受别人的建议、行为很荒唐等，那么，这时你就要找一些无形因素了。

比如，几年前，本书的一位作者帮助一位朋友买车，其中有一家经销商开价比其他

的经销商低 2 000 美元。唯一的感觉就是那辆车必须得那天卖出去。表面看起来这像是一个骗局，但是没有明显的有形因素可以解释他为什么开价这么低。这位朋友以前从来没有在经销商手中买过车，这辆车看起来是新的，而且还有保险，并且经过他多次考察知道这个价钱已经是很低的了。随着谈判的继续进行，销售员显得有些紧张，额头都出汗了。最终这位朋友决定买下这辆车，此时，销售员立马打电话告诉妻子这一好消息。原来是这位销售员获得了一个全家人去加勒比海度假两周的奖励，但前提是 1 个月内必须卖出 10 辆车。所以，其实当这位朋友表现出犹豫时，销售员是非常焦虑的，因为他已经打了很多折扣了。

上述例子中，为了得到奖励的这个无形因素解释了销售员的有形行为。而消费者也只是在销售员给妻子打电话后才知道的。通常，谈判者并不清楚无形因素正在影响着对方，直到这种无形因素被公开。但是，通过比较谈判者在多次谈判中的行为，以及在谈判前对对方信息的收集还是可以知道一些对方的无形因素的。比如，你的对手有一个他不喜欢的新老板，而且你们后来的谈判显得异常困难，那么，那个他不喜欢的新老板可能就是影响谈判的无形因素。

至少有两种方法可以发现影响对方的无形因素。一种揭露对方无形因素的方法是提问题。这些问题应该要能说明对方为什么就某个问题会有这样的看法，要注意的是，潜在的价值观或利益是这些无形要素的根源，所以，揭露无形因素可能会引起不安和焦虑。提问题的过程也应该有礼貌、非正式，如果问题带有攻击性，那么，对方为了自我防卫也会产生其他一些无形因素，使得谈判更加复杂和没有效率。第二种方法是带一个观察者或倾听者和你一起谈判。倾听者也许可以解读对方说话的情绪、语调以及其他的肢体语言，注重那些阻碍因素，并且可以站在对方的角度考虑问题（角色转换）。然后，谈判者再与自己所带来的倾听者沟通，有助于了解对方的无形因素，从而提出新的问题。

谈判者也必须谨记，无形因素也会影响他们自己（我们通常意识不到导致我们生气、紧张以及产生某种观点的无形因素）。你有没有因为对方不尊重你而觉得谈判异常艰难？你有没有尝试给下属上课？或者有没有想赢得一次谈判使自己看起来比其他经理厉害？暂不讨论这些想法是否正确，但这些想法背后的无形因素是值得关注的。经常和别人交流，就仿佛一个具有同情心的倾听者，这样可以帮助你了解一些无形因素。优秀的谈判者会意识到影响谈判的不止是有形因素，还有无形因素，并且他们在评估结果时，也会同时考虑两种因素。

12.7　积极管理联盟：反对你的、支持你的、不确定的

联盟对谈判的过程和结果具有显著影响。谈判者应该区分三种联盟以及它们的潜在影响：①反对你的联盟；②支持你的联盟；③不确定的联盟，即有可能支持你也有可能反对你。优秀的谈判者能辨别联盟并设法使其为自己服务。如果不能，那么就应该阻止对方利用此联盟来对付自己。当谈判者是联盟中的一员时，应该和联盟沟通并确保联盟和自己的目标一致。同样，如果谈判者是联盟的代理人，那么他应该对此过程格外关注。

当有联盟反对自己时，达成协议是一项艰巨的任务。确认联盟什么时候会反对你，

并设法反击。通常，谈判者可以采取各个击破的战略，就是使联盟内部成员意见不一致，使他们失去稳定性，从而逐步瓦解他们。

联盟经常出现在许多正式的谈判中，如环境评估、行业协会的决策制定等。联盟在一些较不正式的环境中也有重要影响，如企业中的工作团队和家庭等，在这些群体中不同的子群体可能会拥有不同的利益。当谈判者需要依靠他人来达成协议时，管理联盟就变得尤其重要。在大多数人都不赞成时，谈判者虽然有可能促成一项协议，但是想要该协议得到贯彻执行却非常困难。老练的谈判者需要主动监控和管理联盟，这项工作虽然在谈判过程中会花费大量时间，但却能为谈判者在协议施行阶段带来巨大收益。

12.8　享用并维护声誉

声誉就像鸡蛋一样易碎，建立它很重要却易受损，而且声誉一旦遭到破坏就很难重建。声誉传播迅速，并且人们往往比你想象中的要更了解你。以良好的声誉展开谈判是必要的，而且谈判者应当注意维护自己的声誉。相对于那些具有诚实公平声誉的谈判者而言，拥有言而无信、不诚实声誉的谈判者在未来的谈判中可能会遇到更大的麻烦。考虑如下两种截然不同的声誉，"难缠，但很公正"和"难缠又狡诈"。与这两种声誉不同的人谈判时，谈判者会做不同的准备工作。与难缠公正的人谈判，就意味着要为潜在的艰难谈判做好准备，同时也要意识到对方会极力向你兜售他们的观点，但是他们的行为还会是理性和公正的。与难缠又狡猾的人谈判，意味着谈判者需要核实对方所言是否属实，警惕对方使用卑鄙的伎俩，在共享信息时更要加小心。

在他人眼中你是怎样一位谈判者？此时你的声誉如何？你希望拥有什么样的声誉？想象一下你最尊重的谈判者和他的声誉。你钦佩他们的哪些行为？同样也想象一下一个臭名昭著的谈判者。为了改变在你心中的形象，他们应该做什么？

谈判者可以通过一致的和公正的风格行事来塑造和加强他们的声誉，而不该听天由命。一致性能使你的谈判对手清晰地预见你的行为模式，从而形成可靠的声誉。公正表明你是一位有原则和理性的人。老练的谈判者还会不断地从别人那里搜寻关于自己行事方式的反馈信息，并利用这些信息来增强自己在市场中的信誉和可信赖度。

12.9　牢记理性与公正是相对的

关于谈判者感知和认知的研究清楚表明（见第5章）：人们倾向于以自我服务偏见的方式看待这个世界，并以自利的方式来定义理性的事情或公正的程序和结果。首先，谈判者要意识到他们自己和谈判对方都有这种倾向。谈判者可以做三件事来主动地管理这些感知：第一，质疑自己对公平的感知，并将其建立在清晰的原则基础上；第二，寻找彰显公平结果的外部标准和示例；第三，谈判者可以阐明谈判对手所持有的关于公平的定义，并与对方展开对话，就当前环境下的公平性标准达成一致协议。

另外，谈判者经常会把共同定义什么是正确的或公正的作为谈判过程的一部分。通常情况下，没有任何一方对什么是绝对的正确、合理或公平持有要点。理性的人可以表达自己的反对意见，但是通常情况下谈判双方所能取得的最重要的结果是一个普遍同意的观点、事实的解释、观察问题的正确方式的认可、衡量公平的结果和程序的标准等。谈判者需要就这些原则的谈判做好充分准备，就像为议题的讨论所做出的充分准备一样。

12.10 不断汲取经验教训

　　谈判活动体现了人们终身学习的理念。最优秀的谈判者不断从经验中吸取教训。他们知道谈判中存在如此多的不同变量和细微差别，以至根本不可能存在完全相同的两个谈判活动。这些差异意味着谈判者如果想继续保持敏锐，他们就必须不断地练习谈判艺术和技巧。此外，最优秀的谈判者在每次谈判结束后都会花一定的时间对此次谈判进行分析总结，反思谈判中发生的事以及他们学到的知识。我们推荐一个包含四个步骤的程序：

- 每次谈判结束后都要留出反思的时间。
- 定期从培训人员或指导人员那里学习（即去参加研讨会和谈话会，读一本新书，向有经验的谈判者请教那些你发现和询问到的问题或者是怎么发现问题）。
- 用笔记记录自身的优势和劣势，制订计划弥补劣势。
- 如果你经常与同一个人或者团体进行谈判，你应该注意记录以及注重谈判的发展，与此同时，你也应该注意其他的谈判者，等等。

　　这种分析不会花费大量的成本和时间。但在每次重要谈判结束后都要进行，应该集中在那些有关"什么"和"为什么"的问题上，如谈判期间发生了什么事情、为什么会发生、我学到了什么，等等。能够花时间停下来反思自己的谈判者将会发现，他们的谈判技能在持续不断地提高，并在未来的谈判中保持敏锐和专注。此外，即使是最优秀的运动员——几乎所有体育运动中的——也有一位或多位教练，必要的时候他们会停下手边的工作补充学习。谈判者也可以参加那些能加强自己谈判技巧的研讨会，阅读与谈判相关的书籍，聘请能帮助他们改善谈判技巧的专家等。

　　本书可视为你磨炼和改善自己谈判技能的万里长征中的一小步，我们也鼓励你不断地去学习谈判的艺术和科学，并祝你在未来的谈判中好运常伴！

经济教材译丛系列

课程名称	书号	书名、作者及出版时间	定价
电子商务案例	978-7-111-27749-1	电子商务典型案例-亚洲篇（李在奎）（2009年）	45
电子商务	978-7-111-48370-0	电子商务（第10版）（施奈德）（2014年）	69
国际商务	978-7-111-35144-3	国际商务（第7版）（钦科陶）（2011年）	79
国际商务	978-7-111-39699-4	国际商务：环境与运作（第13版）（丹尼尔斯）（2012年）	109
国际商务	978-7-111-40466-8	现代国际商务（第7版）（希尔）（2012年）	69
中级微观经济学	978-7-111-28516-8	中级微观经济学（斯科特）（2009年）	86
中级宏观经济学	978-7-111-47462-3	宏观经济学（第7版）（伯南克）（2014年）	79
预测理论与方法	978-7-111-38130-3	经济预测基础教程（第4版）（迪博尔德）（2012年）	59
时间序列分析	978-7-111-33864-2	时间序列分析：预测与控制（第4版）（博克斯）（2011年）	59
时间序列分析	978-7-111-38801-2	应用计量经济学：时间序列分析（第3版）（恩德斯）（2012年）	69
商务与经济统计	978-7-111-24366-3	商务与经济统计（第6版）（纽博尔德）（2008年）	90
商务与经济统计	978-7-111-38666-7	商务与经济统计精要（第6版）（安德森）（2012年）	59
经济决策模型	978-7-111-26846-8	经济决策的概率模型（迈尔森）（2009年）	48
计量经济学学习指导	978-7-111-31370-0	经济计量学精要（第4版）习题集（古扎拉蒂）（2010年）	29
计量经济学	978-7-111-30817-1	经济计量学精要（第4版）（古扎拉蒂）（2010年）	49
计量经济学	978-7-111-35537-3	应用计量经济学（第6版）（施图德蒙德）（2011年）	59
国际经济学	978-7-111-34033-1	国际经济学（第8版）（赫斯特德）（2011年）	62
国际经济学	978-7-111-49021-0	国际经济学：国际金融分册（第8版）（阿普尔亚德）（2015年）	39
国际经济学	978-7-111-47783-9	国际经济学：国际贸易分册（第8版）（阿普尔亚德）（2014年）	59
管理经济学	978-7-111-48424-0	管理经济学（第11版）（莫瑞斯）（2014年）	75
发展经济学	978-7-111-45840-1	发展经济学（第11版）（托达罗）（2014年）	89
产业组织	978-7-111-38434-2	当代产业组织理论（派波尔）（2012年）	79